PUHUA BOOKS

我们一起解决问题

房地产企业审计

从入门到精通

模块分解 + 操作流程 + 案例解析

牛恺 著

人民邮电出版社
北 京

图书在版编目（CIP）数据

房地产企业审计从入门到精通 ：模块分解+操作流程+案例解析 / 牛恺著. -- 北京 ：人民邮电出版社，2019.6（2023.3重印）
ISBN 978-7-115-51308-3

Ⅰ. ①房… Ⅱ. ①牛… Ⅲ. ①房地产企业一审计 Ⅳ. ①F239.63

中国版本图书馆CIP数据核字(2019)第094210号

内容提要

随着越来越多的企业进入资本市场，实现规模化发展，房地产企业的所有权与经营权也逐渐分离。为了公平公正地对房地产企业及企业管理者的经营业绩进行评价，维护投资者和企业所有者的权益，进行企业内部审计和外部审计至关重要。

本书主要包含两部分内容，第一部分是对房地产行业知识的概述，主要介绍了房地产业务及审计通用流程；第二部分是本书的主体部分，详细介绍了房地产企业审计实务操作的各个方面，包括财务管理审计、采购管理审计、工程管理审计、销售管理审计、商业地产招商运营管理审计、人事管理审计、行政管理审计等。

本书几乎涵盖了房地产企业审计工作的所有关键点，既可作为内部审计人员的入门指导书籍，也可作为外部审计人员的案头工作手册，还可作为企业管理者规范管理制度的重要参考工具。

◆ 著 牛 恺
责任编辑 贾淑艳
责任印制 彭志环
◆人民邮电出版社出版发行 北京市丰台区成寿寺路 11 号
邮编 100164 电子邮件 315@ptpress.com.cn
网址 https://www.ptpress.com.cn
涿州市京南印刷厂印刷
◆开本：787×1092 1/16
印张：18.5 2019 年 6 月第 1 版
字数：400 千字 2023 年 3 月河北第 8 次印刷

定 价：69.00 元

读者服务热线：（010） 81055656 印装质量热线：（010） 81055316
反盗版热线：（010） 81055315
广告经营许可证：京东市监广登字 20170147 号

前 言

感谢此刻你拿起这本书，翻看这段前言，看我这个在审计行业打拼十多年的人在这里聊聊、扯扯。

在写这本书时，我专门掰着手指数了数，自 2011 年进入房地产行业，不觉间已接近八个年头。

在过去的这些年，我接触过外资企业、民营企业、国有企业，它们在管理方式、管理风格上各有千秋也各有利弊，企业的规模、企业的性质与管理的好坏存在一定的联系，但并非必然，重点还是因人因事因情而异。

房地产是行业的统称，细分后包含多种业态，如商业地产、工业地产、养老地产、旅游地产、住宅地产等。不同的业态在管理模式、运营方式上存在一定差异，因此，于我们审计人员而言，在工作中要了解和熟悉不同业态的特点，只有这样才能够增加我们对风险的把控能力。

无论是在工作还是在学习中，我们总会接触一些专业的理论和工具，在此，我想说的是，理论和工具不可不信，也不可盲信，重点不在于知道多少，而在于如何有效地将其落地，将它们真正地用在实处。如果你是新入房地产行业的“小伙伴”，切不可因对行业的陌生而心生怯意，心怀焦虑。万变不离其宗，审计无非就是和风险过招，用专业的术语来说就是识别风险、评估风险、解决风险，简单来说就是找到出现的问题或是可能出现的问题，通过有效的方法解决它。关于风险，在此，我想要特别强调一下，风险既可能是负面的影响，也可能是一种机遇，我们在审计时千万不可只取一面，要学会拓宽眼界。

我写这本书的初衷是希望可以用最简单的方式、最直白的语言告诉从事审计工作的伙伴们，如果让你们来做房地产企业的审计工作，可以如何做，同时告诉你们这样做的原因是什么，让大家知其然，也可以知其所以然。

本书主要包含两部分内容，第一部分是对房地产行业知识的一个概述，主要介绍了房地产业务以及审计通用流程；第二部分是本书的主体部分，详细介绍了房地产企业审计实务操作的各个方面，包括财务管理审计、采购管理审计、工程管理审计、销售管理审计、商业地产招商运营管理审计、人事管理审计、行政管理审计。希望这本书能成为大家在审计时的工具书，可以从中找到审计的思路、审计的灵感、审计的方向。当然，要想真正做得好，实践与经验必不可少，只希望这本书可以帮助大家少走一些弯路。

房地产行业风风火火这么多年，未来究竟要走向哪里，对企业是挑战，对审计人员来说也是挑战。在企业未来的发展道路上，我们要用自身的微薄之力助力企业更好地走下去，任重而道远。

由于水平有限，书中难免会有疏漏之处，恳请所有读者批评指正。最后，感谢对这本书的写作和出版提供帮助的兄弟姐妹们，愿我们都不忘初心，勇往直前。

审计不易，且行且珍惜！

目 录 Contents

Part 1

第一部分

房地产行业之初见

第一章 房地产行业业务简介

第一节 房地产行业基本业务运作模式

一、房地产行业特点

房地产行业属于资金密集型行业，对资金的需求巨大，因此负债率高是一种较为普遍的现象，负债率为70%~80%的企业不在少数。房地产企业常见的资金来源包括以下几种：一是自有资金；二是银行贷款（国内和国外）；三是民间借贷；四是资本市场融资，如上市融资、信托、房地产证券化、产业基金、债券等；五是供应商货款，通过控制付款节奏解决短期资金问题；六是销售回款；七是员工融资，有的企业通过给予员工一定的收益回报向员工融资，一方面是为了鼓励员工的工作积极性，另一方面也是为了降低企业的风险。

房地产行业回报率高、风险大、附加值高。相对于传统制造业的投资建厂、技术研发、试产量产、销售盈利的漫长周期来说，房地产企业周期短、环节少、投资收回的速度快。有的企业从拿地到实现销售仅用了1年左右的时间，更快的只要半年。在房地产行业，开发节奏的快慢，有时直接决定企业是“活着”还是“离开”。因此，定位规划、营销推广、产品品质、市场环境等，对房地产企业的生存与发展起着非常重要的作用。成熟的房地产企业针对这些因素在拿地前就会有一套评估方法。对房地产企业来说，高价拿地有风险，低价拿地也不一定就安全，还要看市场环境、人口的流动性、产业的支撑等。有的时候，因为决策不当，很可能使得一个项目功亏一篑。因为资金成本高、压力大，所以纯经营持有性商业企业并不多，房地产企业通常会对销售与持有部分进行一定比例的搭配，以保证企业的现金流。

房地产行业受政策影响较大，限购、限贷等政策的松紧，对房地产市场影响较大。有的企业可能因为政策收紧，经营受到一些影响；当然，也有因为准备充分，熬过了房地产行业的“寒冬”，迎来春天的企业。

二、主要业态

房地产行业的业态，大致可分为住宅地产、商业地产、工业地产、旅游地产、养老地产等。

（一）住宅地产

住宅地产指用作住宅的房屋。别墅类的产品包括独栋、双拼、联排、叠拼；住宅类的产品按层数分为多层、小高层、高层、超高层。按是否装修，其分为精装房和毛坯房。住宅地产的主要盈利模式就是销售。

（二）商业地产

商业地产是指用于商业用途的地产，常见业态如购物中心、社区商业、酒店公寓、写字楼、商业综合体等。商业地产的常见经营模式包括只租不售、租售结合。

（三）工业地产

工业地产即工业用途的地产，一般分为重工业房地产、轻工业房地产、仓储房地产（物流地产）、自贸区地产。盈利模式主要有土地增值、长期招商运营、定制厂房、产业培育获利（孵化器业务、产业投资等）。

（四）旅游地产

旅游地产指依托旅游景区，融旅游、休闲、度假、居住为一体的房地产项目。旅游资源是决定其成败的一个重要因素。常见的旅游地产如分时度假、主题社区、产权式酒店等。

（五）养老地产

养老地产的目标客户是老年群体，强调适老化设计，偏向于提供符合老年人习惯和特点的建筑产品，以及配备管家式服务。常见的养老地产如养老院、老年公寓、养老社区等。

第二节 房地产企业常见管理模式

一、重要的管控指标

（一）常用工具

总控计划。通常房地产企业会明确总控计划，在总控计划中，列明从拿地、开发、销售或招商，到交付或商业开业全过程重要的环节，每一个环节都有明确的时间节点，以此来控制开发的节奏。

成本管控。成本管控环节离不开对目标成本与动态成本的管控。目标成本即对成本的预测，估计需要花费多少钱；动态成本则是根据实际发生和预测发生的成本进行跟踪，防止成本失控。

目标责任书。目标责任书通过将各项指标以书面确认的形式与负责人绩效直接挂钩。

（二）常见指标

管理考核的指标有很多，我们在这里列举一些比较重要和常见的指标。

1. 与销售业绩相关的指标

其中，相对指标如销售率、签约率；绝对指标如认购金额、签约金额等，反映销售的速度。

2. 与招商运营业绩相关的指标

空置率反映招租情况的好坏，空置率高说明招租情况差。

3. 与回款目标相关的指标

回款达成率、租金收缴率反映资金回笼的情况，数值越大，资金收回的情况越好。

4. 与融资目标相关的指标

融资完成率反映融资实现的情况，即实现融资与计划融资的对比情况。

5. 与项目进度相关的指标

项目进度计划完成率反映工程实际进度与计划进度的对比情况。

二、组织模式

目前，常见的组织模式有三级模式和两级模式。三级模式通常为总部、区域公司、城市公司。两级模式主要有总部 + 子公司、总部 + 分公司、总部 + 项目部三种情况。两种模式各有特点，主要依据公司的具体情况而定。

第三节　房地产企业现阶段面临的主要风险

在当下的环境中，对于房地产企业主要面临哪些风险，我们在这里分别从外部和内部进行一个简单的介绍。

一、外部风险

房地产企业所面临的外部风险，主要包括经济环境、政策、市场、行业等方面的风险。

宏观经济下行压力加大、经济转型、去杠杆、投资消费减弱等情况，对消费者的购买力和还贷能力都有着重要的影响，也让企业的融资变得更加困难。

政策方面，调控政策的出台，调控体系的完善，以及在“房住不炒、租购并举”的基调下，有关部门对购买群体设定了门槛，同时也增加了炒房的成本，对购买者的数量、购买意愿、交易量都产生了一定的影响；对房地产企业来说，部分区域的备案限价、现房销售等，结合放贷的收紧，造成了资金压力、资金成本的增大。

市场方面，目前消费者相对比较成熟，对房地产企业的品牌、产品的品质、产品的升值潜力都有一定的要求，在购买时，挑选的意识也更强。

行业方面，行业竞争激烈，强者越强，弱者越弱的局面日渐明显。小房地产企业如何生存，如何平安渡过面临的困难，需要引起重视。

二、内部风险

针对企业内部可能存在的风险，我们在此做一个简单说明。

（一）财务风险

财务风险主要是指资金风险。如何保证资金链的正常运转，在融资收紧的形势下需要引起房地产企业的特别重视。

（二）产品风险

产品是否适合现阶段的市场需求，包括产品质量、产品设计、产品定位等，这些因素直接影响销售率。一些优秀的房地产企业有成熟的产品系列，并且会根据市场情况对产品类型进行调整，以符合市场的需求。

（三）内部管理风险

过去，房地产企业在管理上精细化程度不够，大多实行粗放式管理。企业管理讲究开源节流，从开源角度来说，如何提升销售率、加快周转率是房地产企业需要关注的重点之一，除此之外，能否在保证销量的同时适当提高价格也是需要关注的；从节流角度来说，在盈利空间被压缩时，成本的节约、效率的提高就显得更为重要。

（四）投资风险

对于投资风险，这里重点介绍三个方面，一是储备用地。对房地产企业来说，是否有足够的储备用地决定了企业能否持续经营，尤其对于以开发销售为主的企业来说更为重要。但是，土地的位置、地价的高低决定了后期产品能否顺利变现，而且是盈利式的变现，房地产企业不可以为了拿地而拿地，在拿地方面需要进行科学、谨慎的评估。二是转型。很多房地产企业都在尝试转型，转型有机会也有风险，其不可能一转型就立刻成功。在转型的过渡期或试错期，对于能否撑得下去，能否赢来胜利的曙光，房地产企业需要进行充分的考量。找对了风口一切都好说，但是风口不是那么容易找的。相对于完全进入另一个陌生的领域，很多房地产企业会选择品牌输出、轻资产输出，例如，提供代建服务、招商运营服务等。三是扩张。目前，很多房地产企业面临的生存危机，对另一部分企业来说，可能是收购、兼并的好机会。但是，被收购、被兼并的资产是否真正值得出手，还是需要房地产企业进行一番研究的，价格低肯定不应作为唯一的指标。

第二章　审计通用流程

第一节　新手上路

无论是刚刚毕业踏入职场的人，还是从事审计工作多年，从其他行业转入房地产行业的人，房地产行业审计都是一个全新的领域，过去的知识、经验在这里可能灵，也可能不灵。对于如何快速进入角色，我们在此提供一些建议，供大家参考。

一、融入团队，适应环境

人们在进入一个陌生的环境时，会不自觉地产生害怕与抵触情绪，如果不能快速融入队伍、适应新的环境，对工作的开展、职业的发展都是不利的。

审计向来不是一份单打独斗的职业，即使个人能力再强，如果得不到团队的接纳和支持，也难以走远。在团队中，每个人的背景、经历、熟悉的领域不同，对于审计新人来说，快速融入团队，适应环境十分必要。

因此，我们建议每一个审计新人主动和老员工建立联系，积极参加团队活动，尊重团队里的每一个人。

二、多方学习，补充知识

审计人员应熟悉房地产领域的基础知识，这是开展房地产审计工作的一个基础。在这一阶段，我们可以参考一些房地产领域的书籍或者行业资料等，另外也可以向团队里的其他成员或者相关业务人员多多请教。

除了对房地产业务相关知识的学习外，审计人员还需要熟悉审计部门相关制度、流程，以及做事的方法等，多看底稿、报告，关注原来的审计人员是怎么做的，其工作思路和自己理解的是否一致，尤其是从事审计工作多年的人，千万不要自以为是，开口闭口都是“原来我们怎么怎么样”“你们这样做不对，那样做不好”等，免得弄巧成拙。

三、事前预习，事后总结

审计工作时间紧、压力大。只有在极少数情况下，领导、同事甚至审计对象才会因为你是新手而降低对你的要求。因此，为了降低犯错误的频率，在开展项目前，审计人员要多花点时间研究项目，了解要做什么，准备怎么做，项目的基本情况，原来这个项目有什么问题等。项目完成后，审计人员要及时总结，剖析哪里做得好，哪里做得不好，哪里没有考虑到等，尽量用书面的形式进行总结。

第二节　审计流程简析

审计流程不会因为行业的不同而产生较大的差异。在这里，我们对审计流程做一个简单的介绍，给刚刚接触审计的读者建立一个基本的概念和框架。审计流程示例如图 2-1 所示。

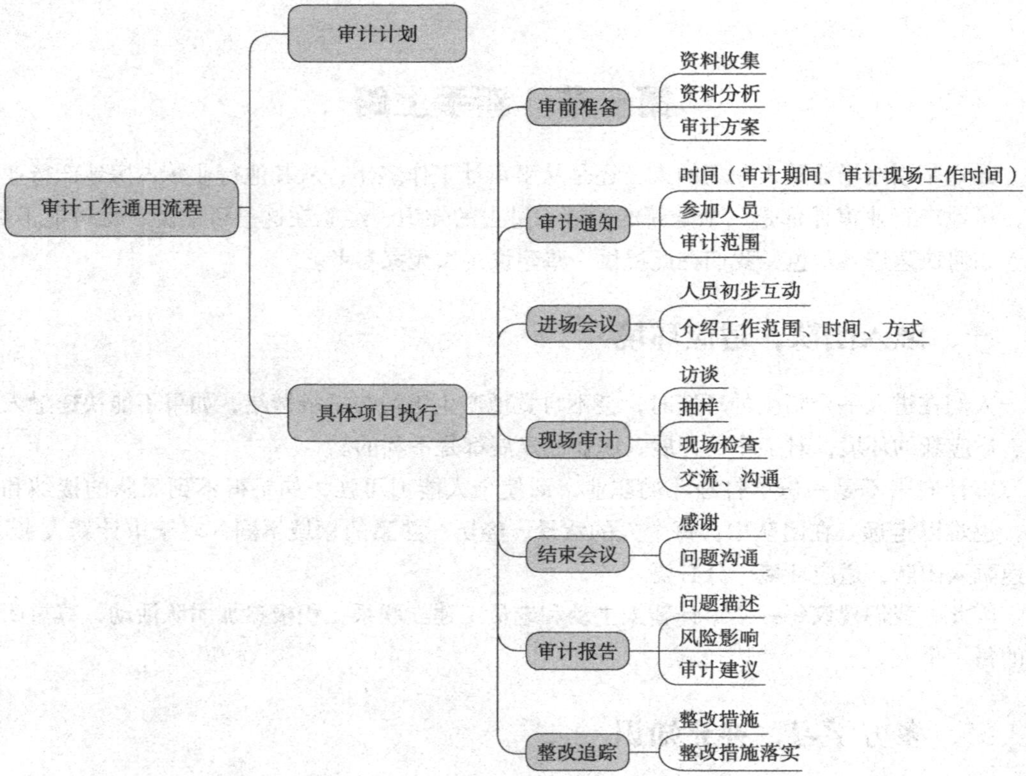

图 2-1　审计流程示例

一、年度审计计划

（一）如何理解年度审计计划

下面通过三个问题来对年度审计计划进行阐述。

1. 为什么要制定年度审计计划

年度审计计划有助于审计人员对次年的审计工作形成整体性、全局性的把控。年度审计计划一般包括审计项目的选择，审计范围、审计重点的初步确认，以及审计时间的安排、人力的分配、审计预算的制定等，年度审计计划的制定对于一些项目较多、审计资源有限的企业尤为重要。

2. 什么时候编制年度审计计划

一般情况下，审计部门应在当年年底至次年年初的这段时间，确定第二年的年度审计计划，不宜太晚。

3. 该审批的要审批

在需要审批的情况下，审计人员应报请审批，并保留审批记录，主要目的如下。

（1）提高工作的便利性

审计人员可以通过审批增加年度审计计划的权威性，审批的层级越高，对于后续工作的开展越有利。

（2）让领导知道你在做什么，了解工作重点

审批的过程也是与相关的管理层建立互动的过程，可以让领导知道你要做什么，另外，对于与领导关注点不符的地方，可以及时进行调整。

（3）避免遗漏

审计人员可以通过审批在一定程度上保证审计工作的完整性，以免等到年底才发现有遗漏事项而被领导责怪。

既然编制年度审计计划意义重大，那么该如何编制？

（二）年度审计计划的基本组成

通常情况下，年度审计计划包括审计对象、审计覆盖期间、审计范围、审计时间、人力安排、审计费用六个要素。下面我们对每个要素进行具体的说明。

1. 审计对象

审计人员要审计谁？审计一般以公司为对象，也有可能以业务部门或具体的项目为对象。在选择的过程中，审计人员应尽量采取客观、量化的方式进行评估，从而将有限的审计资源用到最需要的地方。

2. 审计覆盖期间

审计覆盖期间通常以一年为一个周期，企业也可以根据自身的情况进行调整，但尽量不要短于一年。一般来说，审计覆盖期间应尽量反映企业的一个正常经营周期，因此，期间过短和过长都不是一个好的选择。期间过短，可能会因为企业的业务量太少、业务类型不完整甚至某些重要的业务根本未发生，而无法真实地反映企业的经营全貌；期间过长，则可能不利于审计效率的提高，造成审计资源的浪费。

案例：2-1

审计人员决定对A公司开展内控审计，审计期间为两年。在对工程管理业务的审计过程中，审计人员发现监理单位会对施工方进行处罚，且罚款直接打入监理负责人的个人账户中，监理负责人从开工持续到被审计时累计收到的罚款高达20万元。虽然规定罚款由发包方、监理、施工方共同签字确认，但发包方从未对该笔款项的收支进行过监督。审计人员通过检查发现罚款存在被监理挪用的情况，如果审计人员能在早期及时地介入，该情况可能就不会发生。

3. 审计范围

一家企业有很多业务模块，究竟要审计什么。在制定审计计划时，因为所获取的审计对象的信息量有限，审计人员一般可以从主要业务、历史财务数据的分析、管理层的意见、以前的审计发现等信息入手，确定初步的审计范围，在制定审计方案时，再将其进一步细化。就房地产企业的业务来说，其主要的业务模块有工程、采购、销售、招商运营、财务等。

4. 审计时间

何时去审，去审多久？在进行常规审计时，审计人员在时间选择上应尽量避开审计对象的特殊时期，如月底结账、交房、竣工验收等，如果选择了这些时点，审计对象可能会因为自身的工作过于繁忙，而无法在审计过程中给予充分的配合，进而影响审计的效率。

审计人员应将审计时间与工作量进行匹配。现场审计时间过短，可能因为赶工而遗漏某些重要环节，影响审计质量；审计时间过长，又会产生懈怠，影响审计的效率、增加成本。

审计项目之间的间隔要适度。审计人员应考虑到在审计现场结束后，还需要进行底稿整理、报告整理、人员休整、培训等工作，所以应尽量避免“老项目未清，新项目又上”的情况。间隔过短，审计人员的精力无法集中在一个项目上，影响审计的质量；间隔过长，又会产生审计人员需要重新适应工作节奏的情况。

5. 人力安排

并不是只有打仗才需要排兵布阵，审计同样需要。人多了，浪费资源，人少了，会影响工作的效率、效果；人员的工作量分配不合理，会影响士气；专业不对口，发挥不了作用，甚至影响审计质量，例如，安排擅长财务的人员去审计采购，擅长采购的人员去审计法务，可能会导致事倍功半。

在进行人力安排时，应综合考虑每一个人的专长、特点，以及预计可调配的人力、项目的规模、涉及的业务模块、完成审计项目大致需要的时间，当然，在条件允许的情况下，可以考虑在人员之间进行业务轮换，但是，前提是不能因此影响审计的效率和质量。

6. 审计费用

审计费用指完成整个审计项目预计要花多少钱，通常包括差旅费（交通、住宿、补贴），第三方费用（如有）。第三方费用主要为聘请第三方机构或人员的费用，比如事务所、咨询机构等。

（三）审计对象与审计范围的确定

1. 磨刀不误砍柴工

在确定审计范围之前，审计人员必须做好信息收集工作。需要什么样的信息，哪里能得到这些信息，途径是什么，这些都需要审计人员事先进行思考，免得进场后，像无头苍蝇似的到处乱窜，忙了半天，成果甚微。下面是一些在实践中常用的方法。

（1）确定可选项

做计划前，审计人员得清楚地知道潜在对象有哪些，要保证这个数据的完整、准确，否则会影响计划的执行效果、效率。例如，如果需要审计集团的下属公司，审计人员得知道集团一共有多少家下属公司，以及公司的类型、基本业务情况、经营情况、财务状况等；如果需要审计公司的项目或业务部门，审计人员得知道一共有多少个项目，有多少个业务部门，各项目、各业务部门是什么情况等。

（2）了解管理者的需求

这里的管理者不仅指集团的CEO，还包括集团的中高层管理人员，各下属公司的负责人等其他“重量级”人员。一般来说，审计人员应先了解他们的需求。为什么？首先，从某种角度来说，他们是审计人员的服务对象，是审计人员的客户；其次，这些人对企业的外部环境、行业风险、企业战略、企业经营情况的熟悉程度要远胜于审计人员，他们的信息源更多，这也使他们在一定程度上更容易识别一些审计人员可能忽略的风险区域。因此，审计人员在制定审计计划前，应尽量多咨询管理者的意见。

（3）以史为鉴

历史常常会重演，过去发生的可能会对未来具有一定的指导意义。因此，对历史数据的收集、分析有助于审计人员确定未来的审计方向。审计人员应当对以往的审计发现进行更新、梳理、分析及汇总，以便对重点风险区域进行优先关注。

（4）基本面跟踪

除了对过去的问题进行汇总外，在有条件的情况下，审计人员还应建立对各潜在对象基本面的动态跟踪，如经营方面、管理方面、重大事项等，数据来源可以是公司定期的管理报表、工作简报、重要的会议纪要等，这些均有助于审计人员对潜在对象的运营情况形成较为清晰的认识。

2. 不以规矩，不能成方圆

当收集好信息后，审计人员需要定义评估的规则，一般情况下，可以采取量化指标与主观指标相结合的方式，根据实际执行情况进行不断的优化、改进。建立量化指标是为了进行客观评估，但因为有些指标可能无法量化，所以需要结合一些主观指标进行控制。

（1）量化指标

表2-1列举了一些常用的量化指标，供大家参考。

表2-1 量化指标示例

财务指标	这里主要是从重要性的角度来看的，包括资产的规模、收入、利润。审计人员可以通过排名确定分值，财务数据的统计口径应保持一致；同时要注意，这里最好不要只用一个指标，如果只考虑单一指标，可能会影响重要性判断的准确性
管理半径	一般情况下，离控制中心越远，越难管理，所谓“将在外，军令有所不受” 从管理的角度来看，每一个控制中心都有一个有效的控制范围，在这个有效的辐射区域内，控制、管理的效果是最佳的，这也是为什么很多大型企业设立区域公司、城市公司、总部控制区域、区域控制城市等，通过逐级下放的方式，将控制的范围设定在较优的控制范围内。在实际工作中，我们发现某些分公司、子公司、项目公司因为离总部远，自律能力差，再加上本身的执行力不强，往往会忽视总部的规定、要求。当然，有的时候，也会因为总部信息传递的失效，致使一些指令无法有效地传递下去。笔者在审计中就曾遇到过一些子公司对集团编制的规定一无所知，结果在很长一段时间里，审计人员还得兼顾集团制度培训的工作。因此，在通常情况下，对离总部较远的公司或部门，应给予较高的风险值

（续表）

公司主要负责人的任期	通常情况下，公司主要负责人的任期时间越长，形成利益集团、建立领导人绝对权威的概率就越大，如果再缺少相应的监督，会大大增加犯错或是发生舞弊的概率。目前，有些企业为了避免此类情况，在无法进行轮岗的前提下，会选择对负责人开展任中审计
以前的犯错情况	对于以前的犯错情况，审计人员通常可以从几个方面来考虑，例如，前期相同问题发生的频率、问题本身发生的风险高低、属于中高风险问题的数量等。通常，对于风险高、数量多、屡教不改的，审计人员应优先、重点关注
审计的频率	这里有一个假设，即刚审计过的项目发生重大风险的概率较低，当然，要结合以上指标综合考虑。在审计资源有限的情况下，为保证所有潜在项目都能被覆盖，审计人员可以采取轮换审计的方式。通常我们会认为审计的间隔时间越长，风险越高

（2）主观指标

作为量化指标的补充，审计人员一般也可以设置一些主观指标，表 2-2 列举了一些常用的主观指标供大家参考。

表 2-2　主观指标示例

管理者关注什么	管理层的关注点通常应当列为必审项，其可以不参与评分，审计人员可直接将其安排进审计计划
发展的阶段	这里的出发点主要是考虑现有的业务阶段是否具有审计意义，对于审计，除了考虑其监督职能，还应当考虑其对后期的经营管理是否有指导意义。例如，A 项目拿完地，还没开工；B 项目已销售结束且交付工作已经完成，正在进行清算。在人力资源有限的情况下，这两个项目可能就不是较好的选择。再例如，一个项目的建设工程已经结束，在这之前企业从未对该项目进行过审计，从选择审计的时机上来说，此时再进行审计可能有些滞后

上述所列的量化指标、主观指标仅起到抛砖引玉的作用，具体应当根据各审计部门自身的情况进行确定。

3. 初步确定审计对象

审计人员应根据评估的结果，初步选定审计对象。注意，如果完全通过量化指标进行评估，审计人员需对最终的评估结果进行再次复核，以防止因为量化指标的设置不够合理或不够全面，导致评估结果出现差错。例如，有些项目可能风险并不高，但得分很高，相反，有些项目其实很重要，但得分很低，在这个时候，审计人员最好复核一下，不要完全信赖得分评估结果。对于初选对象，审计人员在提交管理层审批前应进行适当的说明，以便于管理者明白各备选对象的情况。

4. 确定审计范围

一般情况下，审计人员应先确定审计对象，再确立审计范围，但也不是绝对的，下面介绍两种常见做法。

（1）细分流程，量化评估。如果审计人员对各潜在对象的业务流程及经营情况足够熟悉，那么可以通过对业务模块进行一步步的细分做出综合判断，如表 2-3 所示。

表 2-3 审计范围筛选表示例

潜在对象	销售管理流程					财务管理流程					
	策划定位	政策方案	营销推广	签约管理	回款管理	银行存款管理	现金管理	印章管理	票据管理	理财管理	费用管理
A											
B											
C											

（2）全面覆盖，经验判断。对于某一审计对象，如果审计人员从来没有审计过，在人员充足的情况下，可以采用“地毯式搜查”的方法，全都“审”一遍；如果人力有限，可以在了解审计对象基本情况的基础上，参考管理层的关注点、前期发现的问题等，进行审计范围选择和确认。以房地产企业为例，其主要的业务为财务、采购、工程、销售、招商租赁等。

（四）确定计划

在前面的工作都完成的基础上，审计人员应编制初步的审计计划，并按照相关规定，将其交由管理层审批确认。对于最终审批完成的审计计划，审计人员可以提前下发给各审计对象，以便于审计对象提前安排好自己的时间；也可以在审计开始前的一段时间，一般是 1~2 周，以《审计通知书》的形式下发相关单位。这里想提醒审计人员的是，提前下发审计计划有利有弊，如果提前得太早，会给审计对象留下大量的时间对存在的问题进行处理；不过好处是可以给审计对象充足的时间安排相关的配合工作，同时避免影响审计对象的正常工作。表 2-4 和表 2-5 是两份计划表的示例，供大家参考。

表 2-4 计划表示例 I

项目	A 公司	B 公司	C 公司	D 公司
财务	小张	小张	小张	小张
工程	小李	小李	小李	小李
采购	小王	小王	小王	小王
销售	小张	小张		
招商运营			小王	小王
现场审计时间	2018.8.6—8.10	2018.9.3—9.7	2018.9.17—9.28	2018.10.22—10.26
审计覆盖期间	2017.8—2018.7	2017.9—2018.8	2017.9—2018.8	2017.10—2018.9

表 2-5 计划表示例 II

被审计项目		现场审计时间	人员安排	审计覆盖期间	审计范围
A 集团	a	2018.3.5—3.20	甲、乙、丙	2017.3—2018.2	采购、销售、财务
	b				
	c				

（续表）

被审计项目		现场审计时间	人员安排	审计覆盖期间	审计范围
B 集团	d				
	e				
	f				

注：这一模板主要是审计部门内部使用的，如果需要下发审计对象，一般所含信息会比这个少，通常只会列示审计对象名称、计划审计时间、审计覆盖期间等。

小贴士

这里没有把审计重点放进来主要是因为，审计计划一般是对一个年度的整体规划，因审计人员掌握的信息有限，此时确认重点会相对困难。因此，审计人员一般将确认审计重点放在后期的方案编制过程中。在这里，审计人员只能确定一个大致的方向，如采购、销售、财务、工程等。

案例：2-2 审计计划

背景资料：某集团企业，下属一级控股企业、二级控股企业、参股企业达 20 多家，涉及住宅开发、商业开发、酒店、建筑业等多业态。此时，审计部只有三人，如果让你现在制定次年的审计计划，你该怎么做？

第一步，了解这些项目的基本情况

经过了解，你得到如下信息。

✓ 一共有 22 家下属企业，其中控股 17 家，参股 5 家；正常经营的有 10 家，处于清算阶段的有 5 家，还有 2 家正处于筹备期。

✓ 项目所在区域、基本财务状况（收入、利润、业绩完成情况、资产规模）。

✓ 企业的主业是住宅开发和商业开发。

第二步，询问管理层的需求

✓ CEO：参股企业好像从来没审计过，你们是不是要去看一下。公司今年的重点任务是海南区域的住宅建设和销售。

✓ 集团华东区域负责人：我们这里 A 企业的管理费用一直很高，但业绩总不见起色。

✓ 集团华南区域负责人：你们上一年来审计我们 B 企业的时候，招商、销售业务看得不够细，我们的酒店你们好像从来没审计过。

第三步，分析以往的审计信息

✓ 外地公司发现的问题较多。

✓ 合同法务管理、费用管理、采购问题较多。

✓ 以往审计时，C 企业的银行存款账户有 30 个，其中有 10 个为休眠状态，另有 10 个账户的银行存款余额调节表中存在长期未达账项，甚至有不平的情况。

✓ 酒店、建筑企业之前都没有审计过。

第四步，收集并参照其他信息

✓ 集团规定下属企业的总经理、财务负责人应当定期轮换，一般为三年。

✓ 集团规定，对一级控股企业每年必须审计。

✓ B 企业最近人员变动频繁。

注：上述步骤的顺序不是固定的，可以同时进行。

第五步，设定规则

设定规则是为了能较为科学地评估项目，避免“拍脑袋”的行为，下面的规则仅为举例，在实际应用中，审计人员可以根据自身的情况进行调整。

指标名称		分值	备　注
管理的半径	本地	1	（1）根据以往的审计情况，异地企业出现的问题远多于本地企业 （2）异地企业离集团远，不利于控制
	异地	3	
审计的频率	一年内审计过	0	一般来说，审计的间隔时间越长，存在的风险会越高 从未审计过的，出现问题的概率会高于已审计过的
	两年内审计过	1	
	三年及三年以上审计过	2	
	从未审计过	3	
财务情况	资产规模	4	（1）这里主要是从经济指标的角度，进行重要性的评估 （2）依据排名确定得分，如只取前三名，第一名 4 分，第二名 2，第三名 1 分，其余不得分
	收入情况	4	
经营情况	正常经营	4	主要是从业务量的角度考虑，在审计资源有限的情况下，对于一些业务量小甚至没有业务的项目可以考虑暂时不安排审计
	工程建设期	3	
	筹备期	1	
人员情况	管理人员任期	4	（1）人员的定期轮岗有助于降低风险，因为在轮岗中，接任者会对前任的工作起到一定的检查作用 （2）根据实践经验来看，某人长期担任关键岗位，容易产生“一权独大”的现象，且不利于形成有效的监督 （3）可以假定，1 年以内为 1 分，1 ~ 2 年为 2 分，2 ~ 3 年为 3 分，3 年以上为 4 分

（续表）

指标名称		分值	备　注
历年审计发现	高风险	4	（1）过去风险较为集中的地方，可能在未来也较容易出现问题 （2）这里在对应的风险级别里可以再细化数量，例如，高风险满分为 4 分，出现一个风险项得 1.5 分，两个及以上得 4 分，或者零容忍，一个就是 4 分
	中风险	2	
	低风险	1	

除了上述可以量化的指标外，还可以加入主观指标，例如：

✓ 一级控股企业必审；

✓ 管理者提到的参股企业，优先安排；

✓ 出现异常情形的，如人员频繁流动、费用异常、上一年审计时出现遗漏等，结合评估结果，优先安排审计，如果人力充足，安排必审；

✓ 分层安排审计，例如，是不是每个区域都要覆盖，每个区域内需要选几家安排审计，是不是每个业态都要涉及；

✓ 在一年内审计过的企业，如无特殊情况（当年审计不存在重大遗漏事项、中高风险的数量未达到需要重点关注的数量、管理者未特别强调等），可以不参与打分；

✓ 对于处于筹建期、目前无实际业务的企业可以不安排审计。

第六步，量化评估

根据上述规则进行评估，将分数相加，按高低排序。

第七步，制定初步计划

序号	审计对象	预计现场审计时间	审计覆盖期间	人员安排	初步范围
1	A	2016.3.7—3.18	2015.3—2016.2	王、李、张	工程、采购、财务
2	B	2016.4.4—4.15	2015.4—2016.3	王、李、张	财务、销售、工程
3	C	2016.5.9—5.20	2015.5—2016.4	王、李	财务、工程、销售
4	D	2016.6.7—6.14	2015.6—2016.5	王、李	财务、工程、采购
5	F	2016.7.4—7.15	2015.7—2016.6	李、张	招商、财务、采购
6	……	……			
7	……	……			
8	……	……			

注：审计覆盖期间一般应至少 1 年。

第八步，计划审批

在完成前面的步骤后，审计人员应根据企业的相关规定将审计计划提交相关部门审批。

二、具体项目执行

（一）审前准备

所谓“知己知彼，百战不殆”，审前准备是实施审计项目的基石。那么，如何做好审前准备工作呢?

1. 资料收集

资料收集的目的主要是建立对审计对象的初步认识，简单来说就是，知道对方是做什么的、经营情况怎样、有哪些制度流程、需审计的业务模块有哪些，等等。在此需注意，提前告知对方要收集的资料，可能会让对方刻意地对一些资料进行处理，因此，审计人员在发送资料清单前，需要进行评估，如果觉得某些信息或资料在进场后获取的效果更好，那就在进场后再要求对方提供。下面列举一些审计人员可以事前获取的信息，具体如下：

（1）被审计单位的组织结构;

（2）相关制度、流程;

（3）业务数据（如财务数据、业务台账、合同清单等）。

2. 资料分析

在获取数据后，建议审计人员对相关的数据进行初步的分析，这样有助于了解相关业务的开展情况，例如，发生的频率、业务量、具有什么规律、是否存在明显异常的情形等。在此阶段可以初步选择一些异常的样本或是区域，然后根据现场审计的情况对样本进行调整，以提高审计的效率。举例如下。

（1）财务数据分析：费用的类型、趋势、闲置资金情况等。

（2）采购数据分析：采购的类型、单一供应商业务量等。

3. 编制审计方案

审计人员根据初步掌握的情况，结合以往年度审计中的风险分布情况、管理层的关注点、外部环境的变化对企业运营管理可能产生的影响等信息，确定本次审计的范围、重点关注的区域、审计期间、人力安排、经费预算（如有）。下面举一个例子供大家参考。

案例：2-3　××项目审计方案

××项目审计方案

一、审计对象

××公司。

二、审计覆盖期间

2015 年 10 月—2016 年 9 月（注：一般情况下覆盖一年，也可根据情况进行调整，不宜过短）。

三、审计目标

通过对内控体系进行风险评估及相应的测试程序，及时发现内控中存在的潜在风险和不足，提出相应的改善建议，增强企业的风险防范能力，提高经营的效率，保证企业有序、高效的运行。

注：上述只是一般的常规目标，可根据具体情况进行调整。

四、审计范围及重点

财务、销售、采购。

五、审计方法

主要采用访谈、符合性测试、实质性测试等方法。

六、审计项目具体执行

1. 审前准备（参考上文）

2. 现场审计（主要对上述范围中的关注点进行进一步细化）

熟悉相关的制度流程，与相关人员进行访谈，了解销售业务的管理运行情况。获取相关的业务数据，并做出初步分析，抽取相应的销售样本进行检查，重点关注销售推广的计划及执行情况、折扣审批、回款及时性、代理公司的管理等。

注：如果除审计方案，有具体的审计程序底稿，可在审计程序底稿里对具体的操作进行细化。

七、审计时间安排

1. 准备时间：2016 年 10 月 8 日—2016 年 10 月 14 日。

2. 现场时间：2016 年 10 月 17 日—2016 年 10 月 21 日（5 个工作日）。

3. 报告时间：2016 年 11 月 20 日之前。

八、审计人员安排

1. 组长：甲。

2. 小组成员：乙、丙。

3. 人员分工。

甲：负责项目的整体把控，包括但不限于项目的前期准备、范围及重点的确认、方案的编制，在审计过程中对其余小组成员审计程序的复核、现场应急事项的处理，审计报告的编写等；负责人事行政业务的审计。

乙：负责审计采购与付款业务循环。

丙：负责审计销售与收款业务循环。

注：具体分工可以根据项目的具体情况进行调整。

九、费用预算（如有）

差旅费、人员补贴、第三方机构费用等，具体根据实际情况确定。

（二）审计通知

1. 提前告知

提前告知便于被审单位做好相应的配合准备，同时也避免审计时间与被审计单位的工作冲突，提高审计效率，除此之外，这也是对对方的一种尊重。（舞弊审计不适用此条）

2. 通知的时间

审计人员可以在进场前 1~2 周通知审计对象，利用这段时间提前收集、分析资料，注意，切不可认为通知只是个形式。注意通知的时间，在一定程度上也是对对方的尊重，切不可早发夕至，例如，早上发，下午去；第一天发，第二天至。

3. 通知的内容

通知应说明进场时间、审计范围、人员安排、被审计单位需准备的资料清单。如资料清单上所列的内容较多，可作为通知的附件。建议审计人员在资料清单上注明哪些是需要对方在审计人员进场前提供的，哪些是需要对方在审计人员进场时提供的。一般情况下，电子版的资料需提前提供，如电子版的清单、台账、制度、流程等资料，以便于审计人员做好进场前的分析工作。

4. 署名

署名也很重要，审计通知最好以公司或集团的名义发送，尽量不要以部门的形式发，尤其在一家内控、内审文化不强的公司里，如果以部门的名义发通知，可能因审计部门在组织架构中所处的地位或是部门负责人的级别不够高，而无法引起审计对象的重视，从而造成对方在工作上的不配合，影响审计的效率。

5. 通知的形式

通知应以书面形式发送，切忌以口头的形式告之。

（三）进场会议

进场会议的召开目的主要是进行审前动员，使双方人员初步熟悉起来，以便于后期工作的有效开展。下面对进场会议的具体情况进行介绍。

1. 会议时间：进场当天。

2. 参加人员：审计小组成员、对方相关部门负责人、对方总经理（有的时候，对方总经理不一定会参加，如果对方总经理无法参加，建议总经理安排一个代理人员参加）。

3. 沟通内容：审计的目的、宗旨、范围以及审计中会涉及的程序，比如访谈、抽样、实地检查等；人员介绍，以便于对方对审计工作的流程有一定的了解，提升审计的效率。

小贴士

审计人员可以制作一个进场PPT，对审计项目、审计流程进行简单的介绍，这样可以较为直观地让对方了解自己的工作方式、方法；在开会的过程中审计人员可以“狐假虎威”，即告知被审计单位，此次审计工作的安排是受公司或集团CEO批准的，是管理层的授意，这对被审方或多或少会起到一定的震慑作用。

现身说法：笔者曾经觉得审计会议可有可无，作用不大，直到后来在一次审计时，我们只是在进场前口头与对方进行了沟通，说明要来审计的意图，结果在后续的审计工作中阻力重重，被审计人员要么不配合，要么质疑我们的审计方法。例如，当我们要访谈时，对方表示，“你们不是只看资料就行了吗，怎么还要来访谈，我们没有时间。”事后想想，这个审计会议并非可有可无，它是有一定作用的。当然，我们也碰上过阳奉阴违的情况，有些人在开会的时候，口口声声地表示要全力支持，但背后又“小动作”不断。遇到这样的情况，审计人员务必淡定，当自己无法解决时，要寻求上级人员的帮助。

（四）现场审计

现场审计是审计工作的具体实施阶段，下面对通用的做法进行简单的介绍。

1. 访谈前的准备

（1）初步熟悉制度、流程

审计人员主要应通过阅读对方的制度、流程文件梳理出相关控制点。为什么说是“初步”？这里涉及几个问题，一是对方提供的制度、流程可能并非是最新的。二是其实际的做法可能与制度、流程不符，或是现有的制度、流程无法覆盖实际的业务，所以审计人员要先初步熟悉和梳理制度和流程，后期随着审计工作的逐步开展，再根据具体的情况进行调整。需要注意的是，制度、流程与实际不符或是不适用，本身就是一个控制问题。理想的情况下，该步骤的工作最好在进场前完成；如进场前无法完成，务必在进场后、访谈前完成。

（2）对数据进行初步分析

通过对数据的初步分析，审计人员可以对被审计单位的业务情况形成宏观的印象。例如，项目的建设进展如何，是否滞后；资金预算是否存在超支的情况；费用是否存在超支的情况或是存在异常波动；销售回款、销售指标的完成情况如何。同样，这项工作最好放在进场前完成。

2. 访谈

审计人员可以根据上述准备工作的成果，将制度、流程中涉及的控制点及数据分析中存在的疑问，提炼成相应的问卷，同时加入管理层的关注点及根据以往经验判断需要特别关注的问题，带着这些问题去访谈，避免被动接受信息。同时，审计人员在访谈时要做好相应的记录工作。

小贴士

切忌在毫无准备的情况下与对方进行访谈。有的审计人员在对业务一无所知的情况下，就约见审计对象；也有很多审计人员在访谈时，喜欢问对方“请你介绍一下目前的工作”，这样的问法有没有错呢？答案取决于审计人员的准备是否充分，如果准备得足够充分，这样一个开放性的问题，有助于获取更多的信息；如果准备得不充分，那就是另外一个结果。为什么说同样的问题，结果会不一样？

导致结果不好的原因在于：第一，问题开放，意味着可能没有焦点，对方就会说得很宽泛；第二，可能很多问题的答案在制度、流程里就有，浪费双方时间，遇到一些极端的情况，对方直接会说“我们都是按制度做的，你们去看制度”；第三，无法及时识别对方回复中一些明显的错误；第四，审计人员可能会遭到对方的轻视，觉得你什么都不懂。可见提前准备的重要性。

访谈前，审计人员除需要编制访谈文件外，还应将访谈时间（开始和结束的时间）、需访谈对象提前告知被审计方，以便于对方安排时间。审计中，有的审计人员喜欢突然找访谈对象进行访谈，在与对方不熟，尤其是与对方高层进行访谈的情况下，不建议采用。因为审计人员的随意性，很可能会出现找不到访谈对象，找到的访谈对象不了解情况导致白白浪费时间，访谈过程不断被打断甚至影响访谈对象正常工作的情况。

笔者曾经遇到过因未安排好访谈时间，差点让对方误了飞机，结果被对方投诉的情形。

我们需要增强访谈的针对性，提高访谈的效率、效果，避免访谈流于形式，无的放矢。对审计人员而言，访谈的过程也是加深对被审计单位业务制度、流程了解的过程。

3. 关于抽样

抽样说起来简单，做起来难。个人觉得抽样的难点是稳、准、狠，对审计人员来说，如何有效地抽到想要的样本，还是需要一些功力的。不知道大家有没有这样的体会，在工作中，有的时候别人花半小时抽了10个样本就能发现问题，而自己花了半天时间，抽了100个样本也没有发现问题。关于抽样方法、技术的理论有很多，这里不一一赘述，下面就个人经验，对常用的一些抽样方法进行介绍，希望对大家有所帮助。

（1）数据异常

一般情况下，在数据异常的样本中发现问题的概率较大。那什么样的情况算是异常的？表2-6对常见的数据异常类型进行了说明，仅供参考。

表 2-6　常见的数据异常类型

异常类型	现　象
匹配异常	存在因果关系的数据出现了明显不合理的情况。例如，收入增加的同时，成本没有增加，或是变化很小；10 个人的项目部，办公费每个月有三四万元
变化异常	在没有特殊情况发生的前提下，数据变化忽大、忽小。例如，公司员工数、职级没有变化，但人员工资在某些月份突然出现增加的情况；公司的交通费，每月正常 1 万元左右，但是在某些月份，突然增加至 2~3 万元，等等
奇怪的整数	根据业务的特点、常识等判断，某些数字是不可能出现的。例如，餐饮招待费经常为整数，可能是违规送礼导致的；电话费、交通费都是整数，其很可能是隐藏的公关或福利费用
不合理的摘要或科目	根据业务的特点、常识等判断，某些业务是不太可能频繁发生的，比如营业外支出、会务费等，若发生频率较高，则属于异常情况
长期未处理项目	应该处理的项目没有处理。例如，往来科目里长期挂账、未达账期长期未处理等

（2）分层

很多业务会有不同的类型，通过分层，审计人员可以了解每种业务类型的处理方式，在全局上避免遗漏。笔者在工作中还是比较偏爱分层方法的，尤其是对于一个自己不熟悉的审计项目。具体如何实施如表 2-7 所示。

表 2-7　分层选择示例

层次的选择	举　例
业务类型	根据业务的不同类型进行分层。以费用为例，涉及的类型可能包括差旅、交通、招待、通信、培训等，检查时，需要根据不同类型进行分层抽样，分完层以后，对于每种费用可以再按金额的大、中、小进行分别选样。当然，对金额特别小，能够容忍的，可以不抽样
金额	这里分两种情况，一种是金额大小不影响业务流程的选择，这时候，可以按金额的大、中、小，对频率高发区域进行抽样；另一种是金额大小影响业务流程的选择，以采购为例，30 万元以上的采购要公开招投标，30 万元以下的可以自主采购 **提示**：在实际工作中，金额的大小并不能完全决定风险的高低

（3）管理层的关注点

对于管理层的关注点，必须抽样。

（4）监管相对较少、灵活性较高的项目

简单来说，自主空间大、操作相对便利、涉及的审批或监督较少的地方，出问题的概率相对较大。再举采购的例子，自主采购的要求相对于公开招投标，自主性更大，可能出现问题的概率也更大。

（5）选择容易出错的环节

审计人员应通过访谈、观察，对内控制度、流程的分析和梳理，选择发生问题可能性大的区域或环节进行抽样。例如，制度中规定“购买礼品需事先提交礼品申购单，审批后才能进行购买”，审计人员在访谈中了解到，实际操作中并不是每单都这样执行的，有的时候并没有“礼品申购单”。那么，这个时候，审计人员就需要有意识地多抽一些这种类型的样本，进行确认。

小贴士

✓ 切忌在抽样中，为了达到样本金额的要求，一味抽取金额大的项目，或是仅将项目按金额大小排列后，选择前几位的。当然，对于有相关要求的情况，另当别论。

✓ 对于抽样没有问题的情况，在时间、人力有限的情况下，可以不用扩大抽样。简单来说就是，有问题的重点看、多看，没问题的少看。

4．审计测试

对于审计人员来说，在审计测试中需要注意哪些事项，简述如下。

（1）关注什么

对于审计测试的关注点，合法、合规、合理是基本要求，具体如何执行如表 2-8 所示。

表 2-8 审计测试关注点示例

关注点的类别	简 述
控制偏差	是否有控制、控制的设计是否合理、是否完善
执行偏差	指实际执行与规定不符，这里的规定包括外部的法律法规和内部的规章制度等。这里的偏差包括有规定不执行和有执行无规定两种情况。针对第二种情况，常见的如对某一业务流程的执行各有各的做法，公司无明确的规定，或有默认的统一做法，但是没有书面的规章制度进行规范
账实偏差	指实际数量与账目不符。例如，现金账上有 10000 元金额，实际盘点时只有 9000 元；资产台账上显示有 10 台计算机，实际只有 7 台
合理偏差	指不违法、不违规，但是不合理。这个对审计人员的要求较高，除需要有一定的经验外，还需要看得认真、仔细，多思考。例如，评标办法不合理，虽然有打分，但对打分标准无具体规定，参与投标的人的资质实力相差悬殊，评估办法存在明显倾向性
可疑迹象	在审计时，审计人员需要多留心，多观察。例如，在做现金盘点时，发现保险柜中除了看到的现金外，还有一个看似装了东西的信封，这时，审计人员就需要怀着一颗好奇的心打开看一下这个信封里面装了什么东西，说不定就有意外发现

（2）如何准备

审计人员在正式开始检查前，需要做好以下准备工作，如表 2-9 所示。

表 2-9　准备工作的注意事项

准备什么	简　述
找到标准	审计人员要熟悉法律法规、规章制度，清楚涉及的控制点，免得问题出现在自己面前时，却识别不出来；或是因为对业务的不熟悉，被对方欺骗
找到对的数据	台账数据、财务账数据要准确、完整。对于可以直接从信息系统中获得的数据，审计人员在了解具体的操作方法后，应自行从系统中获取，防止数据被“二次加工”。对于由对方提供的数据，一定要保证对方提供的数据是符合审计需要的，是基于正常工作流程产生的
做好行动方案	对于检查的时间、地点、人力的安排，审计人员可以考虑采取突袭检查的方式。对方的准备越充分，越不利于发现其存在的非正常操作。注意，对方的陪同人员可能会影响审计人员获取有用的信息

案例：2–4

在某次财务审计中，某位同仁，拿着对方提供的统计表格提了一堆问题。结果在沟通时，对方表示，那张表只是自己平常用来方便工作做的一个统计，与实际的业务数据是有差异的，他们有另外一张统计表，并随后提供给审计人员，经检查后确实没有问题。

（3）证据

审计人员在进行证据收集的时候，要注意证据的质量与相关性，当需要链条证据时，审计人员应注意链条证据之间的逻辑性是否清晰。表 2-10 对其中一些容易被对方更改和审计中容易忽视的证据进行了简单的介绍。

表 2-10　易篡改的证据

证据类型	需要注意的方面
口头证据	有的时候，某些问题是审计人员通过与对方访谈或聊天发现的，但由于口头形式的证据证明力极弱，随时面临对方反悔的情况，因此，应尽量让对方进行书面确认，可以通过邮件进行确认，如需录音，要做好录音工作（在舞弊审计时较为常用）
观察类证据	观察类证据主要是指通过对被审计方的某些工作方式、工作行为、工作环境、实物的观察发现的问题，建议审计人员做好相应的拍照或是书面确认工作
电子表格类证据	某些问题可能是审计人员基于对方提供的电子数据发现的，如对方编制的电子台账数据错误、数据未能及时更新，表格的设计不合理或是缺乏必要的信息，因其事后容易被更改，建议审计人员通过拍照等形成留存证据，或和对方进行书面确认

5. 交流意见，确认发现

对于审计人员来说，即便前面的工作做得再完美，如果这个环节没做好，也很容易前功尽弃。原因很简单，一是，审计人员无法保证前面发现的问题确实是问题，因为信息不对称，某些问题可能只是误解；二是，就算问题属实，但是如果未能与对方进行充分沟通，也会出现意见不统一的情况。表 2-11 列举了沟通交流阶段的注意事项。

表 2-11　沟通交流时的注意事项

沟通阶段	注意事项
过程中的交流	在审计中，审计人员对发现的问题必须要及时与审计对象沟通，这样可以避免因信息不对称导致的错误，同时可以避免浪费双方的时间，提高工作效率。沟通中要善于倾听对方的意见，要有亲和力，就事论事，不要加入过多的感情色彩
结果的确认	为防止审计对象对已确认的问题反悔，审计人员必须在报告前和对方就问题进行书面确认，如果有可能，最好是在结束会议召开前就能书面确认，以免在会上出现“扯皮”的情况

（五）结束会议

结束会议的召开，除了可以对发现的问题进行交流、确认，以免因信息不对称导致错误的结果，也是对被审计方的一种尊重。有的人可能会问，前面不是已经都交流、确认过了，为什么还要再次沟通？因为过程中的沟通接触的层面有限，很多时候最多就到部门负责人的层级，在结束会议上，通常会有部门负责人以上的人员参加，那么释放出来的相关信息量就会不一样，此时，对方往往会提供与之前相比更多的信息，而这些信息有可能就会使之前发现的某些问题发生变化。下面对结束会议做一个简单的介绍，如表 2-12 所示。

表 2-12　结束会议示例

会议相关事项	简　述
沟通什么	对审计工作的配合表示感谢，沟通审计中发现的问题，说明离场后对方需配合的事项
参会人员要求	一般需对方相关业务部门负责人参加，根据情况，也可要求对方公司负责人参加
需准备什么资料	审计发现的汇总稿，主要包括事实资料，同时也要提前准备好相关证据，以防止在现场出现对方不承认的情况。在形式上，可以采用 PPT 进行展示，好处是清晰直观

（六）审计报告

审计报告（以下简称报告）作为审计最终工作成果的输出，其重要性不言而喻，报告质量的高低有时会直接决定对审计工作评价的高低。审计人员需要对报告有一个正确的认知。报告的目的是什么？报告的作用是什么？你想通过报告向不同的阅读者传递怎样的信息？对于未参与审计工作的人或是对被审计单位的情况不了解的人来说，是否能够通过报告的描述了解情况甚至发现问题。我们应当清楚地意识到，不同的阅读者对报告的要求是不一样的，例如，对于具体执行的人，他需要知道问题具体是什么，怎么整改；对于管理层来说，他们可能更倾向于知道问题是否严重，影响程度有多大等。带着这些问题，我们来分别了解一下报告的构成及发布正式报告前的准备工作。

1. 报告的构成

通常情况下，一份审计报告会由前言、报告正文两大部分构成，下面分别就这两大部分进行具体说明。

（1）报告前言

前言的写作目的是让阅读者快速地了解报告的内容，一般由审计工作介绍、问题摘要、致谢、重要问题或建议、被审计单位情况简介等内容构成，在实际工作中，可根据具体的情况进行调整，详见表 2-13。

表 2-13　审计报告前言示例

<table>
<tr><th>前言涉及的内容</th><th>具体介绍</th></tr>
<tr><td>审计
工作介绍</td><td>可以理解为自我介绍，告诉别人你做了什么，一般可以包括以下几个部分。
1. 时间：包括审计时间和审计覆盖期间
例如，2016 年 3 月 1 日至 2016 年 3 月 10 日，对某公司进行了审计，审计覆盖期间为 2015 年 3 月至 2015 年 2 月
2. 审计范围：审计了哪些模块。例如，此次审计主要对 ×× 公司的资金费用、采购、销售进行了审计
3. 双方责任：主要为了保护审计人员，在此说明双方的责任。例如，提供资料并保证资料的完整性、准确性，建立与实施内控制度，保护资产是被审方的责任，审计人员的责任是在被审方提供的资料的基础上发现问题并提出建议等</td></tr>
<tr><td>问题摘要</td><td>问题摘要主要是为了让阅读者对报告中存在的问题有一个宏观的概念，让阅读者自行判断是否继续阅读全文或是选取某方面进行阅读。问题摘要通常包含以下两方面：
（1）风险等级说明
如需要标注风险等级，审计人员应在摘要前对风险等级进行一个简单的说明。通常红色标记表示高风险，风险的影响大，发生的可能性高，必须立即处理；黄色标记表示风险适中，风险的影响较大，发生的可能性较高，需在短期内改善；绿色标记表示风险的影响较小，发生的可能性较低，需在一定期间内完成
（2）审计发现
将报告中发现的问题进行汇总，以摘要目录的形式在此处进行说明，给报告的阅读者建立一个整体的框架。举例如下：
<table>
<tr><th>序号</th><th>审计发现</th><th>风险等级</th></tr>
<tr><td>1</td><td>工程进度滞后，交房延期</td><td>高</td></tr>
<tr><td>2</td><td>招待费未按规定进行事前审批</td><td>中</td></tr>
<tr><td>3</td><td>空白支票未定期盘点</td><td>低</td></tr>
</table>
这里风险的高低需结合具体的情况确定，一般来说，已发生问题的情况比未发生问题的风险大，涉及金额大的比金额小的风险大，性质恶劣的风险大，比如挪用公款</td></tr>
<tr><td>致谢</td><td>表示对被审计单位的感谢</td></tr>
</table>

（续表）

前言涉及的内容	具体介绍
重要问题或建议	在这里会将一些重大风险或是需要阅读者特别关注的事项进行重点列示，也是为了引起管理层的关注，从而促进整改措施的有效落实
被审计单位情况简介	可以对被审计单位的基本情况进行简单的说明，便于阅读者对审计对象的情况有一个宏观的认识，通常包括以下几方面： 1. 公司是做什么的 2. 公司的预算完成情况 3. 公司当年财务指标情况或与历年指标的比较，如收入、成本、费用、利润等 4. 公司的经营情况，如销售情况、工程完工情况、出租率等 5. 其他

（2）报告正文

审计报告一般通过问题描述、风险影响、审计建议三个方面对审计人员发现的问题进行说明，具体如下。

①问题描述

简单来说，问题描述就是告诉别人到底发生了什么事，审计人员的观点是什么。问题描述可分成标题与内容两部分。

标题是对问题内容的高度提炼，让报告的阅读者了解问题涉及的是什么方面的事项，甚至可以判断出问题的严重性。对于标题的描述，应当做到明确、清晰，既不要夸大问题，也不要弱化问题。下面列举一些常见的问题。

第一种：模糊的标题

例如，“加强采购管理、改善资金管理等。”

简析：上述标题涉及的范围很广，对于不了解情况的阅读者来说，根本不知道问题是大还是小，具体是哪个点出了问题。在阅读者时间有限的情况下，可能无法产生继续阅读的兴趣。

第二种：夸大的标题

例如，“采购未按规定招投标、销售折扣未审批。”

简析：阅读者一眼看上去，可能会觉得问题很严重。如果只是部分样本存在此类问题，上述的描述可能会让阅读者认为，该被审计单位所有的采购、所有的销售折扣都不符合规定。改成“部分采购项目存在未按规定招投标的情况”或是“部分服务类采购存在未按规定招投标的情况”则更准确。

第三种：弱化的标题

例如，“根据集团规定，在对外公关时不得赠送卡券，审计人员在审计时发现，公司存在赠送购物卡的情况，在做账时列入了办公费用。”根据这一背景资料，我们来体会一下下面的两种写法：

写法 1：办公费列支不够规范。

写法 2：办公费报销付款支持性资料不够充分。

简析：这两种写法给阅读者的感觉可能是，这好像不是大问题，可能只是账务的处理不够准确，如果你是管理者，在时间很紧，工作很忙的时候，可能就会忽视这一条。

问题描述的内容是对发生事项的细节进行的描写，通过陈述，可以让完全不知情的人知道具体发生了什么事，性质如何。审计人员在进行陈述时，不要加入个人的感情色彩、不要用模糊的词语、不要放一些无关的描述等，下面列举了一些常见的错误。

第一种：描述不清晰

例 1："审计人员检查了合同，发现大部分未进行审批。"

简析：

1. 如果你是一个完全不知情的人，看到这个描述，你的第一反应是什么？

（1）没有定义大部分是多少，审计对象可能会反驳："我们只是偶尔这样做。"

（2）"未进行审批"，没有说清楚依据是什么，审计对象可能会反驳："我们的制度中规定范本类的合同不需要再次审批，我们用的都是固定格式的合同范本。"

（3）这里只说了合同，到底是什么合同，是所有类型的合同还是某几类合同，有的时候，可能审计人员只看到某几类的合同，或是，审计对象只有几类合同存在这样的问题，这样的描述就不是很合适。

（4）未注明合同金额，金额的大小往往会决定问题的严重程度，同时大金额也往往更容易引起管理层的重视。

（5）没有样本期间。有的时候，对方会说，我们只有某一期间存在这种情况，后面都改了。另外，列出样本发生期间在一定程度上也说明了审计的严谨性。样本期间也能在一定程度上反映问题的大小，例如，同样是 10 份合同中有 5 份未按规定进行审批，如果发生的频率不同，风险的大小自然就会不同。

2. 改进建议：

（1）如果有相关规定，也抽取了一定的样本，建议写法如下。

根据《合同管理规定》，采购类合同应经采购部门负责人、财务负责人、法务负责人、总经理审批。审计人员对 2016 年 10 月至 11 月期间发生的 10 份服务类采购合同进行检查，发现其中 9 份未按《合同管理规定》进行审批。

（2）如果已经审批，但审批不完整，建议写法如下。

根据《合同管理规定》，采购类合同应经采购部门负责人、财务负责人、法务负责人、总经理审批。审计人员对 2016 年 10 月至 11 月期间发生的 10 份服务类采购合同进行检查，发现其中 9 份未按《合同管理规定》审批至总经理。

例 2：在审计中，有的审计人员会凭感觉质疑对方的做法，并将其写在报告里。有一次，笔者带一个审计人员出去做项目，该审计人员完成审计工作后，将某个问题描述为"公司未按规定对 30 万元以上的项目进行招投标"，笔者看到后，就要求他写清楚依据是什么，结果，该审计人员的回答是"一般都是这样做的啊，而且，对方也同意了"。这就是忽略审计审慎性的表现。有的时候，描述不清晰，在一定程度上也说明审计人员自己就不清楚相关的规定。

例 3："部分业务招待用礼品费报销，缺少礼品明细清单及礼品赠予对象信息。"

简析：

1. "部分"是多少，样本量有多少，有问题的又有多少？

2. 什么时间段的？

3. "缺少礼品明细清单及礼品赠予对象信息"，公司有规定要求这样做吗？

例 4："部分车辆维修费用缺少经书面审批的'车辆维修申请单'。"
简析：
1．"部分"是多少，样本量不同，出现问题的数量不同，由此带来的风险差异可能截然不同；
2．金额没写，是一百元、一千元还是一万元，其占比多少直接影响风险大小；
3．什么时间段的？

例 5："缺少书面审批。"
简析：
是否有电子审批相关单据？如果有其他形式的审批单据，审批就不一定存在问题，可能问题会转移为审批资料的保管。

例 6："根据公司相关制度，公司库存现金最高限额为 3 万元，但 2015 年 3 月现金超过此限额。"
简析：
1."相关制度"，什么制度，什么规定，这样的说法过于简化，有些是可以简化的，但有些是不能简化的；
2.什么时间段的？抽了多少样本？这些都决定了最后的风险大小和影响。

小贴士

1. 3W 原则。3W 指 when、who、what。我们在描述问题的时候，要说得清楚、说得明白；要能够让一个完全不了解情况的人，知道你想表达什么意思。每次在写完问题的时候，我们最好先问问自己，时间、地点、人物、金额等必要的信息写全了吗，涉及的事项表述清楚了吗？这里所列的要素只是一个基本的信息，实际中要根据问题的具体情况进行调整。注意，在提到人的时候，建议用具体岗位、职位替代，不要用人名。最终目的是让完全不知情的人看清楚问题所在。

2. 尽量避免模糊用语，如部分、大部分等，应说明 ×× 个样本里的 ×× 样本有什么问题，要将其说清楚。当然，如果因客观情况，只能用这样的词语，那另当别论，至少我们的意识里应该尽量避免或是少用这些词语。

3. 说明依据，不要乱写。我们在列出问题时，如果有依据要列明依据，比如，公司制度、规章、规定或是法律法规等，不可凭感觉乱写。

介绍完问题描述，下面我们来看一下风险影响怎么写，需要注意哪些问题。

②风险影响

在实际工作中，并不是每家公司的审计报告都需要有风险影响这部分内容的。风险影响一般分两种情况，一种是已经产生的影响，另一种是潜在的影响。第一种影响相对来说比较好写，且容易让审计对象认可，因为后果客观存在。而第二种影响相对难写，有的审计人员喜欢往最严重的方向写，记住，并不是写得越严重越好。虽说是潜在的风险，但也应当依据具体的情况来写，不能无限放大这种影响。在审计工作中，一些审计人员，一遇到与资金有关的风险，就习惯写"会导致资金的挪用"，这是不严谨的。事实上，审计人员在撰写风险影响时应当谨慎。

③审计建议

审计建议的撰写其实非常考验审计人员的综合能力，要想让一个建议切实可行，能为对方解决问题，不仅需要审计人员具备相关的知识，还需要拥有良好的沟通能力、分析能力、观察能力等。在审计过程中，可能有些问题被审计单位本来就知道，但却不知如何改，如果对方让你拿出一个具有可执行性的解决方案，你能拿得出来吗？表 2-14 列示了审计建议中常见的一些问题。

表 2-14　审计建议

问题类别	具体说明
问题 1：生搬硬套，脱离实际	例如，根据不相容职责，审计人员针对出纳做账的情况提出审计建议“出纳人员不得做账” **简析：** 这个建议本身是没有问题的，但是实际情况是被审计单位只有两位财务人员，工作量大，经常需要加班，财务也一直在申请增加人手，但因为公司目前的人事政策限制，无法增加人员。就这个背景而言，你的这个审计建议就无法执行，属于无效建议
问题 2：高度概括，无法执行	例如，加强某某管理，规范某某流程等，但对于如何加强，如何规范，只字不提 **简析：** 对于此类建议，对方如何去实施，实施得好坏，是否真的能够解决问题，只能见仁见智，而且，对后续整改情况的追踪也比较困难，你不知道他们究竟做了什么。在实际工作中，除非万不得已，否则应尽量避免使用这样的说辞
问题 3：范围局限，无法举一反三	例如，审计人员在检查中发现，被审计单位对于抽成商户的稽核未建立相应的制度，且在执行中存在问题。于是，审计人员提出了“建立相应的稽核管理制度，包括但不限于稽核的方式、频率等，并严格执行”的建议 而在第二年审计时，审计人员发现制度是建立了，但是根据现有的稽核频率，将所有抽成商户全部检查一遍需要一年。对方表示，“去年不是说我们没制度吗，我们建立了，至于其他的，我们继续改” **简析：** 如果审计人员能在审计建议中对稽核频率提出一些具体的要求，或是能和对方进行沟通，确定一个相对合理的稽核频率，那么审计建议的适用性可能会更好

2. 出具报告前的准备

除了以上内容，在出具审计报告前，审计人员还需要做哪些准备？

首先，在报告呈交管理层审批前，审计人员必须将审计过程中发现的问题与对方进行书面确认，注意是书面确认。目的是避免因信息沟通不畅发生误解而产生的问题，以及避免对方在报告出具后，因受到上级领导的批评或处罚，面临较大压力而反悔，产生扯皮。在确认问题时，建议审计人员仅对问题的事实进行确认，其他无关信息不要列举。

其次，审计人员要对报告初稿征求意见。报告初稿完成后，审计人员可以考虑将初稿发给对方让对方确认。

最后，将报告按规定提交审批。

小贴士

有的时候会出现对方对报告里的问题概不认可的情况。这也没关系，如果对方不认可，可以要求对方写上不认可的理由，这是比较极端的情况。审计人员需要做好相应的记录留存。确认的形式有很多种，这里列示一个常用的格式供参考。

交流意见确认表（汇总确认）示例

序号	问题描述	是否属实		备注
		是	否	

被审计单位公章： 负责人签字： 日期：

（七）整改追踪

审计的过程就像一个画圆的过程，整改追踪是最后的闭合环节，你前面画得再好，如果缺少最后的闭合环节，审计的效果也会被大大削弱，甚至之前的付出与努力都会付之东流。整改追踪是最终落地的过程，切忌出现审一个丢一个的情况，好似熊掰玉米，掰到最后，一无所获。整改追踪过程如图 2-2 所示。

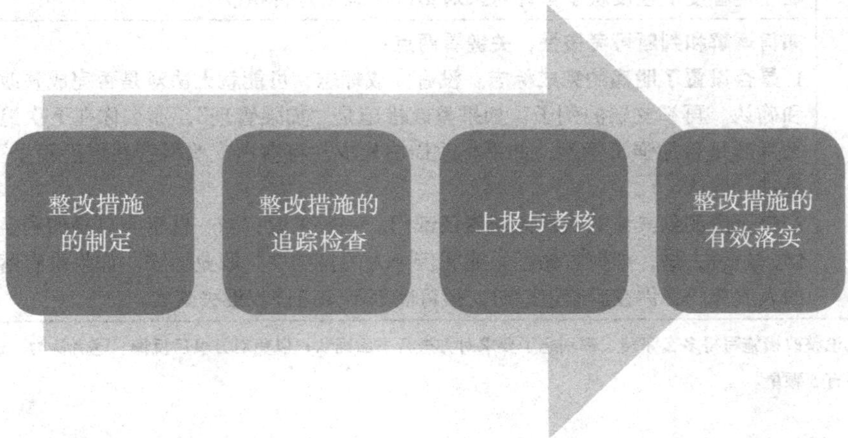

图 2-2 整改追踪过程

1. 整改措施的制定

制定整改措施的目的是通过执行这些措施，改正审计中发现的控制薄弱点，因此整改措施必须具备可行性、时效性、可考核性。制定整改措施的注意事项如表 2-15 所示。

表 2-15　制定整改措施的注意事项

具备的特征	具体阐述
可行性	1. **措施与提出的问题是否相关。**例如，提出的问题是支票保管不到位，那解决的措施就应该是如何把支票保管好，不能顾左右而言他 2. **是否具有可操作性、可执行性。**简单来说，根据被审计方提供的措施，审计人员可以清楚地知道，对方如何去实施整改，其路径应当清晰；另外，根据被审计方的实际情况，整改措施应当是可以做到的 针对以上支票保管的例子，我们来看下面两个整改措施： 第一个，“我们以后会加强支票保管” 第二个，“我们以后会将空白支票放在保险箱里，钥匙和密码分别由主管会计和出纳管理” 如果你看到的是第一个整改措施，你是不是根本不清楚对方具体要做什么？如果你都不清楚，那如何追踪他们是否真的改正了呢？因此，整改措施必须具体化，诸如“加强管理”“规范管理”“以后注意”等笼统的回复，是不可取的
	话外音：被审计方整改措施是否具有可行性，一定程度上也反映了审计建议质量的高低。如果审计人员都不清楚如何整改，那么在对方予以敷衍的时候，便很难发现
时效性	整改是讲究时效性的，如何把握时效性，重点关注以下两个方面： 1. **完成的节点是否明确** 2. **多久完成。有的时候，被审计方为了应付审计人员，故意将整改周期拉长。**例如，某一业务的运行时间只有半年，但是，对方提出的整改时间是5个月。整改是否及时，在一定程度上也反映了审计对象对整改的态度是否积极
可考核性	**如何理解和判断可考核性，关键看两点：** 1. **是否设置了明确的完成标志。**没有完成标志，可能就无法对是否完成整改进行检查和确认。再举支票的例子，如果整改措施是“加强管理”，那么你在下次追踪时，怎么判断是否加强了管理；如果整改措施换成“将空白支票保管在保险箱里”，便更容易进行确认 2. **是否落实到具体的责任人或责任部门。**一般来说，当一件事与自身的利益无关的时候，是否去做，如何去做，只能凭借个人的自觉性、职业操守。如果没有落实到具体的人或部门，你在后续追踪时，很可能都不知道该找谁去落实

特别提醒：无论整改措施写得多么完美，都别忘了要求对方进行书面确认，以免对方事后反悔。笔者认为，这个步骤的重要程度至少要有 5 颗星。

2. 整改措施的追踪检查

措施有了，不代表就万事大吉了。说和做是两回事，说了不一定会做。因此，审计人员必须进行追踪，重点关注以下两方面。

（1）什么时间去查

可采用定期、不定期两种方式。常见的做法是，先针对每个完成节点进行追踪；然后在下次审计时，对之前发现的问题进行现场检查，确认是否完成了整改。

（2）如何确认完成

对于如何确认完成了整改，分两种情况，第一种是审计人员无法到现场。此时，审计人员应要求对方提供盖章确认的证明材料。第二种是审计人员可以去现场。在这里，除了对完成的标志进行确认外，还应抽一些样本进行检查。例如，在之前的审计中，审计人员发现10万元以下的采购没有制度，且未进行三家比价，对方的整改措施是“完善采购制度，对10万元以下的采购进行明确，要求必须三家比价，并保留相关资料”，那么，审计人员在检查的时候，不仅要看制度，还需要对制度生效后发生的样本进行检查，以确认是否完成整改。

3. 上报与考核

（1）异常上报

建立异常事项上报机制，对于一些整改困难或是整改力度不够的，审计人员可以考虑向管理层进行汇报，寻求上级领导的帮助。

（2）恩威并施

将整改情况与绩效考核相联系，对于无特殊原因重复发生的；无正当理由延期整改的；整改结果与实际执行情况不符，存在弄虚作假的行为等情况，应进行相应的处罚。表2-16是一个整改追踪表的示例，供大家参考。

表2-16　整改追踪表示例

序号	问题	审计建议	整改措施	计划完成时间	责任部门	整改完成情况	动态追踪	备注
1	现金未按规定进行定期盘点	严格按照公司制度规定进行定期盘点，并保留相关盘点记录，对于盘点中发现的差异及时查找原因，及时处理，对于差异的处理须上报财务负责人及分管领导	按照公司制度规定，在月底进行定期盘点，盘点工作由出纳和会计共同执行，并保留盘点记录。对于发现的差异，及时查找原因，并上报财务负责人及分管领导	2012年10月开始执行	财务部	已整改	抽查时，盘点表无缺失、盘点无异常	对方已提供修改的财务制度及盘点表
2								
3								

针对上表中的项目进行简单的说明：

1. 为了保证每一个发现的问题都能得到整改，建议将问题一一列出，在避免遗漏的同时，还可以防止对方故意忽略或疏忽
2. 整改完成情况：对方上报的完成情况
3. 动态追踪：审计人员对整改措施进行检查

第三节　工作底稿

工作底稿用来记录审计人员的工作过程，从底稿中可以知道，审计人员在审计中检查了哪些项目，是如何检查的。底稿应包含审计方案、审计项目审批、审计通知、审计检查程序表、审计发现确认表、审计报告征求意见表、审计报告及相应的报告审批表、审计整改通知书、审计整改落实计划等。

一、工作底稿编制注意事项

（一）工作底稿应尽量详细。一是为了保护审计人员，证明审计人员确实履行了必要的流程、程序；二是为了让新来的人员快速学习；三是为了让次年负责相应模块审计的人员能快速上手。

（二）审计底稿要进行编号，一个项目一份底稿，建立索引目录，以避免出现忘记归档或是归档资料不完整的情况。

（三）归档要及时，有的时候，审计人员因为时间紧、工作多，往往一个项目做完好几个月，仍然未进行归档。这样的做法不可取，时间长了，很容易忘记归档，同时也增加了归档的难度，对于归档资料发生缺失的补充，也会变得困难。

二、审计检查程序表

审计检查程序表是审计工作中最为重要和关键的底稿，在表中记录了审计人员具体实施了哪些检查程序，查看了哪些项目，每一个对应事项检查的结果是什么。下面对该底稿编制中应注意的事项进行介绍。

1. 什么时候编制

一般应在具体实施审计现场工作时进行编制。对于一些成熟的公司，一般会有一些通用的审计检查程序表，审计人员可在具体审计某一个项目时，根据具体的项目实施情况进行增加，不建议减少，如遇不适用的，可以注明不适用。

2. 如何编制

审计人员应依据对方业务的制度、流程，结合内控的控制点，列明需要检查的内容、对应内容检查的结果等，涉及证明资料、样本测试的，要做好相关的索引及附件的保存工作。

3. 包括哪些内容

审计检查程序表通常包括检查程序表本身、与审计检查程序表相关的证据资料等，举例如下：

（1）访谈记录；

（2）需要的制度、流程复印件、穿行测试样本；

（3）检查记录文件，例如，抽盘对方的现金，需要签字的现金盘点表原件；进行系统测试，需要打印测试的截屏；对方银行存款余额的截图等；

（4）检查出有问题的样本证据（照片、问题样本的复印件等），这里单列出来是为了说明，有问题的必须要留底；

（5）对方对某一问题的声明书或解释报告等。有的时候，对于审计人员提出的问题，对方可能会做一些解释，审计人员可以根据需要，要求对方提供书面说明。

4. 总体原则

（1）详细：越详细越好。

（2）清晰：文件之间的索引要清楚，相关的证明文件要清晰、明确，例如，对于照片，要注明照片的时间、地点、照片的内容简介；对于盘点，要附有现场抽盘的原件并注明时间，参与人的签字；对于抽样检查，应打印抽样记录表格，由抽样人签字等。

（3）保存完整：按规定内容归档，不要出现资料丢失的情况；另外除书面归档外，可以再建立电子档的底稿文件。

（4）更新：审计检查程序表不是一成不变的，应根据情况进行更新。

审计检查程序表示例如表 2-17 所示，样本测试表示例如表 2-18 所示。

表 2-17　审计检查程序表示例

序号	审计内容	如何去做	实际执行情况	是否存在问题	相关附件
1	获取对方的采购制度、架构、人员分工情况				参考附件 1
2	目前主要物料的采购情况				
3	……				
测试人：　　　时间： 复核人：　　　时间：					
针对上表进行简单说明： ✓ 如何去做：主要是为了让审计人员厘清思路，知道问谁、收集什么资料、怎么检查。 ✓ 实际执行情况：需要详细记录。 有的时候，审计中发现的问题，不一定都会在报告中显示，可以在底稿中注明，用以反映当时审计人员是如何考虑的，为什么没在报告中提出，免得出事后无法解释。					

表 2-18　样本测试表示例

10 万元以下采购比价测试表					
序号	采购内容	采购时间	采购金额（元）	是否三家比价	比价时间是否滞后
测试人：　　　时间： 复核人：　　　时间：					

Part 2 第二部分 实务操作

第三章　实务操作的总体思路

在进入具体模块的实务操作之前，我先介绍一下执行过程中的基本思路。

第一节　通用步骤介绍

一、进场前的准备

（一）建立总体框架

通过初步的询问、沟通及前期资料的阅读等方法，建立对被审计单位及需审计业务模块基本情况的初步认识。

（二）资料收集

资料收集是一个持续的过程，会随着你对被审计业务的逐渐深入、审计工作的推进，不断增加新的资料需求。一般来说，可以分成进场前、现场、离场后三个阶段。相比较而言，进场前因为审计人员所获取的信息有限，对需要怎样的资料心里是最没底的，同时这一步也是最重要的。

在这里，我重点对前期资料清单的准备进行说明。通常来说，审计人员在进场前会根据需要审计的范围及对被审计单位业务的初步理解，整理出一份资料清单发送给被审计方，告知哪些需在进场前提供，哪些需在进场时提供。这样做的目的是，审计人员可以利用进场前的时间，提前熟悉需要审计的业务情况、运作流程，初步确定审计的重点区域；另外，也缩短了进场后等待对方找资料的时间，提高了审计的效率（舞弊审计或是特殊目的专项检查则不建议提前通知）。下面通过图 3-1，将资料清单编制的思路做一个简单的说明。

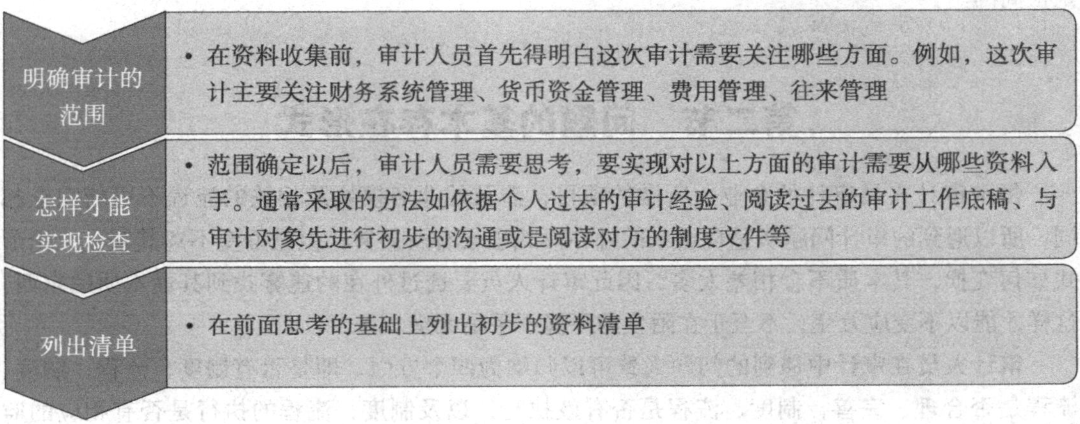

图 3-1　资料清单编制三步走

（三）“熟读兵书”

资料收集是进行这一步的前提。理想的状态是审计人员在进场前，提前熟悉要涉及的审计业务制度、流程，并梳理出需要进行关注的控制点，预判可能存在控制薄弱的环节，同时，审计人员可以在此阶段编制初步的访谈清单。

二、现场实施审计过程

（一）访谈聊天

访谈的目的是通过访谈增加对被审计单位、被审计业务的感性认识；通过访谈，对前期初步梳理出的业务控制点进行简单验证，并通过访谈的结果，对前期选出的需关注的环节或控制点进行调整。需要说明的是，在这里通过访谈对控制点的验证只是初步的检验，后续还需进一步通过测试进行求证，访谈没问题不代表实际执行就是没问题的。

审计人员需注意，在访谈前务必与相关人员提前约好时间，最好能规划好结束的时间，并告知对方，以免耽误对方的正常工作安排；在访谈过程中要根据事先做好的访谈提纲，带着疑问去问，不要空谈，做好记录。访谈包括正式的和非正式的，所以这里用了访谈聊天这个词，很多时候“聊天”能发现很多意想不到的收获。在访谈人员的选择上，要有意识地选择业务之间有交集的对象，以起到相互印证的作用，切不可只听取一面之词。

（二）测试阶段

通过测试对业务中的控制点进行验证，也是审计中最为重要的环节。在测试中可运用的方法包括询问、观察、检查、函证、重新计算、分析等。在这里先说一下穿行测试。穿行测试可以通过将书面的、口述的制度流程，相关的记录文件，直观地展现在审计人员面前，以帮助审计人员快速了解和熟悉相关业务运行控制的设计与执行情况。

（三）沟通

沟通要及时，沟通的时候要注意方式、方法，该确认的要书面确认。这里想强调的是，审计人员在沟通时，务必思路清楚，不要轻信对方的说辞，还要有耐心，这对情商的要求还是很高的。

第二节　问题的基本存在形式

每个审计人员审计的企业，所做的项目，涉及的业务模块及相关的流程不可能完全相同，所以遇到的审计问题所呈现出来的外在形式也会有所差异；但是万变不离其宗，无论形式如何变换，其本质不会相差太多，因此审计人员要透过外在的迷雾找到其最本质的东西，这样才能以不变应万变，不至于在陌生的环境下手足无措。

审计人员在审计中遇到的问题大致可以归纳为四个方面，即是否有制度、流程，制度、流程是否合理、完善，制度、流程是否有效执行，以及制度、流程的执行是否有相应的监督。在这里强调一点，这里说的制度、流程是一个广义的概念，可以理解成一个执行的标准或是一个控制点。

一、是否有制度、流程

制度、流程作为企业管理的基本立足点，自然也是审计最基本的立足点。审计人员在审计时应该关注企业是否有基本的制度、流程，即现有的业务模块是否有与之相对应的管控制度、流程。这是最基本的要求。

二、制度、流程是否合理、完善

审计人员在审计时应该关注企业的制度及流程设计是否符合要求，例如，是否符合牵制、监督的要求，是否符合对效率、效益的要求。企业不能为了设立制度而设立制度。审计人员可以从制度、流程的适用性和权威性两个方面来考察制度、流程是否合理、完善。

（一）制度、流程的适用性。在了解了企业的制度、流程后，审计人员还需要关注制度、流程与实际业务是否匹配。制度、流程的设立不是一劳永逸的，还需要及时修正和完善。

（二）制度、流程的权威性。如果企业对制度、流程的管理缺乏必要的控制，如制度、流程的编制、审批、发布等不合规，可能会导致“政出多门”的情况出现。笔者在审计时就遇到过内控部门提供的制度与业务部门提供的制度完全不一样的情况。

三、制度、流程是否有效执行

对企业来说，除了要做到“有法可依”，还应该做到“有法必依”，再好的制度、流程如果不去执行，也是形同虚设的。

审计人员在审计中，可以通过观察、抽样、测试等手段来确认制度、流程是否有效执行。重点关注已有的制度、流程是否得到执行，执行是否到位等。

四、制度、流程的执行是否有相应的监督

除了“有法可依”“有法必依”，“执法必严”也至关重要。“执法必严”在这里可以理解为企业对制度、流程执行情况的监督。如果缺乏有效的监督手段，缺乏相应的制约，可能就无法推动制度、流程的有效实施，最后可能造成制度、流程没有被执行，或者执行人员应付了事，没有发挥应有的效果。

审计人员在审计时要关注企业是否有监督制度、流程执行的手段，是否有例行检查、相关惩处措施等。

上述四个方面，基本上构成了一个企业制度、流程管理的闭环，审计人员在审计过程中，只要立足于这个闭环，再重点关注一下人的因素，那么大致不会有什么疏漏。

在后面具体业务模块的章节中，我会列出一些具体的问题形态供大家参考。

第四章　财务管理审计

在做财务审计的时候，审计人员应当具备一定的财务功底，至少要对账务处理的基本规则、会计科目的用途有一定的了解和认识，不能什么都不知道就去做审计，这样是非常容易被对方轻视的。

第一节　进场前的准备

一、整体框架

一般情况下，财务工作主要涉及数据和资金管理两部分。数据管理主要是管理财务数据的准确性和完整性；资金管理包括筹资、投资、营运资金的管理。财务管理涉及面较广，审计人员在审计时应确定好审计的范围。本章主要围绕数据与资金的管理，对财务审计中涉及的常规业务进行介绍。

二、资料收集

财务审计进场前，可能会涉及的资料清单主要如表 4-1 所示。

表 4-1　资料清单示例

类别	资料清单
系统管理	✓ 公司用的什么系统，有几套系统，新旧系统切换时间（如有） ✓ 用户名单及相应的权限 ✓ 系统权限管理的相关制度、流程文件 ✓ 人员变动清单，包括入职、离职、岗位变动等（为了避免对方提前准备，这部分资料可以单独从人事获取）人员的情况
预算管理	✓ 预算管理相关制度、流程文件 ✓ 预算及预算执行情况报表或报告 ✓ 序时账
货币资金管理	✓ 财务管理制度、流程 ✓ 审批权限表 ✓ 财务融资台账、合同（如有） ✓ 资金报表（审计期间所有的） ✓ 银行账户清单（账户名称、账号、用途、资金余额、用途） ✓ 财务账：序时账（含辅助核算）、科目余额表、资产负债表、利润表 **注：**这里专门说一下序时账，序时账反映了一定期间账务处理的完整流水，可以通过序时账找到需要的各科目的明细，无论是进行数据分析、还是进行样本的选择都非常有用，尤其适用于没有审计专门工具的人员

（续表）

类别	资料清单
费用管理	✓ 财务制度、流程 ✓ 费用报销规定 ✓ 费用预算 ✓ 序时账
往来管理	✓ 财务制度 ✓ 账龄分析表
特别说明： ✓ 这些都属于初步资料，是为了便于审计人员在进场前对被审计单位做初步的分析，建立初步的认识。因为在进场后，根据审计人员对被审计单位的进一步认识，需要的资料会发生变化 ✓ 有一些资料更适合在现场进行检查，不宜在进场前索要，以免对方提前掩盖问题 ✓ 这里主要是为了说明需检查的业务模块可能涉及的资料，故将业务模块与可能涉及的资料进行对应	

第二节　具体审计实施

下面分别从财务系统管理审计、预算管理审计、资金费用审计（现金管理、银行存款、理财管理、票据管理、付款管理、费用管理、往来管理）三个方面进行说明。

一、财务系统管理审计

（一）建立总体框架

审计前审计人员需要对将要审计的业务情况建立基本的框架，目的是避免在审计时出现抓小丢大的情况。那么，该如何建立框架呢？下面我们通过问题的形式进行介绍。

Q1. 目前，公司财务系统的基本情况是怎样的？

◆ 为什么要看	主要是为了在审计前先对系统的情况建立初步的认识，做到心中有数，不要等全部审计结束了都不清楚公司有几套系统，是否存在新旧系统转换的情况等。
◆ 如何去做	（1）询问相关财务人员。笔者建议除询问财务负责人以外，也需要询问其他财务人员，目的是多方求证，防止对方故意隐瞒。 （2）注意观察，观察对方在实际中会用到哪些系统。有些企业可能会设两套账。

Q2. 是否有系统管理相关制度、流程？

◆ 为什么要看	（1）目的是寻找审计依据以及评判的标准。一般来说，我们在审计时评判的标准大致来源于几类，包括外部的法律法规，企业自身的规章制度、流程，内控的基本规则等。 （2）通过了解对方建立的规章制度、控制流程，可以让审计人员对系统有一个快速的认识。 （3）通过对规章制度、控制流程的阅读，可以让审计人员对可能存在的问题进行预判，例如，制度设计是否合理，哪些环节设置可能存在漏洞，是否存在不完善的地方等。
◆ 如何去做	要实现上述目的，具体该如何去做呢？ （1）获取相关的规章制度、控制流程文件。 （2）对制度包含的模块以及相关的控制点进行初步梳理，就该模块来说，一般系统相关的制度会包括用户权限的建立、修改、删除，系统数据的备份，密码的管理，数据的维护等。 （3）在后续实际访谈与观察中，对现有规章制度、控制流程的合理性、适用性进行再次比对评估。
◆ 需要的资料	相关制度、流程文件。
◆ 常见的问题	无相关制度、流程；制度规定不完善；制度、流程不适用。

（二）权限与职责的控制审计

Q1. 人员的职责分配与系统中享有的权限是否一致？

◆ 为什么要看	职责与权限不一致，无法形成必要的牵制，为舞弊创造了条件。
◆ 如何去做	**第一步：制度、流程文件的熟悉与梳理** 1. 目的 找到审计的基本标准、依据同时也是编制访谈文件的基础，检查现有制度、流程文件中是否存在不完善的地方（后面不赘述）。 2. 需要哪些制度、流程文件 （1）系统管理制度、流程文件。 （2）人员职责权限手册及分工。 3. 如果没有制度文件怎么办 如果制度中没有规定，需要针对人员的分工梳理出系统中应匹配的权限。例如，成本会计的职责是负责成本账、销售会计的职责是负责销售账，结果两人都有总账会计的权限，且公司已设置了专门的总账会计；出纳不应有做资金相关账务的权限等。
	第二步：访谈 1. 访谈谁 可能需要分别访谈相关财务负责人员或是 IT 人员。

（续）

<table>
<tr>
<td>◆ 如何去做</td>
<td>
2. 访谈哪些内容
访谈内容的来源包括通过制度、流程梳理出的问题，对方系统基本情况的介绍，人员分工情况，以及在现场访谈中延伸出的问题。部分常见访谈内容如下：
（1）财务人员的分工、职责范围；
（2）对于系统中的人员权限是如何管理的；
（3）是否了解公司的相关制度，目前是否按照公司的制度在执行。

访谈小贴士
这里的访谈可能会和之后的访谈重复，这一步的目的是先获取一个大概的框架，明白对于权限对方是如何管理的，是否可能与制度的规定存在差异，这只是确认不符的一个渠道。有的时候，对方会在访谈的过程中说明其根本没有制度，或是实际执行与制度不符，如果你在这一步就能了解不符的情况会节约很多时间。
在选择访谈对象时，注意要交叉复核。不仅是财务负责人，实际执行人也需要访谈，简单来说就是接触到的人都有可能成为潜在的访谈对象。原因是每个人对业务接触的范围、程度不一样，因此单一人员反映出来的信息可能不够完整。每个人的防备心理不一样，有的人可能防备心理很强，会对事实情况进行隐瞒，而有的人可能就不会。另外要注意的是，在大部分情况下，一线人员对实际执行的情况最为清楚，对执行中存在的问题也最为了解，所以访谈时不要忽略他们的存在。
访谈的形式可以是正式的，也可以是非正式的，具体应根据访谈的对象、访谈的内容来选择。很多时候，非正式的访谈更容易问出问题，而正式的访谈形式得到的回复很可能是套话，其信息所具有的参考意义不大。
在其他审计业务中进行访谈时，也同此理。
</td>
</tr>
<tr>
<td></td>
<td>
第三步：测试
可以采取穿行测试与抽样测试相结合的方式，这里重点介绍抽样测试。
1. 如何选样
在能够导出权限表的情况下，通过导出的权限清单与人员岗位职责进行匹配，在人力充足的情况下，建议全查，如果人力、时间有限，可以通过角色与岗位进行匹配，然后对一些关键的系统权限功能进行检查。
2. 如何检查
（1）找财务或 IT 人员导出用户清单，对数据进行交叉比对，检查是否存在不符的情况，如下所示。
<table>
<tr><th>人员</th><th>财务职责</th><th>应有的权限</th><th>系统中分配的权限</th><th>是否存在差异</th></tr>
<tr><td>甲</td><td>成本会计</td><td>成本模块的处理权限</td><td>财务经理权限</td><td>Y</td></tr>
</table>
</td>
</tr>
</table>

（续）

<table>
<tr><td>◆ 如何去做</td><td>

（2）在无法获取权限清单的情况下，可以考虑在系统里进行直接测试，如用出纳的账号进入系统，尝试做账。这个方法会比较直接，笔者建议在时间有限且无法获取详细数据的情况下，可以用这个方法直接进行测试。建议优先选择一些风险较大的模块进行测试，如用出纳账号做资金账、结账、反结账，科目的增、删、改等。

小贴士

权限匹配大致可以分成两种情况，一种是本来的系统角色与人员岗位就不一致，如系统分别设置了财务经理、总账会计、成本会计等角色，在给用户权限时，应与用户的岗位相对应，财务经理应该有财务经理的角色，成本会计应对应成本会计的角色；另一种是角色是对的，但是给角色分配的权限存在问题，造成这种情况的原因如下：可能是设置系统的时候，给角色配置权限的人不清楚应该给角色具体配置什么样的权限，因此常常为了方便，就会给角色设置最大的权限，在系统移交给使用人时，也未告知使用人相关角色的权限是如何配置的，致使在实际使用中，当需要增加用户时，把相应的角色直接开给对应的人，而不再去检查其权限是否合适，因此会造成具体的权限与人员的岗位职责不匹配。当然，也有为了简化程序给所有申请人都设置财务经理角色的情况。

</td></tr>
<tr><td>◆ 需要的资料</td><td>

结合上面的说明，审计时通常需要以下资料。

（1）系统的账号清单，包括用户名、创建时间、状态（是否在用）和权限，下面列举一个系统里导出的账户权限信息表供大家参考。

系统账户权限信息表示例

<table>
<tr><th>权限别名</th><th>组织名称</th><th>用户账号</th><th>用户实名</th><th>权限类型</th></tr>
<tr><td>新增项目类型</td><td></td><td></td><td></td><td>操作权</td></tr>
<tr><td>删除项目类型</td><td></td><td></td><td></td><td>操作权</td></tr>
<tr><td>打印项目类型</td><td></td><td></td><td></td><td>操作权</td></tr>
<tr><td>修改项目类型</td><td></td><td></td><td></td><td>操作权</td></tr>
<tr><td>查看项目类型</td><td></td><td></td><td></td><td>操作权</td></tr>
</table>

（2）现有财务人员的名单和分工。

（3）测试截图（如果是测试的话）。

</td></tr>
<tr><td>◆ 常见的问题</td><td>

审计中普遍存在的问题是职责与权限不一致。常见原因如权限在配置时是统一配置的，并没有考虑相关人员的职责权限。

</td></tr>
</table>

Q2. 是否有专人定期对系统中的权限进行检查，并保留相应的记录？

<table>
<tr><td>◆ 为什么要看</td><td>该控制是作为前面预防性控制失效后的一个补充。保留记录是为了证明对方确实在做这方面的控制，没有流于形式。</td></tr>
<tr><td rowspan="3">◆ 如何去做</td><td>第一步：制度、流程文件的熟悉与梳理
1. 先找规定、标准
需关注的点包括谁负责审阅、多久审阅一次、发现问题如何处理、是否保留审阅记录等。
2. 需要哪些制度、流程文件
（1）系统管理制度、流程文件。
（2）人员职责分工与系统权限。</td></tr>
<tr><td>第二步：访谈
1. 访谈谁
询问财务人员或相关的 IT 人员。
2. 访谈哪些内容
（1）是否有专人负责定期审阅，怎么操作的，是否有相应的记录，多久一次，记录保存在哪里。
（2）实际执行是否与制度有差异。</td></tr>
<tr><td>第三步：测试
可以采取穿行测试与抽样测试相结合的方式，这里重点介绍抽样测试。
1. 如何选样
如果检查中发现存在权限与实际不符的，可以抽取相关期间的检查记录；如果没有任何蛛丝马迹，就随机选样。
2. 如何检查
（1）是否安排专人负责，是否有记录。
（2）检查的周期是否与制度规定一致，例如，制度要求每月检查一次，实际一季度检查一次。
（3）检查的内容是否有助于实现检查的目的。例如，有两份审阅记录，一份无法反映到底审阅了什么内容，只是标注了检查的结果，即是否有问题；另一份审阅记录则列明了具体检查的项目，每项的结果是否有问题。如果仅从是否有记录的角度来看，两份都有，但从审阅的目的是否真正实现的角度来看，可能更倾向于第二份。这里又回到之前提到过的，不仅要看流程，还要看是否合理，合规不代表合理。</td></tr>
<tr><td>◆ 需要的资料</td><td>结合上面的说明，审计时通常需要以下资料：
（1）相关制度、流程文件；
（2）对方检查的记录。</td></tr>
<tr><td>◆ 常见的问题</td><td>审计中普遍存在的问题如下：
（1）没有专人定期对权限进行复核；
（2）未保留检查记录；
（3）检查流于形式。</td></tr>
</table>

Q3. 关账权限是否授予指定人员？

◆ 为什么要看	关账权限的授予情况可能会影响报表数据的准确性。
◆ 如何去做	**第一步：制度、流程文件的熟悉与梳理** 1. 先找规定、标准 关注点为是否要求专人负责。 2. 需要哪些制度、流程文件 （1）系统管理制度、流程文件。 （2）人员职责权限及分工。
	第二步：访谈 1. 访谈谁 财务负责人、财务人员、IT 人员（有的公司权限是由 IT 人员负责分配的）。 2. 访谈哪些内容 （1）平常是由谁负责关账的。 （2）哪些人有关账权限。 （3）询问管理该权限的人员是否知道有制度规定该权限必须指定专人负责（前提是有制度）。
	第三步：测试 可以采取穿行测试与抽样测试相结合的方式，这里重点介绍抽样测试。 1. 如何选样 如果系统里能导出权限清单，那么要全查，在系统里做筛选统计即可。如果无法导出权限清单，只能做直接测试。 2. 如何检查 （1）在能导出清单的情况下，可以通过对关账权限进行重复项筛选，查看是否有不合适的人拥有该权限。 （2）在不能导出清单的情况下，在系统里进行直接测试，用不同财务人员的账号登录系统里进行测试。 **小贴士** 个人觉得，在无法取得权限表的情况下，这是最简单、最直接的方式，审计人员可以试着用不同人的账户进行关账。测试完成后，一定要进行反结账，这样又可以顺便测试反结账的权限。另外，测试还有一个好处就是防止功能设置失效，有的时候，系统里虽然显示设置了该控制，但其实际运行时可能是无效的。
◆ 需要的资料	结合上面的说明，审计时通常需要以下资料： （1）相关制度、流程文件； （2）人员职责权限及分工； （3）测试截图（如果是测试的话）。
◆ 常见的问题	审计中普遍存在的问题是关账权限未指定专人负责。

Q4. 关账前是否有关账清单或进行了关账前检查？

<table>
<tr><td>◆ 为什么要看</td><td>进行这项检查的目的是保证关账前不存在账务处理漏记的情况。有的时候，可能因为关账前的检查工作没有做好，如该在当月做账的没有做账，在关账后才发现，或者在下个月补做，或者在当月反结账进行补录，产生的结果是当月的报表数据不够准确，严重影响工作效率。
对于集团性企业，在下属企业众多的情况下，尤其需要做好这项工作，以保证月底关账的及时性、报表数据的准确性。试想，如果集团下属有很多家需要并表的企业，结果每家的处理方式都不一致，并表的准确性就会很难保证，可能只有等到最后做年报审计时，才能统计出准确的数据，这样很不利于日常的管理。</td></tr>
<tr><td rowspan="3">◆ 如何去做</td><td>第一步：制度、流程文件的熟悉与梳理
1. 先找规定、标准
关注点包括是否专人负责、关账时间是否有规定、关账前是否需进行检查等。
2. 需要哪些制度、流程文件
财务制度、人员职责分工等。</td></tr>
<tr><td>第二步：访谈
1. 访谈谁
交叉询问关账的相关人员，包括关账的负责人，参与关账的具体人员，以验证在关账前是否进行相关的检查。
2. 访谈哪些内容
（1）是否有制度。
（2）目前是否有关账检查，如何执行，是否有记录。
（3）实际执行是否与制度有差异。
（4）关账是否存在困难。</td></tr>
<tr><td>第三步：测试
可以采取穿行测试与抽样测试相结合的方式，这里重点介绍抽样测试。
1. 如何选样
可以随机选样，建议注意重大的节假日，如春节、国庆节等。
2. 如何检查
通过将系统中关账记录与相应的支持性资料进行比对来进行检查，建议关注如下事项：
（1）是否有关账前的检查记录；
（2）检查记录是否符合规定（如有规定）；
（3）能否起到检查的作用，例如，是否明确人员职责、列明需要检查的项目，检查的项目是否完整、是否适用；
（4）注意检查完成的时间，防止后补；
（5）是否要求检查人员签字确认。</td></tr>
</table>

（续）

<table>
<tr><td>◆ 如何去做</td><td>下面提供一张关账前的检查表，供参考。

月末关账检查表
会计期间：××××年××月××日—××月××日
<table>
<tr><th>岗位</th><th>编号</th><th>关键控制点</th><th>完成时间</th><th>执行人签字</th><th>审核人</th><th>审核人签字</th><th>Y</th><th>N</th><th>说明</th></tr>
<tr><td rowspan="2">出纳</td><td>1</td><td>是否将所有银行现金业务原始凭证交给总账</td><td>次月第三个工作日之前</td><td></td><td>总账</td><td></td><td></td><td></td><td></td></tr>
<tr><td>2</td><td>……</td><td></td><td></td><td></td><td></td><td></td><td></td><td></td></tr>
<tr><td>应付</td><td>1</td><td>是否将发票已收、付款申请单已审批完成的业务全部录入系统</td><td>25日前确认完毕</td><td></td><td>总账</td><td></td><td></td><td></td><td></td></tr>
</table>
注：每个单位会根据自身的情况进行调整，上表仅提供一个参考的样式。</td></tr>
<tr><td>◆ 需要的资料</td><td>结合上面的说明，审计时通常需要以下资料：
（1）相关制度、流程文件；
（2）关账前的检查表单或记录（如有）；
（3）人员职责权限分工。</td></tr>
<tr><td>◆ 常见的问题</td><td>审计中普遍存在的问题如下：
（1）无相关制度，或有制度但制度规定不完善；
（2）有制度，但未按制度执行；
（3）关账前无相关的检查控制；
（4）关账前有控制，但控制措施做得不够充分或流于形式，例如，只是口头上询问，没有明确的检查清单，没有检查记录等。</td></tr>
</table>

Q5. 反结账权限是否授予指定人员？

<table>
<tr><td>◆ 为什么要看</td><td>避免随意反结账，随意反结账无法保证数据的准确性、完整性。</td></tr>
<tr><td>◆ 如何去做</td><td>第一步：制度、流程文件的熟悉与梳理
1. 先找规定、标准
关注点包括该权限是否明确相关的负责人，当该人员无法执行时，如何授权等。
2. 需要哪些制度、流程文件
财务制度、人员职责分工等。</td></tr>
</table>

（续）

◆ 如何去做	**第二步：访谈** 1. 访谈谁 这里访问的对象不一定是财务负责人，可以是普通财务人员、IT 人员，目的是多方求证，在此阶段获取的信息后期都必须验证。 2. 访谈哪些内容 （1）哪些人有反结账的权限。 （2）当指定人员不在时，如果需要进行反结账，由谁来执行。 （3）审计期间是否发生过反结账的情况，反结账是由谁来执行的。
	第三步：测试 可以采取穿行测试与抽样测试相结合的方式，这里重点介绍抽样测试。 1. 如何选样 建议全查。 2. 如何检查 （1）获取系统中发生的反结账记录，检查反结账是由谁来执行的，是否与前期所获信息一致，是否由专人负责。 （2）通过系统权限进行检查。获取系统中的人员权限清单，通过关键字，如“反结账”，对权限列表进行重复项筛选，查看有该权限的人有哪些，是否符合公司规定，是否存在职责不相容或是与岗位职责明显不符的情况。例如，所有财务人员均有反结账的权限，或是在公司有总账会计的前提下，出纳、成本会计、销售会计也有反结账权限。 （3）采取直接测试的方式，即用非相关财务人员的用户名登录系统进行测试，看是否可以反结账。这类测试可以和关账测试一起做。
◆ 需要的资料	结合上面的说明，审计时通常需要以下资料： （1）相关制度、流程文件； （2）人员职责权限分工； （3）系统权限清单或截图； （4）测试截图。
◆ 常见的问题	审计中存在普遍的问题如下： （1）反结账权限没有指定专门人员管理； （2）反结账权限与职责不符。

Q6. 进行反结账是否需要审批？

◆ 为什么要看	避免随意反结账，随意反结账无法保证数据的准确性、完整性。
◆ 如何去做	**第一步：制度、流程文件的熟悉与梳理** 1. 先找规定、标准 反结账需关注的点包括应当如何操作，需要执行什么样的程序，是否需要提交申请并经审批后才可以进行等。 2. 需要哪些制度、流程文件 财务制度、人员职责分工等。

（续）

<table>
<tr><td rowspan="2">◆ 如何去做</td><td>第二步：访谈
1. 访谈谁
询问相关人员，如财务负责人、普通财务人员、IT 人员等可能涉及的人员，用以进行交叉验证。
2. 访谈哪些内容
（1）审计期间是否发生反结账事项。
（2）发生的时候是如何操作的，履行了哪些程序，需不需要进行审批。
（3）是否有相关的制度。
（4）实际执行是否与制度有差异。
（5）反结账审批记录在哪里保管。</td></tr>
<tr><td>第三步：测试
可以采取穿行测试与抽样测试相结合的方式，这里重点介绍抽样测试。
1. 如何选样
建议全查。
2. 如何检查
（1）通过财务系统里的操作日志获得反结账记录，追查至相应的支持性资料，依具体的规定进行检查，例如，反结账申请审批记录等。
（2）检查相对应的审批记录时应注意审批时间是否为后补，同时应注意反结账的原因。

小贴士
反结账次数过多也需要引起注意，如每月都发生，可能预示着关账前的检查有问题，如果次数达到每月一次以上，有的月份甚至更多，这就需要去询问原因了，可能在其他控制方面存在问题。</td></tr>
<tr><td>◆ 需要的资料</td><td>结合上面的说明，审计时通常需要以下资料：
（1）相关制度、流程文件；
（2）系统里的反结账记录；
（3）反结账书面记录及相应的审批资料。</td></tr>
<tr><td>◆ 常见的问题</td><td>审计中普遍存在的问题如下：
（1）无相关制度，或有制度但制度规定不完善；
（2）反结账未保留相关的审批或说明文件；
（3）相关信息如反结账原因、时间、执行人等信息不完整；
（4）反结账缺乏相应的控制。</td></tr>
</table>

Q7. 科目增、删、改权限是否授予指定人员？

◆ 为什么要看	避免随意修改科目，影响数据的完整性、准确性。
◆ 如何去做	第一步：制度、流程文件的熟悉与梳理 1. 先找规定、标准 是否有规定需要授予指定人员等。

（续）

<table>
<tr><td rowspan="3">◆ 如何去做</td><td>2. 需要哪些制度、流程文件
财务制度、人员职责分工等。</td></tr>
<tr><td>第二步：访谈
1. 访谈谁
财务负责人、财务人员或相关的 IT 人员，并进行交叉验证。
2. 访谈哪些内容
主要访谈哪些人员有此权限。</td></tr>
<tr><td>第三步：测试
（1）对系统里导出的权限表进行筛选，检查哪些人有此权限，是否与规定相符、是否与人员岗位相符。
（2）如无法导出权限表，可以考虑直接进行新建测试，最好不要做删除和修改测试，防止系统出现问题。
注：这里的做法和前面类似，只是换成了增、删、改权限的问题。</td></tr>
<tr><td>◆ 需要的资料</td><td>结合上面的说明，审计时通常需要以下资料：
（1）相关制度文件；
（2）系统中导出的人员权限表；
（3）人员职责分工；
（4）测试截图。</td></tr>
<tr><td>◆ 常见的问题</td><td>审计中普遍存在的问题如下：
（1）无相关制度，或有制度但未执行；
（2）无制度，人员权限也未指定专人；
（3）人员权限设置存在职责不相容的情况。
提示：在有条件的情况下，该职责最好授予独立于财务的 IT 人员，如果无 IT 部门，而将该权限放在财务部门，那么最基本的一条原则就是不能人人都有该权限，应当限于专人。</td></tr>
</table>

Q8. 科目增、删、改的控制是否合规并有效执行？

<table>
<tr><td>◆ 为什么要看</td><td>如果缺乏相应的控制，可能会造成修改的随意性，致使数据的完整性、准确性存在较大的风险。注意，审批是控制，留痕也是控制。</td></tr>
<tr><td>◆ 如何去做</td><td>第一步：制度、流程文件的熟悉与梳理
1. 先找规定、标准
关注点包括修改的程序是怎样规定的，需要提交哪些资料，如何审批，谁来执行等。
2. 需要哪些制度、流程文件
财务制度或相关的系统管理制度。</td></tr>
</table>

（续）

<table>
<tr><td rowspan="2">◆ 如何去做</td><td>第二步：访谈
1. 访谈谁
财务负责人、财务人员、IT 人员（根据情况选择）。
2. 访谈哪些内容
（1）审计期间是否发生过此类事件，其是如何执行的，并要求提供当时的支持性资料。
（2）公司针对该事项是否有相关的制度（目的是验证对方是否了解和熟悉公司的制度，同时初步检验现有的制度是否存在并实施）。
（3）实际执行与现有的制度规定是否存在不一致的情况。</td></tr>
<tr><td>第三步：测试
可以采取穿行测试与抽样测试相结合的方式，这里重点介绍抽样测试。
1. 如何选样
建议全查。
2. 如何检查
（1）系统中如果能导出发生此类事件的记录则导出记录，根据记录检查相关的支持性资料是否合规、合理。
（2）如系统中无法导出此类记录，则通过财务系统中导出的历年科目余额表进行对比（根据情况选择需要导到科目的第几个层级），检查科目是否发生过修改，如果发生过，询问原因，并检查相应的手续是否合规。
（3）根据对方保留的相应书面记录，检查对应的支持性资料是否合规、合理，但注意对方提供的记录可能不完整。
（4）注意流程涉及时间的先后顺序，注意变更的原因，修改的科目等。

小贴士
一般来说，会计科目设定后，在企业的业务没有产生重大变化的情况下，发生修改的概率是很低的。除了对修改本身的控制外，审计人员还要注意修改的原因，其有可能会引出管理上的其他问题。</td></tr>
<tr><td>◆ 需要的资料</td><td>结合上面的说明，审计时通常需要以下资料：
（1）相关制度、流程文件；
（2）系统中导出的修改记录日志及相应的支持性资料；
（3）对方存档的修改记录及相应的审批资料；
（4）一定期间的科目余额表。</td></tr>
<tr><td>◆ 常见的问题</td><td>审计中普遍存在的问题如下：
（1）修改无控制；
（2）修改控制的设置不够合理；
（3）科目增、删、减未保留相关的支持性资料。</td></tr>
</table>

Q9. 系统中做账人与复核人是否为同一人？

◆ 为什么要看	如果缺乏必要的牵制则无法对做账的真实性、准确性进行复核与确认，同时为随意、恶意修改创造条件，无法保证数据的准确性。

（续）

◆ 如何去做

第一步：制度、流程文件的熟悉与梳理

1. 先找规定、标准

关注点包括是否允许制单人与审核人为同一人，如果指定的审核人不在岗应如何处理，是否有相应的规定等。

2. 需要哪些制度、流程文件

财务制度、人员职责分工等。

第二步：访谈

1. 访谈谁

财务人员、IT 人员。

2. 访谈哪些内容

（1）实际工作中制单与审批工作是如何分配的，制单人是否可以自行选择审批人。

（2）是否可以自己制单、自己审核。

（3）相关审核人不在岗的情况下如何处理。

第三步：测试

1. 通过序时账进行测试

一般情况下，系统导出的序时账中会显示制单人、审核人，如果两个人为同一人，就明显是有问题的。在这里审计人员应注意，制单人与审核人是否为确实在岗的人员，防止出现借用他人账户，一人分饰两角的情况。下面看一下系统中导出的序时账示例。

序时账示例

公司	记账日期	期间	凭证类型	凭证号	状态	制单	审核	出纳	过账	摘要	科目	借方	贷方
	2016-21-9	2016.2	记账	0001	已过账	甲	乙		乙				
	2016-2-19	2016.2	记账	0002	已过账	甲	乙		乙				

2. 检查打印凭证上制单人、审核人的信息

3. 进行直接测试（**笔者认为这是最有效的办法**）

注意：上一步没有发现问题并不代表系统的控制是有效的。

4. 注意观察，看看财务人员之间是否互相知道密码

小贴士

虽然在系统里确实设置了不同的人，且系统的规则也设置不能为同一人，但在实际执行中，为了省事，财务人员可能会共享各自的用户名和密码，就会出现自己做完账后，再用别人的名字登录系统进行审核的情况，此时的控制便形同虚设。

（续）

◆ 需要的资料	结合上面的说明，审计时通常需要以下资料： （1）相关制度、流程文件； （2）序时账； （3）做账凭证； （4）测试截图。
◆ 常见的问题	审计中普遍存在的问题如下： （1）无相关制度，或有制度但制度规定不完善； （2）有制度不执行； （3）制单人、审核人为同一人。

Q10. 管理员权限的分配是否合理？

◆ 为什么要看	为保证独立性，该权限最好由非财务人员所有，如 IT 人员。目的是防止随意修改财务数据，从而保证数据的完整性和准确性。
◆ 如何去做	**第一步：制度、流程文件的熟悉与梳理** 1. 先找规定、标准 关注点包括哪些人拥有管理员权限，权限划分是否明确等。 2. 需要哪些制度、流程文件 财务制度、人员职责分工等。
	第二步：访谈 1. 访谈谁 财务人员、IT 人员。 2. 访谈内容 哪些人拥有管理员权限，这些人的职责是什么。
	第三步：测试 根据系统导出的权限表检查哪些人员拥有该权限，拥有人是否存在职责不相容的情况。
◆ 需要的资料	结合上面的说明，审计时通常需要以下资料： （1）相关制度； （2）财务系统人员权限表； （3）人员职责分工。
◆ 常见的问题	审计中普遍存在的问题如下： 管理员权限设置不合理，常见如管理员权限未指定专人，一般情况下，应该只有一个管理员；有管理员权限的人同时也负责做账，不利于监督、复核。

Q11. 系统中用户及权限变更是否设置相应的控制，并有效执行？

<table>
<tr><td>◆ 为什么要看</td><td>该项控制的目的是防止对用户与权限进行随意修改，无法保证数据的准确、完整，以及信息的安全。</td></tr>
<tr><td rowspan="3">◆ 如何去做</td><td>第一步：制度、流程文件的熟悉与梳理
1. 先找规定、标准
关注点包括变更的申请、审批等。
2. 需要哪些制度、流程文件
财务制度、人员职责分工等。</td></tr>
<tr><td>第二步：访谈
1. 访谈谁
财务人员、IT 人员。
2. 访谈哪些内容
（1）系统用户、权限的变更（新建、删除、变更）需要履行哪些程序，如申请、审批等。
（2）审计期间是否发生过用户、权限的变化，如有，获取相关的记录与支持性资料。
（3）公司是否有相关规定。
（4）实际执行与规定是否有差异，原因是什么。
（5）审计期间是否有人员变动，如新增、离职、岗位调整（向财务部门或人力部门获取这些信息）。</td></tr>
<tr><td>第三步：测试
可以采取穿行测试与抽样测试相结合的方式，这里重点介绍抽样测试。
1. 如何选样
如果不多，建议全查。
2. 如何检查
先要获得审计期间发生用户及权限变化的清单，可以采取的方式包括从系统中导出用户及权限变化的记录，由对方直接提供变化的清单或记录，检查审计期间发生财务人员新增、离职、岗位调整的清单（可以要求人力部门和财务部门分别提供）。
3. 检查什么
是否按规定执行，如申请、审批；执行与审批的时间是否合理；相关的审批资料是否妥善保管等。审计人员不仅要看是否审批、有没有审批记录，还需要注意相关权限信息是否清楚、明确，即是否明确该人员是什么岗位，具体需要什么权限。对于通过邮件审批的，必须要看到邮件汇报对象的明确回复，另外，要注意邮件是否打印归档。
一般情况下，在发生人员变动时，由业务部门或人力部门提交申请，经业务部门负责人确认，再由系统管理员在系统中进行修改；对于离职人员，一般会在离职清单上设置系统账号这一栏，由系统管理员在接到通知后及时处理，理想的状态是同步进行，实际工作中常会出现滞后的情况。</td></tr>
</table>

（续）

◆ 需要的资料	结合上面的说明，审计时通常需要以下资料： （1）相关制度、流程文件； （2）用户、权限变更清单及相应的支持性文件。
◆ 常见的问题	审计中普遍存在的问题如下： （1）无相关制度，或有制度但制度规定不完善； （2）有制度不执行； （3）用户、权限的变更无相关申请审批监督控制； （4）申请单上未注明具体信息，如用户需要的具体权限等； （5）审批流程设计不合理，如审批单上无该员工部门负责人的确认； （6）人员变岗、离职时未及时通知系统管理人员，账号未及时注销。

（三）数据安全控制审计

Q1. 财务数据是否及时备份，备份是否符合规定？

◆ 为什么要看	如果财务数据不及时备份，一旦出现系统崩溃等情况，可能导致无法获取原始数据，备份的目的是保证数据的完整性、安全性。
◆ 如何去做	**第一步：制度、流程文件的熟悉与梳理** 1. 先找规定、标准 关注点包括备份的周期是多久、是否明确责任人等。 2. 需要哪些制度、流程文件 财务制度、人员职责分工、系统管理制度文件（如有）等。
	第二步：访谈 1. 访谈谁 财务人员、IT 人员。 2. 访谈哪些内容 （1）是否进行备份。 （2）一般多久备份一次。 （3）谁负责备份工作。 （4）是否有规定，实际执行与规定是否一致，以及产生差异的原因。
	第三步：测试 检查备份文件是否与规定相符。
◆ 需要的资料	结合上面的说明，审计时通常需要以下资料： （1）相关制度、流程文件； （2）备份文件截图。

（续）

◆ 常见的问题	审计中普遍存在的问题如下： （1）无相关制度，或有制度但制度规定不完善； （2）数据未进行备份； （3）数据未及时进行备份。

Q2. 备份文件是否安全，管理是否符合规定？

◆ 为什么要看	为保证数据的安全，一般情况下，不能将备份文件与财务数据存储在同一台机器上，最好在公司以外的地方存放备份文件，在灾难发生时，可以进行异地恢复。
◆ 如何去做	**第一步：制度、流程文件的熟悉与梳理** 1. 先找规定、标准 （1）备份文件的存储介质是否有要求。其是单一服务器，还是除服务器外还有单一的移动硬盘或磁盘等，如果仅备份在服务器上，万一服务器坏了怎么办？如果规定中只要求在本机上备份，那么数据的安全性可能会受到影响，一旦本机发生问题，数据很可能无法恢复。 （2）接触存储介质是否有规定。以服务器备份为例，是否规定了双重控制，例如，必须通过密码加钥匙，或是双重密码等方式，才能进入机房接触服务器。这里再延伸，假设是服务器备份，那么，存放服务器的机房是否安全，比如消防是否安全、机房温度是否符合规定等。 （3）备份介质是否得到妥善保存，备份文件是否定期进行恢复性测试，因为备份了不一定可用，要定期测试以确认备份文件是否能用。 2. 需要哪些制度、流程文件 财务制度、人员职责分工、系统管理制度文件（如有）等。
	第二步：访谈 1. 访谈谁 财务人员、IT 人员。 2. 访谈哪些内容 （1）备份文件用什么介质存储，存放在什么地方，有几个备份。 （2）哪些人可以接触备份文件。 （3）备份管理中是否存在困难。
	第三步：测试 （1）实地检查备份的资料存放在什么地方，是否符合相关制度要求，存放的环境是否安全，是否可以随意接触。 （2）存放的介质是否符合规定。 （3）备份数量是否符合规定。 （4）在有条件的前提下，可以进行备份还原测试（谨慎选用）。

（续）

◆ 需要的资料	结合上面的说明，审计时通常需要以下资料： （1）相关制度； （2）相应的控制记录文件（如有）。
◆ 常见的问题	审计中普遍存在的问题如下： （1）无相关制度，或有制度但制度规定不完善； （2）有制度，未按制度执行； （3）备份文件存放地点或环境存在安全隐患； （4）备份文件的接触缺少相应的控制，可以随意接触； （5）备份文件未做定期测试。

Q3. 用户密码策略的设定是否合规、合理？

◆ 为什么要看	密码缺乏相应的保护策略，使密码容易被破解，从而影响系统及数据的安全性。
◆ 如何去做	**第一步：制度、流程文件的熟悉与梳理** 1. 先找规定、标准 关注点为密码策略的设置规定。 2. 需要哪些制度文件 系统管理相关的制度。
	第二步：访谈 1. 访谈谁 财务人员、IT 人员。 2. 访谈哪些内容 （1）系统中目前的密码策略是如何定义的，现在用的是哪个级别的密码。 （2）是否强制要求定期更改密码。
	第三步：测试 通过管理员权限，查看系统里的密码设置情况，建议关注以下几个方面： （1）密码策略的设置，一般情况下，不宜设成低级别； （2）密码修改次数是否有上限； （3）密码是否设置有效期。 如果无法取得管理员权限，可以直接在系统里通过对账户的密码进行更改来测试。 结合上面的说明，审计时通常需要以下资料： （1）相关制度、流程文件； （2）系统中的策略配置截图。

（续）

<table>
<tr><td>◆ 需要的资料</td><td>
系统中的用户表（截自金蝶 EAS）
<table>
<tr><th>用户账号</th><th>类型</th><th>用户实名</th><th>所属组织</th><th>所属用户组</th><th>密码策略</th><th>授权</th><th>账户生效时间</th><th>账户失效时间</th><th>密码生效时间</th><th>禁用</th><th>锁定</th></tr>
<tr><td></td><td>职员</td><td></td><td></td><td></td><td>初级</td><td>否</td><td>2013-01-31 17 : 51</td><td>2199-12-31 00 : 00</td><td>2013-02-01</td><td>否</td><td>否</td></tr>
<tr><td></td><td>职员</td><td></td><td></td><td></td><td>初级</td><td>否</td><td>2012-12-26 09 : 28</td><td>2199-12-31 00 : 00</td><td>2013-01-29</td><td>否</td><td>否</td></tr>
<tr><td></td><td>职员</td><td></td><td></td><td></td><td>初级</td><td>否</td><td>2012-12-26 09 : 28</td><td>2199-12-31 00 : 00</td><td>2013-01-17</td><td>否</td><td>否</td></tr>
</table>
</td></tr>
<tr><td>◆ 常见的问题</td><td>审计中普遍存在的问题如下：
（1）无相关制度，或有制度但制度规定不完善；
（2）密码策略设置为低级别，容易被破解；
（3）未设置密码定期更换。</td></tr>
</table>

（四）系统迁移管理审计

这里主要是针对审计期间发生财务系统变换的情况，对于新旧系统中数据迁移的完整性和准确性进行检查。

Q. 系统数据的迁移是否准确、完整？

<table>
<tr><td>◆ 为什么要看</td><td>在新旧系统数据迁移过程中，如果缺乏相应的控制，易导致数据不完整、不准确，甚至因此给公司造成损失。例如，在旧系统中应收 A 公司 100 万元，在转到新系统时，变成了 10 万元，甚至没有了。</td></tr>
<tr><td>◆ 如何去做</td><td>第一步：制度、流程文件的熟悉与梳理
1. 先找规定、标准
关注点包括迁移前的准备、核对、记录等。
2. 需要哪些制度、流程文件
有的企业不一定有这方面的规定，如果没有专门的制度，可以试着去查一下在进行数据迁移时是否有相关的指导文件。</td></tr>
</table>

（续）

<table>
<tr><td rowspan="2">◆ 如何去做</td><td>

第二步：访谈

1. 访谈谁

参与的人员，如财务人员、IT 人员等，视具体情况而定。

2. 访谈哪些内容

（1）是否发生过迁移，如发生，询问新旧系统数据在迁移时，如何保证数据完整、准确，是否有人对数据进行复核，新旧系统中的科目是否发生变化，如有，具体是哪些，是如何处理的，并获取相关的记录。

（2）公司是否有相应的规定或指导文件，实际执行时，是否有差异。

</td></tr>
<tr><td>

第三步：测试

1. 穿行测试（如果对方有相应的记录及资料）

2. 选样测试（如果对方有相应的记录及资料）

3. 直接测试

通过新旧系统科目名称及金额的比对，检查是否存在差异，建议步骤如下：

（1）获取正式转换时新旧系统的科目余额表；

（2）询问财务人员新旧系统中科目设置的对应关系，有的时候，新旧系统的科目不一定完全一致，所以在比对前需要先搞清楚两者之间的逻辑关系。

将两个系统中的数据分别按科目、金额进行匹配检查。

【案例：4-1】

A 公司对金蝶系统进行升级，审计人员在比对新旧系统时，发现部分科目的金额存在不一致的情况。

<table>
<tr><th>新系统客商辅助核算名称</th><th>新系统中应付账款借方余额（元）</th><th>备注</th></tr>
<tr><td>A 公司</td><td>789240</td><td>老系统中客商辅助显示为 C 公司</td></tr>
<tr><td>B 公司</td><td>330579</td><td>老账套里的应付账款
余额为 450579 元</td></tr>
</table>

</td></tr>
<tr><td>◆ 需要的资料</td><td>

结合上面的说明，审计时通常需要以下资料：

（1）相关制度、流程文件；

（2）迁移时的记录及支持性文件；

（3）新旧系统的科目余额表、资产负债表、损益表等。

</td></tr>
<tr><td>◆ 常见的问题</td><td>

审计中普遍存在的问题如下：

（1）迁移过程缺乏相应的复核与检查记录；

（2）迁移数据发生错误，未及时发现。

</td></tr>
</table>

（五）小结

下面将财务系统管理审计中需关注的点汇总于表 4-2。

表 4-2 财务系统管理审计关注点汇总

关注类别	具体关注点
建立总体框架	Q1. 目前，公司财务系统的基本情况是怎样的
	Q2. 是否有系统管理相关制度、流程
权限与职责	Q1. 人员的职责分配与系统中享有的权限是否一致
	Q2. 是否有专人定期对系统中的权限进行检查，并保留相应的记录
	Q3. &Q4. 关账管理： 关账权限是否授予指定人员；关账前是否有关账清单或进行了关账前检查
	Q5. &Q6. 反结账管理 反结账权限是否授予指定人员；进行反结账是否需要审批
	Q7.&Q8. 科目增、删、改管理 科目增、删、改权限是否授予指定人员；科目增、删、改的控制是否合规并有效执行
	Q9. 系统中做账人与复核人是否为同一人
	Q10. 管理员权限的分配是否合理
	Q11. 系统中用户及权限变更是否设置相应的控制，并有效执行
数据安全	Q1. 财务数据是否及时备份，备份是否符合规定
	Q2. 备份文件是否安全，管理是否符合规定
	Q3. 用户密码策略的设定是否合规、合理
系统迁移管理	Q. 系统数据的迁移是否准确、完整

二、预算管理审计

为了有效地利用资金，一般情况下，企业会每月对次月的资金使用情况进行预测，并制定相应的资金预算，从而实现提高资金收益、降低资金使用成本的目的。例如，对于一家集团公司来说，每个下属公司的经营情况是不一样的，资金的情况也不尽相同，如果预算做得准确，可以便于集团在各公司之间进行资金的调度，减少不必要的贷款，为公司节约资金成本；另外还可以将多余的资金用于理财，以获取更多的资金收益。

资金预算在一定程度上也是对公司营运的一个整体控制。资金的支出预算来源于成本、费用的测算和控制，资金的收入预算来源于融资、业务收入、投资收益等。因此，上述环节是否能得到有效的控制会影响预算的准确性。下面我们介绍一下审计时通常会关注的点，具体如下。

（一）建立总体框架

Q. 是否进行预算控制？

◆ 为什么要看	制定预算是为了公司对资金进行有效的统筹规划，降低资金成本，提高效益，从控制的角度来说，算是预防性控制。

（续）

◆ 如何去做	建议通过以下途径实现。 1. 直接询问财务人员（建议分别询问财务负责人和实际执行人） （1）是否进行预算控制； （2）如果有，是如何执行的，是否与制度规定有差异，原因是什么； （3）如果没有，原因是什么，如何控制资金的调度。 2. 阅读财务相关制度，查看是否有相关的规定 （1）如果财务人员告知是不进行预算控制的，但是对方的制度中又包含了预算的控制要求，这本身就是一个问题。 （2）如果有执行，且有相应的规定，需要进行梳理，在后续过程中进行验证。 **小贴士** 此环节只是为了先了解对方是否实施了预算控制，至于做得好不好，需要通过之后的检查来进行评估。如果在此环节就已经知道对方根本没有执行预算控制，那么之后的检查也就不用继续了。
◆ 需要的资料	结合上面的说明，审计时通常需要以下资料： （1）相关制度、流程文件； （2）按规定审批的预算表。
◆ 常见的问题	审计中普遍存在的问题如下： （1）无相关制度，或有制度但制度规定不完善； （2）未执行或未按规定执行预算控制。

（二）预算的编制、调整、执行

下面分别从预算的编制、调整、执行方面进行介绍，具体如下。

Q1. 预算编制是否合规、合理？

◆ 为什么要看	预算编制是实现预算控制的起点，编制是否准确、是否及时将直接影响预算控制的效果。
◆ 如何去做	**第一步：制度、流程文件的熟悉与梳理** 1. 先找规定、标准 关注点包括编制的要求、编制的审批、编制的时间、参与的人员等。 2. 需要哪些制度、流程文件 财务制度（预算管理部分）。
	第二步：访谈 1. 访谈谁 财务人员、除财务人员外的相关参与人员。

（续）

◆ 如何去做

2. 访谈哪些内容

（1）实际预算是如何编制的，例如，编制的时间、编制的频率、最晚什么时候需要完成审批，审批的层级是如何规定的，预算表是否有固定的格式，需要哪些人员参与等。

（2）是否有明确的规定，实际执行与制度是否有差异。

（3）获取审计期间的预算表及相应的支持性资料。

注意：有的公司可能没有明确的制度，但是有约定俗成的做法，这时，审计人员就需要了解具体的环节和步骤。

第三步：测试

可以采取穿行测试与抽样测试相结合的方式，这里重点介绍抽样测试。

1. 如何选样

如果工作量不大，建议全查。

2. 如何检查

（1）关注实际编制的过程是否合理。这里可以从参与编制的相关人员人手，询问参与人是如何参与的，其提供的数据是怎么来的，同时注意参与人对预算表现出的态度是积极主动还是消极被动等。

（2）检查预算表编制的程序、流程是否合规，如填制的格式、内容，审批的时间，审批的层级等；另外，需要注意相关审批人的批语，不要只看签字。

（3）将预算与实际执行的情况进行对比，关注是否存在差异较大的情况。如果差异较大，且为常态，说明编制上存在一定的问题。

抽样表示例

预算所属期间	审批完成时间	是否有审批记录	审批是否符合规定	……

注：可以根据检查的控制点，制作相应的检查底稿。

◆ 需要的资料

结合上面的说明，审计时通常需要以下资料：

（1）相关制度、流程文件；

（2）预算编制资料及审批文件；

（3）审批的预算表及执行情况分析。

◆ 常见的问题

审计中普遍存在的问题如下：

（1）无相关制度或有制度但制度规定不完善；

（2）预算未按规定编制；

（3）预算未按规定审批（审批层级、审批时间）。

【案例：4-2】

审计人员在访谈中了解到，A 公司每月 25 日前，由各业务部门将部门经理确认好的各部门资金预算提交给财务部门，财务经理审核后，交由集团财务总监确认，一般在次月 5 日前确认生效。

（续）

<table>
<tr><td>◆ 常见的问题</td><td>分析：根据背景资料，我们需要关注的点如下。
（1）时间：各部门预算是否晚交，审批是否滞后。
（2）审批：业务部门交上来的预算是否经部门负责人审批，下属公司是否将预算报由集团财务总监审批。
（3）预算编制的准确性如何，是否存在流于形式的情况。
a. 看差异、看调整，差异大不大，调整多不多，原因是什么。
b. 可能存在的原因：业务部门编制测算不准确，仅仅为了应付；子公司为了防止过多的调整，可能在上报时故意报得偏高；也有可能是当月的销售收入指标、销售回款指标未达成，导致当月的资金流入变少，致使原先账面留存的资金不够等。</td></tr>
</table>

Q2. 预算执行的控制是否合规、有效？

<table>
<tr><td>◆ 为什么要看</td><td>如果执行过程中缺乏有效的控制，那么前面做得再好也全部白费。</td></tr>
<tr><td rowspan="3">◆ 如何去做</td><td>第一步：制度、流程文件的熟悉与梳理
1. 先找规定、标准
关注点包括控制的方法、形成的记录、例外的处理等。
2. 需要哪些制度、流程文件
财务制度（预算管理部分）。</td></tr>
<tr><td>第二步：访谈
1. 访谈谁
财务人员、业务人员。
2. 访谈哪些内容
（1）预算是如何控制的，是由人工还是由系统来完成。
（2）人工的话，如何保证数据的准确性。
（3）系统的话，系统是否能起到控制作用。
（4）超预算的情况怎么处理。
（5）是否有例外事项发生，如有，获取相关的资料。</td></tr>
<tr><td>第三步：测试
（1）通过预算数据与实际发生的数据进行比对，对于其中发生超预算的情形，建议关注以下方面：
a. 是常态还是偶发现象；
b. 分析原因，是否与相应的控制缺陷有关，如编制过程流于形式，超预算控制措施失效等；
c. 超预算的例外审批手续是否合规，支持性资料是否完备。
完成该步测试，不代表就大功告成了，还需要针对不同类型的控制做进一步的测试。
（2）常见的控制类型分为人工控制和系统控制，下面分别进行介绍。
a. 采取人工控制</td></tr>
</table>

（续）

<table>
<tr><td>◆ 如何去做</td><td>关于人工控制需要关注，控制的人是谁，是否能起到控制的作用。

【案例：4-3】
某公司工程部在月度请款时，由部门负责人进行预算控制，该部门负责人将自己手工统计的当月已发生请款累计金额与当月预算数进行比对，以判断是否超预算。

简析：请款部门自己控制，本身就存在职责不相容的情况；记录的台账可能发生数据不准确、更新不及时的情况。

【案例：4-4】
虽然甲公司安排专人负责预算控制审核工作，但审计人员在审计时，仍然发现存在超预算的情形。随后审计人员进行了相关的询问，对话如下。

审计人员：你们怎么保证不超预算？
对方：每次在业务发生前，我都会核一下。
审计人员：每次核完会进行记录吗？
对方：没有，只是看一看。
审计人员：那你怎么保证不会记错？
对方：我心里有数的。
由上述对话可以看出，其预算控制全凭个人感觉。
b. 采取系统控制
对于采取系统控制的，一定要弄清楚，系统是如何控制的，控制的原理是什么，是否有人可以对该控制进行修改。最直接的方法是在系统中进行测试，以验证预算的控制功能是否真能实现。

【案例：4-5】
背景资料：审计人员进场后了解到，该公司每月需要制定财务预算。

简析：
在你得到上述信息后，你会想到什么，思路如下：
（1）人工控制还是系统控制；
（2）如果通过系统控制，谁录入、谁审核；
（3）如果发生了调整，是否需要在系统里进行修改；
（4）谁能修改；
（5）修改完是否需要审批；
（6）系统里对于超预算的付款，是否会报警。

小贴士
审计人员需要学会假设，先假设可能存在的问题，然后通过后续的访谈、测试去验证假设是否存在，这样的好处是可以提高效率，有的放矢。记住，务必要带着问题去访谈、去抽样、去检查。当然，假设也是建立在对被审计业务情况的了解以及过去的经验之上的。同时，假设是一个动态的过程，会随着审计的深入及掌握的信息进行不断地更新。</td></tr>
</table>

（续）

◆ 需要的资料	结合上面的说明，审计时通常需要以下资料： （1）相关制度、流程文件； （2）系统控制的原理、流程图； （3）预算表及执行数据； （4）测试截图。
◆ 常见的问题	审计中普遍存在的问题如下： （1）无相关制度，或有制度但制度规定不完善； （2）预算控制形同虚设； （3）预算执行的数据未及时更新； （4）存在超预算执行的情况。

Q3. 预算调整是否合规、合理？

◆ 为什么要看	预算调整管理是预算控制中的过程控制，制定预算的目的是统筹资金，增加资金的使用效率及效益。如果预算可以随意调整，编制人员可能就不会认真地去编制预算，预算控制的目的就极可能失效。另外，如调整得过于频繁、调整幅度过大，在一定程度上也反映了公司可能在某些方面的控制或目标并没有实现，例如，成本未控制好，销售回款目标未实现等。
◆ 如何去做	**第一步：制度、流程文件的熟悉与梳理** 1. 先找规定、标准 关注点包括什么时候可以调整、发生调整后如何审批、审批层级有哪些、对预算的调整次数或金额是否有考核等。 2. 需要哪些制度、流程文件 财务制度（预算管理部分）。
	第二步：访谈 1. 访谈谁 询问相关的财务人员，可以延伸至提交付款申请的人员。 2. 访谈哪些内容 （1）是否允许调整，如果不允许调整，发生当月超预算的情况怎么办。 （2）审计期间是否发生预算调整的事项，如果有，是如何调整的？获取相应的调整资料。 （3）制度与实际执行是否存在差异，差异的比例是多少，差异的原因是什么。 （4）如发生调整，是否需要进行审批。 （5）发生的调整如何生效。 **小贴士** 可能有人会问，这些访谈的问题好像在制度里有答案，为什么还要再重复问？另外，制度里有说明的，是不是在访谈时就不用再问了？

（续）

<table>
<tr><td></td><td>看制度是为了让你熟悉制度中的规则，防止在访谈中被对方牵着鼻子走。在审计过程中，有的被审计人员喜欢信口胡说；有的在听你问他日常的处理流程时，会轻视你，直接就说，“你不会看制度吗”。另外，对制度的熟悉，可以帮助你在访谈时获取更多的信息，也有助于提高访谈的效率和质量。但是，提前熟悉制度并不代表在访谈的时候，不需要去问制度中规定过的事项，因为在进行测试前，你并不知道制度与实际是否有差异，所以在访谈的时候适当地问一些制度中的内容，可以验证制度与实际执行是否一致。</td></tr>
<tr><td>◆ 如何去做</td><td>第三步：测试
可以采取穿行测试与抽样测试相结合的方式，这里重点介绍抽样测试。
1. 如何选样
建议全查，因为发生调整在一定程度上意味着在开始设置的预防性控制可能出现了意外，例如，预算在编制时可能就存在问题，如编制不准确、审批不规范等，或是在经营中出现了意外的状况等。
在时间有限的情况下，可以优先关注调整频率高、幅度大、较为集中的区域，例如，在一年的时间里，有 6 个月都发生了调整；调整的比例在某几个月特别高；调整的比例出现一个月大、一个月小的情况。
2. 如何检查
获取调整事项，进行合规性检查，可以重点关注以下几个方面：
（1）调整的审批层级是否符合规定；
（2）调整的时间是否滞后，即发生在超预算付款之后；
（3）调整的原因是什么，分析是否流于形式，另外，通过分析原因可以帮助我们识别在哪些环节的控制上出现了问题，如编制环节、销售环节、催款环节、融资环节等；
（4）调整发生的时间，调整发生的频率等。
下面是一个抽样表的示例，供大家参考。
抽样表示例
<table>
<tr><th>预算调整期间</th><th>审批完成时间</th><th>调整内容</th><th>调整金额</th><th>涉及部门</th><th>超预算支出时间</th><th>超预算项支出的内容</th><th>审批层级是否符合规定</th><th>……</th></tr>
<tr><td></td><td></td><td></td><td></td><td></td><td></td><td></td><td></td><td></td></tr>
</table>
注：检查不要只关注形式上的审批是否合规，有审批不代表就没有问题。上表列出了调整内容、金额、涉及部门这些基础信息，是为了后续进行分析，基础数据越多，越便于进行深入分析。</td></tr>
<tr><td>◆ 需要的资料</td><td>结合上面的说明，审计时通常需要以下资料：
（1）相关制度、流程文件；
（2）预算调整及相关的支持性资料；
（3）预算调整的考核指标（如有）。</td></tr>
</table>

（续）

◆ 常见的问题	审计中普遍存在的问题如下： （1）无相关制度，或有制度但制度规定不完善； （2）调整未按规定执行； （3）调整相关的审批资料缺失。

Q4. 是否对预算执行情况进行分析？

◆ 为什么要看	对预算执行情况进行分析的目的是提高下次预算的准确性，避免预算管理中出现的问题重复发生，提高预算控制的效果。
◆ 如何去做	**第一步：制度、流程文件的熟悉与梳理** 1. 先找规定、标准 关注点包括是否有相关制度、是否需要进行例外报告等。 2. 需要哪些制度、流程文件 财务制度（预算管理部分）。
	第二步：访谈 1. 访谈谁 财务人员。 2. 访谈哪些内容 （1）是否需要做分析，如需要，获取相应的分析报告。 （2）多久做一次分析，从哪些方面分析，常见的问题是哪些。 （3）差异大不大，有没有异常数据。 （4）发生的差异是否需要上报管理层。
	第三步：测试 1. 如何选样 建议都查。如果时间有限，建议选择差异大、差异发生集中的月份。 2. 差异分析的数据来源 （1）对方编制的差异分析报告（前提是对方已经编制且愿意提供）。 （2）审计人员可以在了解预算与执行之间的对应关系后，自行将实际执行数据与预算数据进行比对。 **小贴士** **如何自行对比分析数据** 在做具体分析之前，审计人员必须先问清楚财务人员是如何通过预算来控制付款的，之间有什么对应关系；然后提取一个月的数据进行试验，看看自己是否清楚对方所说的控制办法，检查对方所说的制约和对应关系是否真的存在，避免白白浪费时间。 如果财务账上的数据能够与预算编制表中的项目一一对应，只要导出系统中付款的明细，与预算的明细匹配一下即可；如果一一匹配有难度，花费的时间较多，在时间有限的情况下，可以先用总的预算支出与当期总的付款做比

（续）

◆ 如何去做

较，然后根据总体差异情况，选择一些异常的月份，进行手工比对。一般情况下，执行数据与预算中的项目都会建立对应的关系，只是对应的程度会有所差别。下面是一份预算与执行情况比对表示例。

预算与执行情况比对表示例

预算所属期间	预算项目	预算金额	实际执行项目	实际金额

注：除了金额比对，还要注意实际付款的项目与预算中所列的项目是否一致，防止对方通过借用项目的方式来掩盖预算外支出。例如，预算中列出的是 A 项目 100 万元，结果被用到了 B 项目上，而 B 项目原本并没有在预算中。

3. 如何检查

（1）依规定进行符合性检查，如是否按规定定期编制、定期上报、记录存档等。

（2）关注合理性，如报告中的分析是否合理，是否仅为了应付。

（3）关注差异产生的原因、差异率的大小、差异具有偶发性还是普遍性，并延伸至相关的控制环节，如编制过程是否存在问题、执行环节的控制是否有效、调整环节的控制是否有效等。

（4）针对差异的产生原因涉及的管理上的控制，是否采取了相应的补救措施，尤其是一些具有普遍性的原因。

4. 测试中需要注意的地方

（1）关注完美

在一般情况下，很难获得百分之百的准确性，在审计时如果对方的预算与执行完美符合，审计人员也应当引起重视，要分析完美符合的原因。

（2）超过和未达成预算都要予以关注

无论出现超预算还是低预算，都应进行关注，尤其是差异率较大的情况。超预算大家都好理解，对于长期低于预算指标，为什么也要关注？因为，有的时候，编制人为了减少二次调整的工作，在编制时往往会尽量往大了编，这样，触动超预算审批的概率就小。但这样就有一个问题，尤其是对于集团公司，由于下面的预算编制不准确，会导致集团每个月留存的经营资金过大，从而降低了资金的使用效率。例如，本来集团可以用 5000 万元来理财，但是因为下面虚报了 2000 万元的预算，导致集团为了保证经营的正常运行，只能用 3000 万元去购买理财产品。

【案例：4-6】

审计人员在对 A 公司进行审计时了解到，财务人员会将每月的预算录入系统，然后通过系统对付款进行控制，超过预算的或不在预算范围内的不得付款，目前的控制只是针对工程付款。录入系统中的预算，需在系统中进行审批，审批生效后，触发系统控制功能，如遇调整，需重新进行审批。系统控制通过“应付账款”科目进行，即工程类的付款必须通过“应付账款”科目过渡，另外再通过“供应商名称”“合同号”进行匹配。

（续）

<table>
<tr>
<td>◆ 如何去做</td>
<td>

第一步：梳理有用信息

根据背景资料，对相关信息进行梳理：

（1）系统可以控制；

（2）预算控制功能在系统中需要审批后才能启动；

（3）每月都会编制预算；

（4）通过“应付账款”科目进行控制；

（5）通过“供应商名称”“合同号”进行识别；

（6）超过预算金额的不能付款；

（7）调整过的需要再次审批。

第二步：进行测试

1. 测试系统

（1）在系统中通过“应付账款”科目录入一笔预算中存在的供应商及对应的合同号，但金额要超过预算的金额，看是否可以通过，目的是检查系统是否能控制超预算付款。

（2）在系统中通过“应付账款”科目录入一个预算中没有的供应商名称，合同号选择预算中存在的号码，金额随机，看是否可以通过。测试的目的是确认系统是否必须要求合同号与供应商名称均匹配时才能付款。

2. 数据重复性检查

将导出来的预算表，对供应商名称和合同号进行重复性筛选，检查是否存在一个合同号对应多个供应商的情况，如果存在，就说明匹配不具备唯一性。如果不具备唯一性，那么可能会产生以下影响：

（1）财务人员可能利用这个漏洞，在某供应商当月预算不够的时候，通过合同号的漏洞进行付款，简单来说就是借用。例如，借用 A 的预算额度为 B 付款。

（2）付款统计不准确，可能会导致多付款项。

3. 检查预算审批的状态

这里是针对前面的信息“预算控制功能在系统中需要审批才能生效”，因此，我们需要关注是否审批、审批的节点是否滞后。示例如下。

系统中显示的预算状态

<table>
<tr><th>预算期间</th><th>预算审批生效时间</th><th>备注</th></tr>
<tr><td>2015.1</td><td>—</td><td>当月预算未审批</td></tr>
<tr><td>2015.3</td><td>2015.3.7</td><td>当月预算审批滞后，应在每月 5 日前完成审批</td></tr>
<tr><td>2015.4</td><td>2015.4.25</td><td>经了解，当月发生调整，调整后未进行审批</td></tr>
</table>

4. 数据测试比对分析

（1）先按月对预算的数据进行比对，从预算表里获取明细数据，通过供应商名称与序时账中“应付账款”进行匹配，结果如下表。

</td>
</tr>
</table>

（续）

<table>
<tr><td>◆ 如何去做</td><td>

单项差异表

（单位：元）

序号	供应商	预算金额（1）	付款金额（2）	差异（2）－（1）
1	A	200000.00	400000.00	200000.00
2	B	150000.00	159840.00	9840.00
3	C	50000.00	58327.50	8327.50
4	D	150000.00	150000.00	0.00
5	E	50000.00	219960.00	169960.00

（2）汇总月度差异，如果抽取了若干月，可以按月度进行汇总，汇总结果如下表所示。

月度差异汇总表

（金额：万元）

时间	预算（a）	实际付款（b）	差异（c）	差异率（d）
2011.1	12000	7546	4454	37.12%
2011.2	4500	1567	2933	65.18%
2011.3	6500	3600	2900	44.62%
2011.4	5695	7800	－2105	－36.97%

注：（c）=（a）－（b）；（d）=（c）/（a）。

（3）针对差异原因，审计人员询问了相关的财务人员，得知因为公司资金紧张，存在拖延付款的情况，所以预算差异较大。4月出现超预算的情况是因为当月有一笔紧急付款，财务人员因为事情多，后来忘记做预算调整，但口头与集团财务总监汇报过（注意：口头汇报也是一种控制缺失）。

（4）通过进一步核查，当月的付款本身符合合同规定，节点没有问题，审批也不存在问题，同时也经集团财务总监确认。

我们应当明白，在预算管理审计中，对于发现的一些问题或是可疑迹象，应当延伸去看，不要只盯着预算本身，预算的差异只是最终的结果，是现象，背后的原因才是重点。千万不要认为，背后的故事与你的审计范围无关，这样是不对的，至少你可以将信息分享给其他相关的同事。
</td></tr>
<tr><td>◆ 需要的资料</td><td>

结合上面的说明，审计时通常需要以下资料：

（1）相关制度、流程文件；

（2）预算差异分析报告；

（3）预算表及审批资料；

（4）对应的付款表（如有）。
</td></tr>
</table>

（续）

◆ 常见的问题	审计中普遍存在的问题如下： （1）未有效实施预算控制； （2）预算不够准确、差异较大； （3）超预算付款未经审批； （4）未对预算差异情况进行分析； （5）预算控制形同虚设。

（三）小结

1. 下面将上述预算管理审计中需关注的点汇总于表 4–3。

表 4-3　财务预算审计关注点汇总

关注类别	具体关注点
建立总体框架	Q. 是否进行预算控制
预算的编制、调整、执行	Q1. 预算编制是否合规、合理
	Q2. 预算执行的控制是否合规、有效
	Q3. 预算调整是否合规、合理
	Q4. 是否对预算执行情况进行分析

2. 预算控制管理循环如图 4–1 所示。

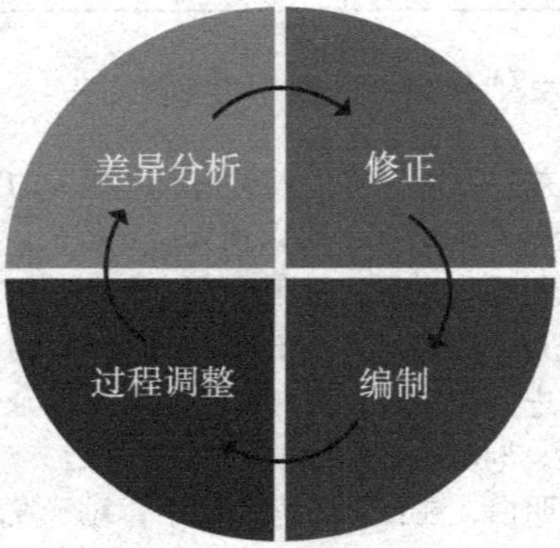

图 4-1　预算控制管理循环

三、资金费用审计

（一）现金管理

1. 先搭框架

Q. 目前，公司的现金是如何管理的？

审计人员应收集制度，建立初步沟通，了解目前现金的管理概况，例如，现金的使用频率、使用范围、额度，现金由谁负责管理，哪些地方会用到现金；也可以获取现金日报表或系统中的现金明细，查看现金的使用与收缴情况。

2. 现金的动态管理

Q1. 现金收款的管理是否合规？

<table>
<tr><td>◆ 为什么要看</td><td>疏于管理可能会出现收款不及时，挪用现金等情况。</td></tr>
<tr><td rowspan="2">◆ 如何去做</td><td>第一步：制度、流程文件的熟悉与梳理
1. 先找规定、标准
关注点包括收款后多久存入银行；如果有多个收银点，所收款项什么时间交到财务；收到现金后需要履行什么手续等。
2. 需要哪些制度、流程文件
财务制度、业务相关制度（主要针对一些需要由业务员收款的情形）。

小贴士
通常，现金和银行存款都会有两套账，一套是出纳记的流水账，作用是方便出纳对资金进出做实时管理，出纳的流水账必须是即时的；另一套是财务会计做的财务账，会计是根据银行的流水、银行回单及相应的支持性凭证来做账的，是对出纳工作进行监督。注意，从控制的角度来说，出纳只能记流水账。</td></tr>
<tr><td>第二步：访谈
1. 访谈谁
财务人员（不限出纳）、收银员（如有）、业务人员（视情况）。
2. 访谈哪些内容
（1）是否存在收取现金的情况，发生频率如何，哪些情况需要收取现金，常见的如招标保证金、还借款、罚款、小额的报销等。
（2）提现是如何执行的，金额、审批有什么规定。
（3）现金是否由业务人员转交，如是，是如何执行的。
（4）企业有哪些收银点，各收银点如何将现金交到财务，是否有交接记录。
（5）收据是如何管理的，购买、入库、领用是否有记录。
（6）收到的款项是否要开收据，如果需要，谁来开。
（7）除了出纳，其他人员是否可以开收据，出纳不在，如果有人来缴纳现金，怎么处理。
（8）询问出纳收据开出后多久会将收据存根联交由财务会计做账，另外，询问做账的会计收到出纳交来的收据后，多久入账。
（9）询问出纳或会计是否存在收到现金不入账的情况，例如，投标保证金可能因为时间短而不入账。
（10）系统里的资金凭证是谁做的，如果是出纳做的，就存在职责不相容的情况。</td></tr>
</table>

（续）

◆ 如何去做

第三步：测试

1. 常用的选样方法

根据淡旺季抽样；根据发生现金收款的类型抽样，如保证金、押金、食堂餐费、水电费等；对金额一样、收款方一样的应进行重复性筛选，防止重复付款等。

【案例：4-7】

某公司现金收款涉及的种类包括商户交的水电费、员工还款、投标保证金、食堂餐费。公司每月都会对业主的水电费、员工的借款进行核对；投标保证金一般在投标时交，投标结束后，即退回给投标人，一般情况下投标保证金在公司停留的时间在两天左右；收到的餐费是外单位人员来公司食堂用餐发生的，外单位人员到出纳交钱后，凭出纳的收据去行政部领餐券。

简析：上面提到的现金收款有水电费、员工还款、投标保证金、食堂餐费四种，我们来分析一下，看看这四种类型里，哪一类最容易出现问题，前提是先不考虑极端的情况，即出纳卷款潜逃。分析如下。

水电费。每月由会计将欠缴的情况发给业务部门，业务部门对商户进行催缴，根据规定如逾期不缴直接停水、停电。这里除出纳外，又加入了业务部门人员、商户。

员工还款。会计每月会和员工核对欠款余额。

投标保证金。投标保证金在投标结束后需要归还投标人，如果因公司经营需要在领导的指示下出纳挪走了，通常情况下，得在两天内还回来。这里除了出纳外，还有一个外方的人员即投标人。当然，这里也需要检查是否有投标保证金长期未还的情况。

食堂餐费。注意整个环节里，似乎没有人复核出纳开的收据与收到的钱是否一致，这一点基本处于真空状态。

综上所述，在进行一番分析后，如果你选样，你会首选哪种？选食堂餐费的概率是否会高一些。

小贴士

通常情况下，一件事情需要参与的人越多，做假的可能性就会越小，因为做假的成本高。因此在时间有限的情况下，应首选在容易出问题的区域进行抽样。

2. 如何检查

对于如何检查，主要从收据的管理、收银点、提现三个方面来做具体介绍。

（1）收据

为什么要说收据，理论上来说，人们在收到现金后需要给对方相应的凭据，当然也有可能是发票，这里重点介绍收据，是因为收据的开具相对发票来说更容易也更常见，监控力度较低。如果收到现金后，不出具任何凭据也不做任何记录，那就是“无痕”的，加大了现金收款管理的难度。审计人员在检查收据时，需关注如下方面。

（续）

◆ 如何去做	a. 未领用的空白收据由谁负责保管，如由出纳保管，就存在职责不相容的情况，对于收据的使用无法控制，我们要明白，开出去的每一张收据，其实一定程度上相当于一笔资金，是需要实地检查的。 b. 检查收据的购买、入库、领用是否有记录，同时，与实物收据进行核对，防止对方截留收入。 比较好的控制是，购买有申请，注明需要采购多少本收据簿；将采购回来的收据簿办理入库，并对收据簿进行编号，一般在收据簿的封面上进行编号，如第一册或是使用收据里面的编号，同时在登记本上记录入库数量，入库收据的编码等信息；领用人领用时，需进行登记、签字，并交回用完的收据，以防止出纳手里有多本空白收据，不便于进行有效控制。 **【案例：4-8】** 审计人员检查了收据簿的入库及领用记录，发现有 10 本收据簿在使用，但盘点时，只找到了 8 本，另外 2 本不见踪影。这个时候，审计人员就要考虑这 2 本收据是否已经使用，里面的收款是否入账，会不会被挪用了，是不是有私设小金库的情况。 c. 检查收据簿是否存在缺页的情况，如发现这种情况，应进一步询问、核实发生缺页的原因。收据出现断号，可能是出纳通过销毁开具的收据来截留资金。 上述 a~c 所述的控制主要是从保证收据的唯一性出发，如果收据可以随意取得，那么就无法保证使用的收据是唯一的。出纳就可以利用偷取的收据，向缴款方开具收款凭证，为其占用公司资金提供了机会。 d. 经办人是否签名。如果开收据的人比较多，不仅限于出纳，那么收据上必须要注明经办人的姓名，以便于出现问题时进行追溯。 e. 空白收据是否提前盖章，如需盖章检查是否存在空白收据提前盖章的情况。严格的管控要求是开收据的人不能管章，但实际执行中有一定难度。 f. 出纳的现金流水账、财务的现金明细账、收据簿是否匹配，包括金额、时间。关注收据上记录的时间、金额与出纳流水账上的记录是否存在差异；现金存款的时间、金额与出纳收款的时间和金额是否存在差异；然后再将财务会计在系统中编制现金凭证的时间、金额进行比对，财务凭证的时间可能会出现一定的延迟，对于延迟时间特别长的，需引起关注，比如超过一个月的情形。 这里的风险在于，如果出现账实不符或是做账时间异常延迟的情况，可能存在出纳在收到钱后，未及时存入银行或是挪用的情况，反映出来的现象就是出纳的流水账无记录或记录不及时，财务会计的现金账无记录或时间差异很大。 审计人员在进行检查时，应先分别获取出纳的现金日记账或是现金日报表、财务会计做的现金明细账、相关期间的收据簿，然后进行比对检查，通过比对关注收据入账的时间、金额是否存在异常。比对测试表示例如下。

（续）

◆ **如何去做**

比对测试表示例

序号	收据编号	收据日期	收据金额	内容	出纳日记账日期	会计做账日期

（2）收银点

每一个收银点都是一个现金收入的来源，各收银点的管理状况也不尽相同，管理的好坏决定了现金的安全与否。在审计时，审计人员必须要清楚各收银点的管理情况，如人员数量、分布情况、与附近银行的距离等。

在选样的时候，如果人力有限，建议选择交易频繁、交易量较大的收银点样本；也可以考虑采取分层的方法；还有就是注意收银点的分布位置，有些可能离公司较远，应在选择的范围内；关注平时不怎么关注的收银点等。

检查时关注以下方面。

a. 交接确认检查。对于收银员之间的交接，收银员与出纳之间的交接，关注是否有交接记录，交接记录是否双方签字确认，信息是否完整，如时间、金额等。

b. 账实核对。现场对实物现金进行盘点，并与账上结存的现金进行核对，检查是否存在缺失以及不及时存入银行或上缴的情况。

c. 收款入账时间。审核交接记录的时间，出纳的日记账时间，财务做账的时间，查看是否存在未入账的情况，原理同收据。

提示：注意商业项目租金，商户的水电费，工程的罚款等。

（3）提现

现金流入的来源还有一种是内部的即备用金提现。

在选样的时候，建议审计人员先对现金提现进行分析，查看每月提现金额、频率，一般来说，其是有一定规律的，对于提现特别多的月份，提现金额异常大、异常频繁的时间段应优先关注。

检查时关注以下方面：

a. 将财务账上总体的提现金额与出纳日记账上的提现金额做一个初步匡算，看看是否有较大的差异，差异原因是什么；

b. 检查提现是否按规定审批，现金财务系统中的账务处理是否由独立于出纳的人员完成，支票的财务章与法人章是否分开管理，是否有控制；

c. 检查提现凭证是否附有对应的银行回单，或是与银行对账单的流水进行比对，如果仅有现金支票存根是不够的；

d. 从银行对账单上获取提现的记录，与出纳的日记账、财务系统中的现金收入明细账进行比较和核对。

【案例：4-9】

在第一年审计时，审计人员发现某公司银行存款余额调节表长期不平，且账户较多，同时，审计人员对现金进行了盘点，未发生异常，最后，审计人员将“未达账项未能及时处理”的问题列在了报告中。第二年再去审计时，审计人员发现对方在现金盘点表上注明现金盘亏 1 万元。为什么？

（续）

◆ 如何去做	1. 简析原因 （1）该笔现金在提现时没有审批、没有做账，加上第一年银行余额存在大量的不平，且原因不明，因此未能及时发现提现产生的差异，在第二年，银行余额的差异基本调平，现金提现存在的差异就显现出来了。 （2）审计人员在第一年审计时，未对所有的提现进行检查，因此当时未发现现金短缺的问题。 2. 事后的思考 这个案例的出现也是因为多个控制同时失效导致的，提现无审批、提现未入账、银行余额调节表长期不平。虽然有如此多的客观原因，但这也是给审计人员一个警示，当发现对方存在大量银行存款余额与银行存款余额调节表对不上的情况时，应该多想一下，是否需要对现金提现匡算出总额比对一下。
◆ 需要的资料	结合上面的说明，审计时通常需要以下资料： （1）相关制度、流程文件； （2）收据及相关的购买、入库、领用记录； （3）收银交接记录； （4）出纳日记账或资金报表； （5）现金明细账； （6）收银点的现金盘点； （7）银行对账单。
◆ 常见的问题	审计中普遍存在的问题如下： （1）无相关制度，或有制度但制度规定不完善； （2）收据无相应的购买、入库、领用记录； （3）空白收据被提前盖章； （4）收据发生断号、缺页； （5）收据簿缺失； （6）收据开具不规范，未注明经办人、收款内容、金额发生涂写等； （7）现金交接无记录，或无签字确认； （8）收款未及时入账； （9）提现手续不合规。

Q2. 现金付款是否合规、合理？

◆ 为什么要看	现金付款不合规、不合理，极易为资金侵占、挪用创造机会，给公司造成损失。
◆ 如何去做	**第一步：制度、流程文件的熟悉与梳理** 1. 先找规定、标准 可以关注支付的限额、支付的范围、收款人是否需要签收等。 2. 需要哪些制度、流程文件 财务制度。

（续）

<table>
<tr><td></td><td>第二步：访谈
1. 访谈谁
财务人员。
2. 访谈哪些内容
目前公司现金付款的情况多不多，付款的范围有哪些，额度是否有限制等。</td></tr>
<tr><td>◆ 如何去做</td><td>第三步：测试
可以采取穿行测试与抽样测试相结合的方式，这里重点介绍抽样测试。
1. 如何选样
根据公司规定，抽取超限额支付的业务；支付范围异常的，通过凭证的摘要进行筛选；优先抽取金额、收款人一致的重复项；根据金额分层进行抽样。
2. 如何检查
建议关注如下方面：
（1）是否进行了签收，签收人与请款人是否一致，申请人与签收人是否一致；
（2）支付是否超过规定的限额；
（3）支付范围是否超出规定；
（4）是否有重复付款的情况。

小贴士
如果在审计中，发现对方单位现金支付很频繁、累计额度很大，建议审计人员分析原因，并与对方沟通是否有必要发生如此多的现金支付，其是否可以用银行付款方式替代。现金使用频繁且金额大，意味着财务得保留大量的现金，另外也增加了出纳去银行支取现金的频率，在一定程度上也就增加了风险。</td></tr>
<tr><td>◆ 需要的资料</td><td>结合上面的说明，审计时通常需要以下资料：
（1）相关制度、流程文件；
（2）现金付款明细账；
（3）相关财务凭证。</td></tr>
<tr><td>◆ 常见的问题</td><td>审计中普遍存在的问题如下：
（1）现金支付制度不够完善，如额度、范围；
（2）超限额、超范围使用现金；
（3）现有制度中规定的限额不适用于实际情况；
（4）现金领用无签收或签收人与申请人不一致。</td></tr>
</table>

Q3. 库存现金余额是否合规、合理？

◆ 为什么要看	库存现金超过公司规定的余额，现金留存量过大会增加现金的安全风险；其也反映了现金的收支可能未及时入账，有的时候，财务人员不及时记账可能会导致财务核算系统中现金余额出现负数的情况。

（续）

◆ 如何去做

第一步：制度、流程文件的熟悉与梳理

1. 先找规定、标准

关注点包括库存现金的余额是如何规定的。

2. 需要哪些制度、流程文件

财务制度。

第二步：访谈

1. 访谈谁

财务人员。

2. 访谈哪些内容

（1）是否存在超限额的情况，原因是什么。

（2）公司是否有相关的规定，执行是否有难度。

第三步：测试

（1）检查出纳的资金日报表或是现金日记账。

通过检查余额，查看现金余额是否超过公司规定，是否存在留存过多，且留存时间较长的情况。另外，审计人员在检查的时候要注意当日期末余额与次日期初金额是否一致。

【案例：4-10】

审计人员获取了出纳的现金日报表，对报表中的期末数与期初数进行了检查，发现如下问题。

2015.1.1	金额（元）	内容	2015.1.2	金额（元）	内容
期初	1000		期初	1000	
支出	500	××报销	支出	500	差旅报销
收入	1000	食堂餐费	收入	0	
期末	1500		期末	500	

简析：

2015年1月2日的期初数应当等于2015年1月1日的期末数，即为1500元，表里记成了1000元，而2015年1月2日当天的余额是500元，说明当天出纳很可能没有盘点现金。因此，需要延伸至1月2日以后的报表，观察出纳在哪天将数据调对了，还是中间根本没有进行调整。另外，其还需要结合现金的实物盘点情况进行判断。

（2）从财务系统中获取现金明细账，检查余额是否存在负数的情况，如果为负数，可能存在几个问题，一是系统中未设置余额小于零时的预警，系统控制存在问题；二是财务人员记账不及时；三是可能存在现金账实不符，现金被挪用的情况。

（续）

	【案例：4-11】 获取一定期间的现金明细账，假设期初借方余额为 200 元，明细表如下。

日期		凭证号	借（元）	贷（元）	余额（元）	
期初					借	200.00
01	08	记账 -0003		1000.00	贷	800.00
01	12	记账 -0008	3000.00		借	2200.00
01	26	记账 -0010		500.00	借	1700.00
01	26	记账 -0011		200.00	借	1500.00
01	29	记账 -0018		1000.00	借	500.00
		本月合计	3000.00	2700.00	借	500.00
02	02	记账 -0010		910.00	贷	410.00
02	02	记账 -0012	500.00		借	90.00
02	07	记账 -0020		50.00	借	40.00
		本月合计	500.00	960.00	借	40.00

◆ **如何去做**

简析：

上表是从用友系统里导出来的明细表，其中：

✓ 最后一列表示库存现金余额；

✓ “借”“贷”列表示库存现金余额的方向，也就是表示库存现金余额是“正”还是“负”，在正常情况下，现金、银行存款科目的余额是不会出现负值的，也就是说不应该出现贷方有余额的情况。审计人员在检查的时候，可以通过检查该列，查看是否出现有“贷方”余额的情况。

同时要注意，有的时候，财务人员记账并不是先记收入、后记支出，或是每天都即时入账，很可能是在某一天集中入账。如果审计人员发现在某一天同时出现正、负的情况，不一定代表存在问题，如下表。

日期		凭证号	借（元）	贷（元）	余额（元）	
期初					借	200.00
01	08	记账 -0003		1000.00	贷	800.00
01	08	记账 -0008	3000.00		借	2200.00
01	08	记账 -0010		500.00	借	1700.00
01	08	记账 -0011		200.00	借	1500.00
01	08	记账 -0018		1000.00	借	500.00
			3000.00	2700.00	借	500.00

（续）

◆ 如何去做

如果负数出现在月底的最后一笔，要引起注意，如下表。

日期		凭证号	借	贷	余额（元）	
期初					借	200.00
01	08	记账-0003		1000.00	贷	800.00
01	08	记账-0008	3000.00		借	2200.00
01	25	记账-0010		3000.00	贷	800.00
			3000.00	4000.00	贷	800.00

月底出现负数，说明很可能在结账前，财务人员没有履行检查的程序，当月月底没有进行盘点。因此，在审计时，审计人员对出现负数的情况要仔细分析。

◆ 需要的资料

结合上面的说明，审计时通常需要以下资料：

（1）相关制度、流程文件；

（2）现金明细账；

（3）现金日报表。

◆ 常见的问题

审计中普遍存在的问题如下：

（1）库存现金超过规定限额；

（2）账务处理不及时；

（3）现金日记账记录不准确；

（4）出纳未做到日清月结；

（5）系统中未设置负值预警控制。

3. 现金实物管理

Q1. 现金是否按规定进行盘点，异常记录是否及时汇报，账实是否相符？

◆ 为什么要看

防止在管理中因工作疏忽或是恶意侵占、挪用等原因造成现金的缺失，从而给公司造成损失。

◆ 如何去做

第一步：制度、流程文件的熟悉与梳理

1. 先找规定、标准

关注点包括多久盘点一次、谁来盘点、差异如何处理等。

2. 需要哪些制度、流程文件

财务制度。

第二步：访谈

1. 访谈谁

财务人员。

2. 访谈哪些内容

（续）

<table>
<tr><td></td><td>（1）目前现金是如何盘点的，多久盘点一次，哪些人参与，对盘点中出现的差异是如何处理的并获取盘点记录，如果存在差异，还应检查差异报告。
（2）实际执行是否与制度有差异，原因是什么。</td></tr>
<tr><td>◆ 如何去做</td><td>第三步：测试
可以采取穿行测试与抽样测试相结合的方式，这里重点介绍抽样测试。
1. 如何选样
一般情况下随机选样，如果工作量不大，也可以全查。
2. 如何检查
（1）进行实地盘点（非常重要），检查账实是否相符。不建议审计人员提前告知对方盘点时间。
（2）检查对方提供的盘点表，关注其是否按期盘点，参与人是否签字，是否存在差异，差异是如何处理的，差异产生的原因是什么。

小贴士
关于盘点，注意以下几点。
时间上，建议突击盘点，审计人员可以在一进场或进场很多天以后进行突击盘点。
盘点的时候，注意观察保险柜里除了现金外还有没有其他东西，建议把保险柜里存放的东西都查一下，有的时候保险柜里不是只存放现金的。
笔者在审计中，发现过保险柜里存放了非公司的现金，而财务人员竟然表示对此毫不知情的情况；另外，还见过白条、不用的印章等。这些就是意外的收获。因此，保险柜是必须要仔细查看的，要看清楚里面都有什么。
审计人员要将盘点完的数字分别与出纳的账、财务的账进行核对，理论上说，三个地方的数字经调节后应该是一致的，审计人员可以在盘点之前，先把数字抄好，但先不要告诉对方这个数字。</td></tr>
<tr><td>◆ 需要的资料</td><td>结合上面的说明，审计时通常需要以下资料：
（1）相关制度、流程文件；
（2）盘点表、差异报告；
（3）审计人员实地盘点记录（需参与人签字）。</td></tr>
<tr><td>◆ 常见的问题</td><td>审计中普遍存在的问题如下：
（1）未按规定的周期进行盘点；
（2）盘点程序未按规定执行；
（3）盘点除出纳外，无其他人员参与监督；
（4）存在白条抵库的情况；
（5）账实不符；
（6）差异的处理不及时、不合规。</td></tr>
</table>

Q2. 现金的提现是否进行有效管控？

◆ 为什么要看	提现缺乏相应的控制会增加现金的安全风险。
◆ 如何去做	**第一步：制度、流程文件的熟悉与梳理** 1. 先找规定、标准 关注点包括提现申请、提现审批、提现时是否有人陪同等。 2. 需要哪些制度 财务制度。
	第二步：访谈 1. 访谈谁 财务人员。 2. 访谈哪些内容 （1）提现申请、提现审批。 （2）相关人员去银行提现时是否有人陪同，公司是否有此规定等。
	第三步：测试 主要进行合规性检查，查看现金的提取是否符合相关规定，程序是否符合要求，提现过程是否安排相应的保护措施，如派人陪同等。
◆ 需要的资料	结合上面的说明，审计时通常需要以下资料： （1）财务制度； （2）提现凭证及相关的支持性资料。
◆ 常见的问题	审计中普遍存在的问题是提现缺乏安全措施、对提现的需求缺乏必要的检查等。

Q3. 现金的保管是否安全？

◆ 为什么要看	防止因保管不妥当，导致现金丢失。
◆ 如何去做	**第一步：制度、流程文件的熟悉与梳理** 1. 先找规定、标准 关注点包括保险柜是否设置双重控制，密码是否要求定期更换等。 2. 需要哪些制度、流程文件 财务制度。
	第二步：访谈 1. 访谈谁 财务人员。 2. 访谈哪些内容 （1）平常不用的现金由谁负责保管，在哪里保管，一般情况下，应将现金存放在保险柜中，保险柜应当进行双重控制，即必须两个人共同行动，才

（续）

<table>
<tr><td rowspan="2">◆ 如何去做</td><td>能打开保险柜。
（2）如果负责保管钥匙或密码的人当天因事请假而又需要现金则如何处理。这里，主要是考虑一个授权的问题，是否有明确的授权人，最好有明确的书面授权文件。</td></tr>
<tr><td>第三步：测试
这里需要进行实地观察及检查（5 颗星）：
（1）观察现金存放在哪里，不用时是否将其存放在保险柜里，是否有随意摆放的情况；
（2）哪些人可以打开保险柜，是否有双重控制，常见控制如密码和钥匙由不同人员保管，或是相关人员各保管一部分密码；
（3）保险柜是否在不用时处于关闭状态；
（4）存放保险柜的房间是否可以随意进入；
（5）现金是否及时放入保险柜。

【案例：4-12】
某单位的出纳从银行取款后回到公司，随手把现金放在办公桌上，结果忙完一圈回来，发现现金不见了。这就是因为不好的习惯导致现金丢失。

小贴士
在现金保管的安全性检查中，审计人员一定要注意观察，最好采取随机的方式，以防止因为专门检查，使对方有准备的时间，故意做成符合规定的样子。</td></tr>
<tr><td>◆ 需要的资料</td><td>结合上面的说明，审计时通常需要的资料为财务制度等。</td></tr>
<tr><td>◆ 常见的问题</td><td>审计中普遍存在的问题如下：
（1）保险柜没有进行双重控制；
（2）现金在不使用时未及时放在保险柜中；
（3）保险柜在不用时未及时关闭。</td></tr>
</table>

4. 小结

本部分所涉及的关注点汇总于表 4-4。

表 4-4　现金管理审计关注点汇总

<table>
<tr><th>关注类别</th><th>具体关注点</th></tr>
<tr><td>建立总体框架</td><td>Q. 目前，公司的现金是如何管理的</td></tr>
<tr><td rowspan="3">现金动态管理</td><td>Q1. 现金收款的管理是否合规</td></tr>
<tr><td>Q2. 现金付款是否合规、合理</td></tr>
<tr><td>Q3. 库存现金余额是否合规、合理</td></tr>
<tr><td rowspan="3">现金实物管理</td><td>Q1. 现金是否按规定进行盘点，异常记录是否及时汇报，账实是否相符</td></tr>
<tr><td>Q2. 对现金的提现是否进行有效管控</td></tr>
<tr><td>Q3. 现金的保管是否安全</td></tr>
</table>

（二）银行存款管理

1. 先搭框架

Q1. 有多少个银行账户，用途是什么？

◆ 为什么要看	审计人员在做检查前，必须先弄清楚对方到底有多少个银行账户，各个账户的用途，防止遗漏，更重要的是防止对方故意隐瞒账户，以挪用、转移资金。
◆ 如何去做	1. 询问出纳 一般情况下，出纳会将公司的银行账户做一个完整的统计，并列明用途，同时也了解各账户的使用情况。 2. 银行账户的完整性复核 从财务系统里获取银行账户信息，将系统里查到的信息与对方提供的信息进行比对，验证对方提供的账户是否完整。 **注意：**这一步是非常重要的，有的审计人员在审计完了都还没弄清对方到底有多少个账户。
◆ 需要的资料	审计期间银行账户清单包括开户、销户账户，账户的余额、用途等。

Q2. 银行账户使用情况怎样？

◆ 为什么要看	目的是通过对使用情况进行分析，了解每个账户业务发生的频率、业务量大小，是否有存在的价值，是否存在无意义的休眠账户等。
◆ 如何去做	1. 是否存在休眠账户 审计人员可以通过查询财务系统中的银行存款明细账、科目余额表、银行对账单、余额调节表、出纳资金报表等，结合与财务人员的访谈，检查是否存在冗余账户。 **【案例：4-13】** 审计人员在审计时发现公司开了10个账户，其中5个账户显示长期没有资金流水发生，甚至有的余额一直就是零。经询问，该公司开的这些账户有些是为了与银行搞好关系，有些是为了当初贷款方便，有些开了之后根本就没用过。公司对账户的管理也没有定期清理的要求，加上财务人员变动频繁，因此也没有人关注这些休眠账户。 2. 测算活动账户的每天余额 这其实是一项增值工作，用来发现公司是否有效地利用闲置资金赚取收益。在做这项工作时，审计人员需要先弄清楚哪些资金是可以自由使用的，以免统计的数据不实。如果出纳有资金报表，可以直接摘取当天报表上的余额，或是通过财务系统中的“银行存款”明细账的日余额进行统计。但是，因为一般情况下财务人员不会每天都做账，所以该数据相对不太准确。对于

（续）

◆ 如何去做	闲置资金较多的公司，可以建议对方购置短期的理财产品或办理“七天通知存款”增加资金的收益。当然，这里也要根据对方的情况，有的公司管理层秉承的理念就是安全第一。
◆ 需要的资料	结合上面的说明，审计时通常需要以下资料： （1）资金报表（出纳）； （2）银行存款科目余额表（系统）； （3）银行存款明细账（系统）。
◆ 常见的问题	审计中普遍存在的问题如下： （1）存在长期休眠账户，账户冗余； （2）大量闲置资金未得到充分利用。

2. 安全管理

Q1. 开户、销户管理是否合规？

◆ 为什么要看	银行账户的开户、销户缺乏相应的管控，会给挪用资金、洗钱创造条件，不利于资金的安全管理。
◆ 如何去做	**第一步：制度、流程文件的熟悉与梳理** 1. 先找规定、标准 关注点包括开户、销户的流程，审核要求等。 2. 需要哪些制度、流程文件 财务制度。
	第二步：访谈 1. 访谈谁 财务人员。 2. 访谈哪些内容 （1）银行账户的开户、销户实际是如何执行的，需要经过哪些流程。 （2）审计期间是否发生过开户、销户的情况，并获取相关的资料。 （3）实际执行与公司相关的规定是否有差异，原因是什么。
	第三步：测试 1. 如何选样 全查，不抽样。 2. 如何检查 （1）先获取审计期间的开户、销户清单，审计人员可以要求财务人员提供这份清单。如果担心对方不如实提供，可以通过财务系统中银行账户期初与期末的变动情况进行对比，或是通过银行存款余额调节表或对账单上的银行账号进行比对，或是直接去审计对象基本户的开户行或是人民银行，让银行拉出被审计单位的《已开立银行结算账户清单》。

（续）

◆ 如何去做	（2）开户、销户是否按规定审批，开户时，相关账户的功能是否符合规定，并附有相应的银行出具的开户资料。 （3）银行账户销户后，原来的余额转移到了哪里，核对是否正确。
◆ 需要的资料	结合上面的说明，审计时通常需要以下资料： （1）相关制度、流程文件； （2）科目余额表、银行存款余额调节表； （3）开户、销户内部审批资料及银行的业务办理单。
◆ 常见的问题	审计中普遍存在的问题如下： （1）开户、销户无相关的制度； （2）未按规定进行开户、销户； （3）对开户的功能缺乏明确的规定。

Q2. 网银管理是否安全？

◆ 为什么要看	网银虽支付便捷，但存在的风险也较高，若缺乏必要的控制，公司资金被挪用的风险极大。
◆ 如何去做	**第一步：制度、流程文件的熟悉与梳理** 1. 先找规定、标准 关注点包括网银功能的申请、网银功能的限制规定、密钥的保管等。 2. 需要哪些制度、流程文件 财务制度。
	第二步：访谈 1. 访谈谁 财务人员。 2. 访谈哪些内容 （1）哪些账户开通了网银功能，已开通网银的账户是否都可以进行网上支付。 （2）开通网银需要履行什么程序。有的公司为了安全性，只允许有限的账户开通支付功能，其余的只能查询。 （3）网银支付是如何控制的，网银的支付密钥或密码由谁保管，是几级控制。在一般情况下其至少是两级控制，只有一个人在网银系统里点付款申请，另一个人点确认，才能付出资金。 （4）如遇到负责网银支付管理的人员休假或不在公司，需进行网银付款的情况会如何处理，是否有临时授权。
	第三步：测试 （1）获取审计期间开通网银功能的清单及对应的支持性资料，重点关注： a. 开通的功能是否符合要求；

（续）

◆ 如何去做	b. 开通时是否履行了规定的程序。 （2）检查网银支付是否设置了双重控制。 观察不同的密钥（密码）是否分开保管。可以采取突然袭击的方式。
◆ 需要的资料	结合上面的说明，审计时通常需要以下资料： （1）相关制度、流程文件； （2）银行账户清单及用途、功能、网银开通资料。
◆ 常见的问题	审计中普遍存在的问题如下： （1）网银支付功能的开通与规定不符； （2）网银的支付无双重控制，或是密码、密钥均由一人保管。

3. 动态管理

Q1. 账务处理是否及时，是否在系统中设置了负数预警？

原理同现金部分。

Q2. 余额调节表的编制是否及时、合规，差异是否及时处理？

◆ 为什么要看	1. 为什么要编制余额调节表 （1）财务做账的时间与银行收付款的时间可能存在差异，例如，企业的结账时间是 25 日，但银行资金流水的截止时间是当月最后一天，如果 25 日后发生银行资金收支，就会存在不一致的情况。 （2）存在代扣项目，企业未及时获得银行回单。例如，某些让银行代扣的水、电、税费等项目，银行发生了扣款，但公司未及时去银行取得相应的回单，没有做账，存在银行已付，企业未付的情况。 （3）银行季度结息，扣年费等。 （4）业务合同的签约方与打款方不一致。例如，租金合同的签约方是甲，但打款的是乙，财务与业务部门未及时核对，不知道乙应该对应哪个合同，无法确认对象，就会把这笔款项暂挂账上，存在银行已收、企业未收的情况。 2. 检查的目的 通过检查余额调节表，一是可以知道是否存在长期未达账项，对于长期未达账项，企业是否及时找出原因，及时处理；二是了解企业是否每月及时与银行对账，一般情况下，企业每月都应与银行进行对账。 通过定期与银行对账，并对差异进行及时处理，有助于企业及时发现资金被挪用的情况。
◆ 如何去做	**第一步：制度、流程文件的熟悉与梳理** 1. 先找规定、标准 关注点包括谁负责去银行取对账单，谁来编制、复核余额调节表，差异如何处理等。 2. 需要哪些制度、流程文件 财务制度。

（续）

◆ 如何去做

第二步：访谈

1. 访谈谁

财务人员。

2. 访谈哪些内容

（1）银行对账单谁负责去取、余额调节表谁来编制、谁来复核。**注意：**出纳取、出纳编，如果再没有人审核，那么则违背不相容职责分离的原则；出纳做资金账，违背不相容职责分离的原则。

（2）是否存在长期未达账项，原因是什么，采取了哪些措施。

（3）目前执行中存在什么困难。

第三步：测试

1. 如何选样

这里不建议抽样，建议全查，在时间有限的情况下，可以优先选择余额调节表存在未达账的情形进行检查。

2. 检查前要保证数据真实

（1）对账单必须是银行盖章的原件，如果没有，要求补打，如果担心对方造假，审计人员可以要求一同前往或拿着对方盖章的公函去银行补打。

（2）现场通过网上银行或电话银行，将银行存款的余额与银行存款对账单的余额进行核对，审计人员可以亲自打电话或亲自查看网银。

（3）如果有网银，直接通过网银导出银行流水。审计人员应现场监督对方登录网银、导出数据，并完整保存原始数据，防止财务作假。

（4）如需要进行函证，审计人员务必亲自发函，切不可将回函地址标注为被审计单位。

3. 如何检查

（1）将对账单上的银行流水与财务账进行比对。如果时间、人力充足，可以考虑将大额的支出项与财务账进行勾对，另外，对于一正一负、金额相同的资金项要进行关注，间隔多久，原因是什么，防止洗钱。

（2）检查该做的工作是否都做了。将公司所有账户列好清单，与审计期间的银行对账单、余额调节表进行核对，目的是检查审计对象是否按月取回对账单、按月编表、过程是否符合规定。

（3）检查是否存在长期未达账项。获取最新一期的余额调节表，检查是否存在长期未达账项，可以延伸至前一到两个月，防止对方在审计人员进场之前提前进行处理。如果时间来得及，可以统计一下每期未达账项的账龄时间，并查找原因。

示例表

序号	出现未达时间	金额	审计时间	未达类型	原因
				银行已收，企业未收	
				银行已付，企业未付	
				企业已收，银行未收	
				企业已付、银行未付	

注：两个时间是为了确认未达事项多久未处理。

（续）

◆ 如何去做	**小贴士** **四种未达事项介绍** **第一种：银行已收，企业未收** 从企业的角度来说，收到的钱比付出去的钱风险小，当然，用来洗钱除外。通常情况下，打款人如果打错账户会主动和企业联系，相对来说风险不大，但是如果对方以钱款打错，要求公司将款项退回到与原打款账户不一致的账户，要引起重视。另外，即使风险相对较小，但若存在时间较长，也说明在管理上可能存在问题。 **【案例：4-14】** 甲公司的主营业务为写字楼租赁，审计人员在检查对方的余额调节表时发现存在若干笔“银行已收，企业未收”的款项，时间约在半年以上。经询问得知，该款项是租户交的水电费，由于打款人与现有租户信息不一致，财务一直未进行处理，如果你是审计人员，你该怎么办？ **简析：** 你是不是准备在报告里写下“公司存在长期未达账项未及时处理的情况”？如果这样写，那么说明你的审计工作还没有做完。到底该如何处理这种情况？ 如果是商户交的水电费，那么需要去检查是否存在欠缴水电费半年以上的商户，欠款人数与未达款项的数量是否存在差异，欠款金额与未达款项的金额是否存在差异。 如果发现没有该期间的欠款商户，那就需要去检查是不是欠款统计出现了问题，是不是收款部门知道是哪几家交的但未告诉财务，或是财务未主动联系业务部门进行核实。 如果公司采取预付费充值的形式收取水电费，理论上商户应凭交款单去充值，那么审计人员应检查充值相关的单据上有没有反映商户的信息。 这些都是需要进一步解决的问题，而不仅仅是写一个未达就结束了，或是因为金额小，又是公司收款的项目，就觉得的风险不大。 **第二种：银行已付，企业未付** 对于这种情况，审计人员要特别了解钱款出去的原因是什么。 1. 常见情况 （1）协议代扣项目：要检查代扣协议，签订生效时间、金额、内容，例如，对贷款利息要进行测算，防止银行多扣利息，如出现银行多扣息的情况，说明相关的财务人员未能对利息的支付进行及时核对。 （2）税费：检查纳税申报表，也有可能存在罚金，如存在罚金，应确认为什么会被罚。 （3）公积金、社保：检查相应的申报表。 （4）银行年费等。

（续）

◆ 如何去做	2. 非常规项目 （1）检查银行回单，付给谁的，是给公司还是给个人的，什么时候付的，金额是多少，时间是否很长，如果对方无法提供，要求其去银行补打。 （2）询问财务人员为什么会发生这种情况，谁付出去的，并要求对方提供付款理由及相应的支持性资料。 （3）检查付款审批单。关注：付款依据是否完整、合规，如发票、合同、验收资料；付款是否按规定审批，审批时间是否滞后，是否存在后补的情况，是否是原件。审批后补也是有问题的，说明控制没能有效执行。当然，如果对方能提供其他辅助审批，也可以认可，如领导在外无法进行书面审批，通过邮件进行审批，或通过短信回复确认；如果为口头审批的，要和相关审批人进行进一步确认。 （4）关注不及时做账的原因。 **注意：**这里最严重的情况是没有任何的审批单钱就付出去了，如果“银行已付，企业未付”的情况较频繁、账龄较长，必须特别予以重视。 **第三种：企业已收，银行未收** 除恶意舞弊、虚增收入外，其也有可能是财务做账不严谨造成的，例如，收到支票就直接做账，但支票轧到银行有个时间差，有的时候银行也可能会拒收某些客户开出的支票，这些都会导致差异的产生。审计人员要询问原因，注意该情况是否频繁。 **第四种：企业已付、银行未付** 企业付款做账的时间要早于银行实际划款的时间。例如，企业开支票进行付款，支票被对方领走到支票轧进对方银行有个时间差；企业用网上银行支付，因收款账号等原因被退回，可能等到月底核对银行账的时候才能发现。从资金管理的角度来看，这种情况的风险不是很大，因为公司的资金没有流出企业。当然，会不会有其他原因，要根据具体情况而定，要注意与“银行存款”对应的科目是什么，另外对于存在的时间、发生的频率都需要考虑。
◆ 需要的资料	结合上面的说明，审计时通常需要以下资料： （1）相关制度文件； （2）银行余额调节表； （3）银行对账单； （4）“银行已付，企业未付”的审批及支持资料； （5）异常差异处理报告（如有）。
◆ 常见的问题	审计中普遍存在的问题如下： （1）未按期编制余额调节表； （2）职责不相容，出纳取对账单、出纳编调节表； （3）差异长期未处理； （4）存在付款不合规情况。

4. 小结

本部分所涉及的关注点汇总于表 4-5。

表 4-5 银行存款管理审计关注点汇总

关注类别	具体关注点
建立总体框架	Q1. 有多少个银行账户，用途是什么
	Q2. 银行账户使用情况怎样
安全管理	Q1. 开户、销户管理是否合规
	Q2. 网银管理是否安全
动态管理	Q1. 账务处理是否及时，是否在系统设置了负数预警
	Q2. 余额调节表的编制是否及时、合规，差异是否及时处理

（三）理财管理

这里的理财指的是企业为了盘活闲置资金，提高资金收益，进行理财投资，如购买银行的定期理财产品，购买基金、股票等。

1. 先搭框架

Q1. 管理层对理财的态度和意识是怎样的？

◆ 为什么要看	管理层的态度以及对理财的风险偏好，直接决定了企业能不能买，买什么样的理财产品。如果管理层没有理财的意识或持拒绝的态度，公司的闲置资金很可能没有盘活，收益没能最大化。
◆ 如何去做	通过询问相关人员，如财务负责人、公司负责人等了解管理层对购买理财产品的意识和态度。
◆ 常见问题	无理财意识。

Q2. 公司有哪些理财产品？

◆ 为什么要看	审计人员要先弄清楚公司做了哪些理财规划。
◆ 如何去做	常用的调查方法如下。 （1）询问财务人员。这是最简单、直接的方法，但缺点是对方可能说的不全或是故意隐瞒。 （2）通过序时账、科目余额表获取信息，检查“交易性金融资资产”“其他货币资金”“持有至到期投资”“银行存款”等科目。为什么要注意“银行存款”科目？因为有的公司购买银行的理财产品时为了省事或是出于其他目的，会直接通过“银行存款”科目进行处理。 （3）摘要搜索。通过关键字进行筛选，如“理财”。 （4）合同清单。从中发现是否有理财合同。 （5）银行对账单。 （6）员工借款，关注其中金额大、有规律性的借款及对应借款人的情况。有可能会出现以员工借款形式将钱转走，购买理财产品的情况。

（续）

◆ 如何去做	【案例：4-15】 审计人员在审计中，发现财务经理会从公司定期借一笔金额很大的款项，经询问，该财务经理表示，由于税款需现场缴纳，所以会先从公司转一部分钱到个人卡里，然后再用个人卡去交钱。随后，审计人员对其个人卡中的银行流水进行检查，发现转到其个人卡中的资金与最终缴纳税款的时间、金额有差异，存在用借款买理财产品、还个人信用卡的情形，该财务经理表示，理财产品收益都用作部门活动经费了，但并没有记录。 除此之外，审计人员还可以去税务局核实一下是否真的必须现场缴款，是否无法通过公司转账、公司出具支票或本票等形式进行缴款。
◆ 需要的资料	结合上面的说明，审计时通常需要以下资料： （1）理财协议； （2）理财产品清单； （3）序时账； （4）科目余额表。

2. 理财产品的购买管理

Q. 理财产品的购买与后续管理是否有相应的控制并有效执行？

◆ 为什么要看	理财的最大风险在于本金有可能会发生亏损，或是理财资产最后成为无人管理的资产，使公司蒙受损失。
◆ 如何去做	**第一步：制度、流程文件的熟悉与梳理** 1. 先找规定、标准 关注点包括购买理财产品的种类、金额、期限，购买的流程及审批，是否有规定专人负责理财产品的后续管理措施等。当然，也有可能根本就没有相关的规定。 2. 需要哪些制度、流程文件 财务制度。
	第二步：访谈 1. 访谈谁 财务人员。 2. 访谈哪些内容 （1）企业对理财产品的种类有什么规定。 （2）购买理财产品需要走哪些流程。 （3）审计期间购买过哪些理财产品。 （4）是否有专人负责后续的跟踪。 （5）目前是否存在某些理财产品无人管理的情况。

（续）

<table>
<tr><td>◆ 如何去做</td><td>

第三步：测试

建议全查，检查时，关注以下方面。

（1）理财产品种类的符合性，如金额、期限、种类。

审计时，对于从一些非正规机构购买的理财产品或是理财收益明显高于市场平均收益的理财产品，需要予以关注，应进一步与管理层确认是否了解该理财产品的风险，必要时上报上一级管理层。

【案例：4-16】

某公司总经理为了增加资金收益，以预付款的形式向供应商提供借款获取收益。

（2）审批程序、内容的合规性。即审批的权限、审批的时间符合规定；审批人员在签署意见时未表示异议，审批过程中，如果有参与审批的人员在签核单上注明意见的，需要确认该问题是否解决。另外，对于一些风险较高的理财投资，应关注是否有相应的评估分析。

【案例：4-17】

根据规定，某公司不建议购买非保本理财产品，如购买需要审批至集团总经理。审计人员在检查时发现大量非保本类型的理财产品未按规定审批，对方表示，这些理财产品都有银行承诺，且一直合作，没有什么问题。审计人员要求对方提供承诺函，随后收到了盖有银行业务审核章、部门章的承诺书。

（3）理财产品的合理性。审计人员应检查企业是否存在未对资金进行有效的规划，结果因为购买理财产品，致使企业营运资金发生短缺，产生短期借款；相同类型的理财产品在发生亏损后仍继续购买等；审批流于形式，未对理财产品的可靠性、风险进行分析，尤其是风险较高的产品等情形。

（4）理财产品是否发生亏损，对于亏损如何处理。

（5）是否定期向管理层汇报理财产品的情况，尤其是非保本的产品如股票、基金等。

（6）理财收益的账务处理是否符合规定。有的时候，企业为了避税可能会将收益挂在往来科目里直接用于冲减其他费用支出。

（7）是否有专人跟踪理财产品，对理财产品的处置是否有明确的规定和清晰的上报流程，尤其是股票、基金等金融产品。例如，购买的股票亏了该怎么办，如果盈利了又该怎么办。相关人员是否知道该找谁汇报，由谁来批准，等等。

【案例：4-18】

某公司在成立之初购买了某银行的股票，购买后无人管理，结果该股票从盈利变为亏损，目前仍处于无人问津的状态。

【案例：4-19】

某公司账上有封闭期已结束的基金产品，经询问相关财务人员，无人知晓此事，审计时，该基金尚处于亏损状态。

</td></tr>
</table>

（续）

◆ 需要的资料	结合上面的说明，审计时通常需要以下资料： （1）理财产品清单，包括购买的产品、金额、到期时间、目前的盈利或亏损状态等； （2）序时账； （3）对账单； （4）理财产品合同。
◆ 常见的问题	审计中普遍存在的问题如下： （1）无相关制度，或有制度但制度规定不完善； （2）理财产品未按规定审批，或无审批要求； （3）理财产品无人管理，尤其是股票、基金类产品； （4）理财收益未按规定入账。

3. 小结

本部分所涉及的关注点汇总于表 4-6。

表 4-6 理财管理审计关注点汇总

关注类别	具体关注点
建立总体框架	Q1. 管理层对理财的态度和意识是怎样的
	Q2. 公司有哪些理财产品
理财产品的购买管理	Q. 理财产品的购买与后续管理是否有相应的控制并有效执行

（四）票据管理

1. 先搭框架

Q. 有哪些票据、谁负责管理？

◆ 为什么要看	目的是对审计对象的票据使用与管理情况建立一个基本的认识，至少要知道有哪些票据，票据的管理由谁负责。
◆ 如何去做	1. 询问财务人员 （1）目前公司有哪些票据，谁负责管理。 （2）是否有票据台账或登记簿，并获取相关的记录。 2. 查看序时账、科目余额表，核对应付票据、应收票据等科目。
◆ 需要的资料	结合上面的说明，审计时通常需要以下资料： （1）序时账、科目余额表； （2）票据台账或登记簿。

2. 票据的收取、使用与安全

Q1. 票据的收取与处理是否符合规定？

<table>
<tr><td>◆ 为什么要看</td><td>收取的票据缺乏有效的管控易给公司造成损失。</td></tr>
<tr><td rowspan="3">◆ 如何去做</td><td>第一步：制度、流程文件的熟悉与梳理
1. 先找规定、标准
关注点包括允许收取的票据的范围、收到票据后如何处理等。
2. 需要哪些制度、流程文件
财务制度。</td></tr>
<tr><td>第二步：访谈
1. 访谈谁
财务人员。
2. 访谈哪些内容
（1）是否会有收票据的情况，如果有，哪些票据是禁止收取的。
（2）收取的票据是否由专人负责处理，例如，验真假、去银行进行兑付等。</td></tr>
<tr><td>第三步：测试
1. 获取尚未处理的票据
（1）检查收到的票据是否是公司禁止收取的。
（2）是否存在过期未及时兑付的情况。
（3）对于有问题的票据是否及时与相关单位退换。
2. 获取票据台账管理或票据登记簿（如有）
（1）台账的记录信息是否完整，例如，票据的到期时间、票据收取人（为了在发生问题时，方便联系相关人员进行处理）等信息。
（2）收到的票据是否及时登记，是否存在漏登的情况。
（3）票据交接记录是否完整，是否有双方的签字确认。

小贴士
常见票据有效期
支票：10 个自然日，从签发支票的翌日开始算起，如 7 月 1 日开的支票，7 月 11 日是向银行提示付款的最后一天。
承兑汇票：注意票据上的时间。
银行本票：自出票日起付款期限最长不超过 2 个月。
银行保函：有些金额较大的工程项目在签合同时，会要求供应商提供银行保函作为工程保证承诺，这时也要注意保函的有效期，有的公司收到保函后就不管了，结果出现工程未结束而保函过期或金额不足的情况。</td></tr>
</table>

（续）

◆ 需要的资料	结合上面的说明，审计时通常需要以下资料： （1）相关制度文件； （2）尚未处理的票据； （3）序时账； （4）票据台账。
◆ 常见的问题	审计中普遍存在的问题如下： （1）票据超期未使用； （2）存在问题的票据未及时进行处理； （3）银行保函过期、保函金额低于合同规定。

Q2. 票据的使用是否合规？

◆ 为什么要看	票据的不当使用会造成票据管理的混乱，甚至使公司遭受经济损失。
◆ 如何去做	**第一步：制度、流程文件的熟悉与梳理** 1. 先找规定、标准 关注点包括支付范围、额度规定、票据领用管理等。 2. 需要哪些制度、流程文件 财务制度。
	第二步：访谈 1. 访谈谁 财务人员。 2. 访谈哪些内容 （1）目前公司用于付款的票据有哪些。 （2）票据的开具要走什么流程。 （3）是否建立相关的票据登记簿，由谁负责记录，并获取登记簿。 （4）票据的领用人是否进行签收，是否会对领票据人员的信息进行核实。
	第三步：测试 这里主要介绍支票与承兑汇票的使用。 1. 支票管理 （1）是否建立支票登记簿。有的公司喜欢用 EXCEL 表格建立电子档的登记台账。电子信息的问题在于无法记录领用人的签收信息，且可能容易丢失或是被修改。 登记簿记录的信息是否完整，包括票据的购买（什么时候买、买了多少张、号码是多少）、领用（谁、什么时候、领用人是否签字）、作废的信息。常用的《票据使用情况登记表》格式如下。

（续）

<table>
<tr><td>◆ 如何去做</td><td>
票据使用登记表示例
<table>
<tr><th>银行</th><th>票据号</th><th>时间</th><th>用途</th><th>领用人签字</th></tr>
<tr><td></td><td></td><td></td><td></td><td></td></tr>
</table>
注：一般票据登记簿上至少需要包含以上这些信息，最好将每个银行的信息分开记录。对于作废的支票，建议把票据号剪下，贴在对应的记录栏里。所以审计人员在检查之前，必须要弄清被审计单位有多少种票据。
（2）支票的使用范围是否符合公司的规定，如用途、金额等。尤其要注意现金支票的使用。一般来说，现金支票主要用来提备用金，如大量使用现金支票会增加支付的风险。
（3）票据是否按顺序使用。检查未使用的票据以及票据登记簿，查看是否存在断号的情况。检查余下的实物票据数量、号码与登记簿上记录的留存信息是否一致，如不一致，要查找原因，防止绕过控制、挪用资金的情况。要求相关人员按顺序使用票据的好处是便于及时发现使用异常的情况。
【案例：4-20】
某公司有若干本空白支票，相关人员在使用时随意抽取开具，财务人员也不清楚有多少空白支票未使用。
假设：财务专用章和法人章（以下简称为两章）未分开保管，支票与章由同一个人管理，空白支票也未按序使用，这样就会给舞弊提供很好的机会，也不利于及时发现问题。
（4）是否存在开具空头支票的可能。将已开票未进行承兑的支票金额与企业银行账户中的资金进行比较，查看是否足以兑付。
2. 银行承兑汇票管理
（1）对于即将到期，需要由被审计单位的开户银行承兑的，检查是否做好了资金规划。
（2）票据登记簿管理同支票。
</td></tr>
<tr><td>◆ 需要的资料</td><td>
结合上面的说明，审计时通常需要以下资料：
（1）财务制度；
（2）票据登记簿；
（3）空白票据；
（4）已开出未领用的票据。
</td></tr>
<tr><td>◆ 常见的问题</td><td>
审计中普遍存在的问题如下：
（1）无相关制度，或有制度但制度规定不完善；
（2）票据登记簿信息记录不完整、更新不及时；
（3）实物与记录不一致；
（4）票据的使用没有记录；
</td></tr>
</table>

（续）

◆ 常见的问题	（5）票据领用人未签收； （6）票据跳号使用； （7）票据发生丢失。

Q3. 票据的管理是否安全？

◆ 为什么要看	票据相当于资金，票据的安全得不到保障，极易给公司造成损失。
◆ 如何去做	**第一步：制度、流程文件的熟悉与梳理** 1. 先找规定、标准 关注点包括票据的保管、票据两章的管理、票据的盘点等。 2. 需要哪些制度、流程文件 财务制度。
	第二步：访谈 1. 访谈谁 财务人员。 2. 访谈哪些内容 （1）票据存放在哪里、哪些人可以接触。 （2）两章保管在哪里，签字加盖章的是否是同一人。
	第三步：测试 下面主要从票据的购买、保管、支付来进行说明。 1. 购买安全 一般来说，公司应根据自身业务情况，购买适当数量的票据，在购买时需要进行申请、审批，并注明之前票据的使用情况，检查购买记录、审批记录（如有）。 2. 保管安全 （1）检查票据的存放是否安全。 观察财务人员日常的作业行为或习惯，注意这些票据平常存放在哪里，存放的地方是否符合规定，是否安全。例如，是存放在保险柜里还是随意摆放。有的出纳喜欢把空白支票放在不上锁的抽屉，这增加了风险。另外，在进行票据盘点的时候，也可以观察这些票据是从哪里拿出来的，保管的地方是否符合规定、是否安全。 （2）印章是如何保管的，两章是否分开保管，保管地点是否安全。对于管理严格的部门，还应要求票据与印章分开保管。 （3）票据的盘点。检查票据是否定期盘点，为什么要盘点，在这里把票据当成现金可能好理解一点。盘点是对前面两章分开、顺序使用这些预防性控制的补充，通过盘点有助于及时发现票据被不当使用的情况。 另外，对于盘点的控制，针对不同的情况产生的风险也是不一样的。例如，从购买、领用、保管到记录及两章与支票的分离都做得很好，如果检查

（续）

◆ 如何去做	时库存实物与账的记录一致，这个时候票据未盘点存在的风险可能就没那么高；相反，如果前期的预防性控制都没有，再加上票据使用频繁，如果不盘点可能产生的风险就相对较高。 3. 支付安全 以支票为例。 （1）关于印章签字：有的公司采取两章确认即财务章＋法人章的形式进行控制，而有的公司则采取签字＋盖章的形式进行控制，这里的控制原则就是不能一人包办，在有条件的情况下最好不要将控制全放在同一个部门。 （2）检查未使用的票据是否存在提前盖章或签字的情况。对于已开具但收款人未领走的票据，检查票据的抬头、金额是否已完整填写。 **【案例：4-21】** 审计人员在对空白支票进行盘点时，发现有一本空白支票都被提前盖了两章，经询问，财务经理表示，自己也知道这样存在风险，但是因为自己同时负责两个区域的财务工作，无法两边同时兼顾，为了方便自己不在岗的时候进行付款，便提前将空白支票的印章盖好，放在出纳处保管。
◆ 需要的资料	结合上面的说明，审计时通常需要以下资料： （1）财务制度文件； （2）票据盘点记录； （3）票据。
◆ 常见的问题	审计中普遍存在的问题如下： （1）两章未分离（公章和法人章）； （2）空白票据提前盖章； （3）票据开具的信息不完整，例如，金额未写，抬头未写； （4）票据未定期盘点。

3. 小结

本部分所涉及的关注点汇总于表 4-7。

表 4-7　票据管理审计关注点汇总

关注类别	具体关注点
建立总体框架	Q. 有哪些票据、谁负责管理
票据的接收、使用与安全	Q1. 票据的收取与处理是否符合规定
	Q2. 票据的使用是否合规
	Q3. 票据的管理是否安全

（五）费用管理

在管理过程中，很多公司对费用的管理都十分重视，而且实践证明，费用也是比较容易出问题的地方，这里单独就此项进行介绍。

Q1. 概况如何？

<table>
<tr><td>◆ 为什么要看</td><td>对费用的情况建立总体的概念，进行初步的数据分析及相关审计范围与重点的确认，防止出现遗漏。</td></tr>
<tr><td>◆ 需要了解哪些信息</td><td>（1）了解费用的种类。包括这些费用中哪些属于固定费用，如水费、电费、宽带费、电话费等。
（2）检查不同类型费用的占比，年度开支、月度开支的总体情况及发生的频率。
（3）查看费用的标准。
（4）查看费用的预算、执行情况。
（5）了解费用的报销及审批规定。</td></tr>
<tr><td>◆ 如何去做</td><td>可以从以下方面入手。
（1）直接询问财务人员。
（2）从序时账中对费用进行筛选，并按月度进行统计分析。序时账中的费用科目名称举例如下。

序时账中含有的费用科目名称举例
<table><tr><th>序号</th><th>科目名称</th></tr><tr><td>1</td><td>管理费用——公司费用——保险费</td></tr><tr><td>2</td><td>管理费用——公司费用——法律顾问费</td></tr><tr><td>3</td><td>管理费用——公司费用——房产税</td></tr><tr><td>4</td><td>管理费用——公司费用——评估、审计费</td></tr><tr><td>5</td><td>管理费用——公司费用——诉讼费</td></tr><tr><td>6</td><td>管理费用——日常办公费用——业务招待费</td></tr><tr><td>7</td><td>管理费用——日常办公费用——通信费</td></tr></table>
上表中的科目层级是用分隔符“——”来进行分隔的，如管理费用（1级）、公司费用（2级）、保险费（3级）。
（3）查询科目余额表（导到最末级）。
（4）确认费用标准的来源，可能有些是在制度中明确规定的，有些是需要每个年度进行另外审批的。
（5）了解费用相关的预算。</td></tr>
</table>

Q2. 费用的报销是否合规、支持性资料是否完整？

<table>
<tr><td>◆ 为什么要看</td><td>如果缺乏有效控制易给公司造成损失。</td></tr>
<tr><td>◆ 如何去做</td><td>第一步：制度、流程文件的熟悉与梳理
1. 先找规定、标准
这里是一个泛指，可能是公司明确的制度文件，也有可能是公司内部发</td></tr>
</table>

（续）

<table>
<tr><td rowspan="3">◆ 如何去做</td><td>的一个文件或是公司的一个口头规定、一封邮件等，这就需要审计人员在访谈的时候询问财务人员、人事或是相关业务费用发生部门的人员。
2. 需提取的关注点
（1）金额规定、级别规定、区域规定，如到中心城市出差（北、上、广、深），经理级住宿标准为 800 元 / 天 / 间，普通员工为 600 元 / 天 / 间。
（2）事前是否需要审批。比如出差申请、培训申请、招待申请、礼品申请、加班申请等。
（3）支持性资料。报销时要求提供哪些具体的资料。
（4）审批层级。对于费用的申请、审批是否设置相应的审批权限。
3. 需要哪些制度、流程文件
财务制度、权限手册。</td></tr>
<tr><td>第二步：访谈
1. 访谈谁
财务人员，也可以延伸至相关的报销人。
2. 访谈哪些内容
（1）费用报销需要哪些支持性资料。
（2）哪些费用有明确的标准，如差旅费用、会务费用、招待费用等。
（3）如何保证费用的支付不超预算，如超过预算怎么处理，目前是否发生超预算的情形。
（4）有合同的，是否要求提供相应的合同。</td></tr>
<tr><td>第三步：测试
可以先做一个穿行测试，这里重点介绍抽样测试。
1. 如何选样
（1）先做数据分析，根据分析的异常进行抽样，建议如下。
a. 费用的变化趋势是否异常，可以按月度或发生的周期进行分析，这里主要是针对发生的具有规律性的费用。
b. 费用的合理性。根据审计对象的业务情况，某些费用不可能发生或是发生的频率、金额与实际不符。例如，在审计的时候，发现某个公司的员工基本不加班，但是公司的账上每个月都有很多加班费，审计人员就要注意其可能是公司借此发放补贴等。
（2）根据费用类型进行分层。建议可以先每种类型选择一些样本，了解每种类型费用的特点，建立一个总体的框架，根据抽样结果、前期数据分析情况，结合访谈、公司的业务特点等因素，进行进一步的判断抽样。
（3）优先选择金额异常的、发生频率异常的样本。
（4）注意摘要内容，对于摘要内容异常的要予以重视。
提醒：上述方法是要结合运用的，除非有规定，不要为了凑样本数量而抽样。通常情况下，建议有问题的多抽，没有问题的少抽。
2. 如何检查
（1）检查是否超预算（如有规定）。可以先用累计数测一下总额，即一定期间某一类费用的累计发生额是否超过规定的预算总额。</td></tr>
</table>

（续）

◆ 如何去做	（2）检查应该事前审批的事项是否符合规定（如有规定）。例如，检查是否有申请，批准的金额上限是否超过，批准的内容与实际是否一致，如申请是买支笔，结果买了个包。 （3）检查时间的先后顺序是否异常。例如，事前申请变成事后、付款先于审批、发票晚于付款、付款与合同规定节点不符等。 （4）检查是否超过规定的标准，如被审计单位的标准、政府标准、合同规定等。 （5）检查支持性资料是否齐全，不是只有审批和发票就可以了。 （6）检查申请人与审批人是否为同一人。 （7）检查审批权限是否符合规定，另外要注意是否存在拆分的情况。例如，1 万元以上要审批至公司总经理，结果拆成两笔 5000 元分别报销。
◆ 需要的资料	结合上面的说明，审计时通常需要以下资料： （1）相关制度、流程文件； （2）预算； （3）序时账； （4）财务凭证及相关支持性资料； （5）合同。
◆ 常见的问题	审计中普遍存在的问题如下： （1）费用超预算未进行额外审批； （2）费用报销未按规定事前审批； （3）费用超标； （4）先付款后审批； （5）申请人与审批人为同一人； （6）费用付款的支持性资料不完整。

（六）付款管理

这里集中对付款管理进行说明。

Q. 付款到底检查什么？

◆ 为什么要看	很多时候，尤其是对于一些新手来说，在检查付款时，对于要检查什么，用什么标准来评估，不是很清楚，结果就会出现虽然是同样的样本，但有的人看了觉得没问题，有的人看了就能发现问题的情形。
◆ 检查什么	（1）形式上的审批。这是最基本，也是最简单的环节，只要依据相关的规章制度、审批权限做对比即可。那么相关人员都按规定签字了是不是就可以了？在实际的管理中，常会出现这样的情况，举例如下。 a. 审批从众。审批环节设置流程太长，后面的人觉得既然前面的人批了，那肯定就没问题，我跟批就行了。

（续）

◆ 检查什么	b. 授权不清，疲于应付。因为缺乏明确、有效的授权机制，导致领导每天花费大量的时间处理日常的付款审批工作，对于一些不重要的审批选择跟签。 c. 审批人可能并不清楚要检查什么，只是因为有这个工作要求。 因此，只从形式上满足审批要求并不够，还要看清其实质。 （2）时间异常，不合逻辑。例如，先付款，后审批。 （3）一致性。可以关注以下几方面。 a. 请款对象与收款对象是否一致。 b. 支持性资料与付款内容是否匹配。 c. 合同规定是否一致，如合同规定的单价、数量、金额、付款节点、付款条件。 d. 发票是否一致。包括发票抬头与公司名称是否一致，发票金额与付款金额是否一致，开票单位、收款方、合同方是否一致。目前税务上要求的是“三流合一”。 e. 审批金额与付款金额是否一致。通常为了防止恶意涂改报销单上的数字，数字必须也要大写，且不得涂改。 f. 审批意见与执行是否一致，如审批意见是当月不付款，结果当月付了。 （4）支持性资料是否完整。光有审批是远远不够的，那么除了审批还需要什么资料？ a. 采购：采购申请单、比价结果确认表、采购订单或合同、采购验收、发票。 b. 工程进度付款：工程进度确认表或工程验收单（注意完工情况是否描述清楚，不能只写“按合同付款”）、工程合同、发票。 c. 招待费付款：招待申请、发票。 d. 培训费付款：培训申请、课程介绍、合同或订单、发票、课程资料，对于集体性的培训，还应当有培训的活动照片等。 e. 会务费付款：会议通知、会议议程、会议签到记录、会议纪要、发票、会议预算（如有）。 f. 办公用品：办公用品清单（加盖对方单位公章）、验收记录、发票、合同（根据情况）。 g. 咨询费：合同、发票、成果文件等。 h. 广告费付款：广告合同、发票、广告证明资料，如户外广告牌的照片、短信清单、报纸及杂志广告的原件。 i. 宣传活动付款：合同、发票、活动现场的照片等。 j. 外包服务采购：合同、发票、服务考核（如合同有规定）、服务验收等。 （5）是否违反标准、规定。例如，是否违反差旅补贴费、住宿费、交通费、招待费、福利费的标准。 （6）预算。针对进行预算控制的企业，注意是预算内的付款还是预算外的付款，对于预算外的付款检查是否按规定进行审批。

（续）

◆ 检查什么	（7）检查请款审批单上的内容。这里主要是指请款理由、请款事件描述、签字人意见等信息。例如，要求次月再付的，是否在当月就付了；要求收到发票后进行付款的，付款时是否收到了发票；要求付一半的，有没有超付等。

（七）往来管理

1. 先搭框架

Q1. 公司有哪些往来，用途是怎样的？

◆ 为什么要看	对公司的往来情况有一个整体的认识，了解往来科目的用途。
◆ 如何去做	（1）通过科目余额表获取审计对象的往来情况，有哪些往来科目，发生额、余额的情况，形成原因（主要针对一些非常规项）。 （2）往来科目的用途是否明确，尤其是一些名称奇怪的或是同一个一级科目下设置名称比较类似的二级科目。 **【案例：4-22】** 审计人员发现，A公司的“其他应收款”科目下分别设置了“其他应收款——备用金”和“其他应收款——员工借款”，且都有发生额，于是就这两个科目的用途和区别询问了使用这两个科目记账的财务人员，结果有的答复“两个都可以用来记员工借款，没有区别，自己做账时也没有刻意区分”；有的答复“不知道有什么区别，好像都一样”；有的答复“备用金科目是用来记录员工长期的备用金，员工借款是用来记录短期或临时的”。试想，在这样的情况下，如何保证科目中的数据是准确的。对于科目的使用缺乏明确的规范，每个人都按照自己的理解在里面记账，试想，如果有员工离职，负责查欠款的人员只查了其中一个科目，会发生什么情况？
◆ 需要的资料	结合上面的说明，审计时通常需要以下资料： （1）科目余额表； （2）序时账； （3）账龄分析表。

Q2. 是否对账龄进行定期跟踪，对其中异常事项是否及时上报和处理？

◆ 为什么要看	缺乏对往来账龄及时、有效的跟踪及处理，可能无法及时发现潜在的坏账，并及时采取有效的措施，使公司蒙受损失。
◆ 如何去做	**第一步：制度、流程文件的熟悉与梳理** 1. 先找规定、标准 关注点包括是否要求做账龄分析、周期是多久、如何处理异常事项等。 2. 需要哪些制度、流程文件 财务制度。

（续）

<table>
<tr><td></td><td>第二步：访谈
1. 访谈谁
财务人员、相关的业务人员。
2. 访谈哪些内容
（1）是否定期编制账龄分析表，多久编一次。
（2）对异常事项是如何处理的，是否有专人进行跟踪处理。
（3）有哪些账龄较长的往来事项，原因是什么（分别询问财务人员和业务人员）。
（4）是否存在收不回来的款项，已采取或是计划采取什么措施（分别询问财务人员和业务人员）。
（5）谁负责跟催，是否定期上报账龄情况。</td></tr>
<tr><td>◆ 如何去做</td><td>第三步：测试
1. 如何选样
获取审计期所有的账龄分析表或报告（如对方已编制），以便于了解整体的情况，同时也防止相关人员在审计人员到来前，对于一些异常的情况进行特殊处理，如借新还旧等。可以先查看截至审计期的或是最近 1~2 期的分析表，然后根据情况再进行延伸。
如果对方没有编制相应的分析表或报告或是拒不提供该怎么办?
（1）获取对方的财务年审报告。关注里面关于往来账龄的部分是如何披露的，是否存在异常事项。
（2）自行进行手工分析。借助科目余额表和序时账或相关科目明细账来实现。首先，获取截至审计日往来科目的余额，细到最末一级；然后通过序时账，对应找到相应的项目明细，通过梳理对应项目的发生时间、金额，匡算出截至审计日科目余额表上所列项目的大致账龄。例如，审计日科目余额表上显示，“其他应收款——A 员工”借方余额为 5 万元，随后在序时账中，筛选出“其他应收款——A 员工”所有明细，看该笔借款是怎么形成的，通过形成的时间、中间的变化过程来对账龄进行匡算。
（3）通过审计软件进行分析。
（4）对于业务类的欠款，审计人员可以直接从业务部门获取，如房产销售、房产租金等。
2. 如何检查
（1）检查账龄表或报告的编制、异常事项的处理是否合规。在审计时，如果有的单位表示根本没有必要编制账龄表或报告，一切尽在掌控之中，审计人员不可偏听偏信，必须要对往来实际的发生量、账龄的情况进行检查和测算。
（2）检查异常项为什么仍未解决，原因是什么，是否合理，是否涉及相关业务的控制失效等，如催款不及时、赊销审批不合规等。
（3）检查对于异常项是否有解决方案，管理层是否知晓。
（4）检查账龄分析表或报告除显示账龄信息外，是否对相关的情况、原因进行分析，并采取相关的措施。在审计时，如果对方仅仅将往来账的账龄进行统计是远远不够的，还需要分析挂账的原因，并将挂账情况通报相关</td></tr>
</table>

（续）

◆ 如何去做	业务部门进行催缴，必要时汇报给管理层。所以，审计人员需要注意，有账龄表不代表就万事大吉了。 **提示：**对于往来款，可以结合银行存款余额调节表的未达账项、业务部门的欠款情况进行综合评估。
◆ 需要的资料	结合上面的说明，审计时通常需要以下资料： （1）相关制度文件； （2）账龄分析表、分析报告； （3）账龄异常处理报告； （4）年度财务审计报告； （5）科目余额表、序时账或对应往来科目明细账； （6）业务部门欠款台账。
◆ 常见的问题	审计中普遍存在的问题如下： （1）无相关制度，或有制度但制度规定不完善； （2）未编制账龄分析表或分析报告； （3）账龄表形同虚设，只是为了应付检查； （4）异常事项的处理不合规，或是无人管理。

Q3. 如何利用账龄表、科目余额表进行分析和检查？

◆ 为什么要介绍	账龄表与科目余额表里面反映的信息很多，如果能对其进行有效的利用，则有助于提高审计的效率和效果。
◆ 如何去做	**第一步：初步的分析与整理** 1. 注明原因、列明措施 将截至审计日的账龄表或科目余额表进行初步整理，列明形成原因、已采取或即将采取的措施。这里的目的是形成一个整体上的概念，以免遗漏，这是原始数据源，这一步很重要。根据初步分析和整理的结果，对于往来项目形成原因合理、期限正常的，可以暂不关注，将重点放在异常项目上。 2. 常见的异常原因列示如下 （1）历史遗留事项。前期了解情况的人员离职了，接任人不清楚，想解决无从下手；或是形成历史悠久，根本找不到对方相关的人员等。 （2）责任主体不明确。财务部门仅负责将欠款情况告知业务部门，但对于业务部门催不催、是否积极去解决并无监督。 （3）对需付出的款项采取“不主动、不拒绝”的方式，没人来找，就不付。 （4）欠款人找不到或无力偿还，如果公司采取法律措施，成本又太高，但公司也不愿走坏账核销程序，有的是因为不知道走什么程序，有的是觉得核销程序太复杂，抑或是怕被上层领导批评。

（续）

<table>
<tr><td></td><td>

小贴士

内部挂账无人关注

这是在审计中比较容易忽视的一个地方，有的时候，审计人员在审计时遇到集团内部的挂账情况会觉得，反正是集团内部的公司，没什么问题。但是，有的财务人员或被审计单位领导恰恰会利用审计人员的这种心理，通过与集团公司之间挂往来账，来处理一些无法处理的账务。所以，审计人员要重视内部单位之间的往来挂账，尤其是时间长、金额大的情况。

【案例：4-23】

某集团公司的财务系统中设置了专门针对内部公司往来挂账的控制，即A公司账上做一笔“应收账款——B公司”分录后，系统会自动向B公司发一个确认链接，B公司确认后，在B公司会生成一笔等金额的分录“应付账款——A公司”。审计人员在审计时发现，A公司与B公司之间有大量的未确认往来，经审计人员核对后，发现存在多笔金额无法匹配的账务。根据公司的制度规定，各公司间应当每月对往来进行核对确认。后来发现存在的问题一是双方没有建立定期核对机制，二是财务人员为了方便会将一些找不到出处的账挂在往来里，准备查到原因后再进行处理。

</td></tr>
<tr><td>

◆ **如何去做**

</td><td>

第二步：关注异常项

（1）账龄异常。违反公司的相关规定或是合同规定等。

（2）挂账明显与公司常规做法或公司规定不符。

【案例：4-24】

公司规定员工个人借款不得超过3万元、期限不超过3个月，审计人员在实际审计时发现存在不符合规定的情况；公司规定只有采购部经理及以上人员才能申请长期备用金，结果发现普通采购人员也申请了。

【案例：4-25】

审计人员在对员工借款进行检查时，发现财务经理名下挂了十几万元的员工借款，且审批只有财务经理本人，后来经证实，因为银行存款未达账项太多又找不到原因，审计人员在上年审计时已经就此事提过整改要求，为了应付审计人员，所以就将这些未达暂放在了财务经理名下。

（3）与公司相关的业务运营情况不符。

【案例：4-26】

公司对于供应商投标保证金，通常的做法是从收到到退还不超过一周的时间。审计人员在审计时发现账上“其他应付款——保证金”某公司的时间超过一个月，且该公司并非中标单位，这就需要注意。

</td></tr>
</table>

（续）

<table>
<tr><td rowspan="1">◆ 如何去做</td><td>【案例：4-27】
某房地产公司将收到的购房意向金挂在“其他应付款——意向金”科目，据了解对于意向金，有的会退给客户，有的转为房款，但最长不会超过三个月。审计人员在审计时发现账上存在大量超过半年的“意向金”，且交款人多为公司员工，那就有可能涉嫌炒房。
（4）违反科目的正常属性。
一般情况下，应收类的科目（应收账款、其他应收款）余额应在借方，如在贷方，说明公司欠对方钱；应付类科目（应付账款、其他应付款）余额应在贷方，如在借方，说明公司欠对方钱。当然，审计人员需要根据各被审计单位的具体情况进行具体的分析。
【案例：4-28】
审计人员在对员工借款进行检查时发现“其他应收款——员工借款——员工甲”的借款余额出现在贷方，即从账上看，公司欠该员工的钱。审计人员询问了财务人员、当事员工，并对账上形成的相关分录及凭证进行了查看，原来是财务人员误操作，多记了。
（5）离职人员欠款是否结清。
将离职人员名单与余额表中的人员名单进行核对，查看“其他应收款——员工借款 / 备用金”项目余额。
（6）借新还旧。审计人员需要将若干期的账龄表进行对比分析，并结合相应的明细分类账，查看是否有某些相似金额、同一个主体的挂账反复出现的情况。</td></tr>
</table>

2. 往来的形成及日常管理

Q1. 往来的形成是否异常？

<table>
<tr><td>◆ 为什么要看</td><td>账龄显示只是最终的状态，只是现象，但起源在哪里，就需要追溯到形成的原因。形成的原因很可能是在相关环节的管控上出现了问题。</td></tr>
<tr><td rowspan="2">◆ 如何去做</td><td>第一步：选样
通过结果反查，即通过选择账龄异常、科目属性异常、金额较大的项目进行结果反查；通过往来明细去检查，选择明细科目中摘要内容奇怪的、金额较大的记录进行检查。
有的时候，对于往来款的检查，不仅要看已入账的事项，必要时还需检查一下已有单据但未入账的事项，可以要求对方提供已发生但未做账的单据。</td></tr>
<tr><td>第二步：检查什么
主要依据制度规定并结合公司的业务情况进行检查，既要合规也要合理。下面列举一些常规的项目。</td></tr>
</table>

（续）

◆ 如何去做	1. 资产类科目 关注借方、贷方，如关注贷方出现余额的原因，但出现贷方余额不代表有错误。 （1）应收账款。一般情况下，该科目与销售业务模块一起审计。 a. 检查欠款人是否存在逾期的情况，逾期的原因。 b. 检查逾期的处理是否符合公司的相关规定，例如，催缴的处理、延期的处理等。 c. 检查应收记录是否准确，是否存在记录错误的情况。 （2）其他应收款——备用金或员工借款。 a. 检查金额是否符合公司的规定、是否按期归还、审批是否合规、审批时间是否滞后。对于上市公司审计需注意，是否违反相关的法律规定，是否违反公司章程；对于合资公司审计则需注意，是否违反合资协议、章程。 b. 检查收款人与申请人是否为同一人。 c. 检查人员是否离职。 d. 检查是否符合员工的业务特点或岗位职责。 **【案例：4-29】** 审计人员在审计时发现很多员工的借款超过一年，金额从 4 万元到 10 万元不等，其中有很多员工根本不负责对外事项。事后得到证实，这些是公司变相给员工的借款福利。 （3）其他应收款——水电费。对于公司代收代缴的水电费，应注意欠款期限。 **【案例：4-30】** 审计人员在检查中发现，账上有大量的水电费欠缴，且时间较长，经询问，该部分欠款为施工企业应承担的费用，本应从工程款中扣除，但因公司财务人员、工程人员变动，未及时进行处理。 （4）预付账款。一般与采购业务模块一起审计。 a. 检查预付账款是否符合相关规定，有的公司是不允许预付账款的。 b. 检查预付账款的审批记录。 c. 检查合同规定、付款节点、付款金额等是否一致。 d. 检查发票的开具金额、开具时间。 e. 检查预付期限较长，明显超过合同约定周期的事项。例如，根据合同规定，合同履行完成需要一个月，结果预付款挂了三个月，这就要予以重视。 f. 检查预付账款前需要对方提供保证或保函的，对方是否提供，是否合规、是否足额、是否在有效期内。 **【案例：4-31】** 审计人员在财务账上发现存在代垫的物业费，时间超过 4 个月，经了解，因为施工质量问题业主未收房，导致公司代垫物业费。根据施工合同规定，该部分代垫费用需要从施工方收回。但是目前无人管理，代垫费用也未收回。

（续）

◆ 如何去做	2. 负债类的科目 （1）应付账款。一般与采购业务模块一起审计。 如果不考虑公司的信誉风险、逾期不付款被起诉的风险，应付账款的风险相对较小，主要存在对该科目进行乱挂账的情况。审计人员应关注合同规定、金额、付款节点、发票、挂账的期限。 （2）其他应付款——保证金。对于超过业务正常时间却未退还的保证金，要予以重视。
◆ 需要的资料	结合上面的说明，审计时通常需要以下资料： （1）相关制度文件； （2）科目余额表、序时账或往来明细账； （3）账龄分析表； （4）相关的合同（根据情况）。
◆ 常见的问题	审计中普遍存在的问题如下： （1）挂账的金额不合规定； （2）挂账的期限不合规定； （3）挂账无依据。

Q2. 坏账的处理是否合规、合理？

◆ 为什么要看	坏账本身就是管理中的异常事项，同时，可以通过坏账反查形成的原因，延伸对其他管理控制问题进行检查。
◆ 如何去做	**第一步：制度、流程文件的熟悉与梳理** 1. 先找规定、标准 关注点包括坏账的计提标准、核销的处理审批规定。 2. 需要哪些制度、流程文件 财务制度。
	第二步：访谈 1. 访谈谁 财务人员、业务人员。 2. 访谈哪些内容 （1）对于坏账的计提与核销是否有相关的规定，实际是否会执行。 （2）坏账的计提标准，计提与核销需要经过什么流程。 （3）目前账上计提和核销的坏账是什么原因引起的，管理层是否知晓。 （4）账上反映的应收账款是否与合同规定一致，这里需对收入确认方法进行了解，查看是收付实现制还是权责发生制。如果收回概率较小，财务人员会不会先按合同规定在账上将其列入“应收账款”，还是根本就不在账上体现。

（续）

◆ 如何去做	**第三步：测试** 可以采取穿行测试与抽样测试相结合的方式，这里重点介绍抽样测试。 1. 如何选样 建议全查。可以通过选择坏账相关科目并结合业务部门提供的欠款信息进行检查。 2. 如何检查 （1）检查坏账的计提是否符合规定，计提金额是否充足，结合往来余额中显示的欠款情况进行比对。 （2）检查核销的坏账是否符合相关规定，手续是否齐全，是否有监督。 （3）检查坏账是如何形成的，原因是什么，延伸至相关业务的控制。 （4）检查是否存在通过少计“应收账款”来避免可能发生的坏账处理的情况。
◆ 需要的资料	结合上面的说明，审计时通常需要以下资料： （1）相关制度文件； （2）坏账明细及计提、核销资料。
◆ 常见的问题	审计中普遍存在的问题如下： （1）无相关制度或有制度，但制度规定不完善； （2）坏账计提不合规定； （3）明明无法收回，也不做坏账处置； （4）核销不合规。

3. 小结

本部分所涉及的关注点汇总于表4-8。

表4-8　往来管理审计关注点汇总

关注类别	具体关注点
建立总体框架	Q1. 公司有哪些往来科目，用途是怎样的
	Q2. 是否对账龄进行定期跟踪，对其中异常事项是否及时上报和处理
	Q3. 如何利用账龄表、科目余额表进行分析和检查
往来的形成与日常管理	Q1. 往来的形成是否异常
	Q2. 坏账的处理是否合规、合理

第三节　本章总结及思路分析

一、本章总结

财务审计不要仅仅局限于财务业务本身。财务在一定程度上可以说是公司所有业务最终结果的体现，就像是一扇窗户，透过它你能了解很多其他的资讯，如采购信息、销售信息、处罚信息等，它可以协助审计人员找到其他业务控制中可能存在的问题。审计人员在做财务审计时，对其中发现的问题应做适当的延伸，并将发现的异常及时分享给审计小组的其他成员，以提高审计的效率、效果。

本章主要为大家提供一个思路，在实际工作中，每家公司的情况不一样，需关注的点也会有所差别，具体审计时需要因地制宜。下面将一些上文未提到，但个人觉得需要进行关注的地方在这里做一个简单的说明，供大家参考。

营业外支出。该科目一般会放一些损失类的项目，如固定资产清理损失、对外捐赠、罚款等，需要关注发生的原因，审批是否合规，手续是否完备，是否符合制度标准等。

营业外收入。主要检查发生的业务是否合规，为什么会发生。例如，对于罚款收入需延伸至罚款管理，查看罚款是否合规、是否及时上缴，是否存在该罚未罚的情况等。

其他业务收入、其他业务支出。建议适当关注。

担保管理。担保风险大，行事须谨慎。

二、财务管理审计的总体思路

表 4-9 整理了财务管理审计的总体思路，也是对本章内容的一个概括，供大家参考。

表 4-9　财务审计总体思路

关注模板	思路分析
财务系统管理	权限（不相容、匹配）、业务牵制、安全（数据安全、环境安全）
预算管理	计划、执行、调整、自我检讨（PDCA）
货币资金管理	总体的目标就是该收到的没有丢，付出去的都符合规定，有据、有迹可循。涉及现金管理、银行存款管理、理财管理、付款管理、票据管理
费用管理	不超标、不乱花、付出合规有依据
往来款管理	形成合规、合理；事后定期追踪、及时处理；责任要落实；坏账该提还得提、该销还得销，处理要合规

第五章　采购管理审计

采购是重要的“花钱”部门，也是发生舞弊事件频率较高的部门，审计人员在审计时要特别注意。采购业务涉及的范围较广且种类繁多，不同品种有不同的特点，需要一定的专业知识。虽说审计人员不可能变成百科全书，但是对于其中需重点关注的项目，应具备基本的常识，必要时进行进阶学习，同时多与使用人员、采购人员或相关技术人员沟通。

第一节　进场前的准备

一、整体框架

在具体介绍采购审计相关事项前，先介绍一下采购业务的基本流程，如图 5-1 所示。

采购计划	• 一般采用年度计划的方式，对年度预计采购的项目进行整体规划，不是所有单位都有采购计划
采购申请单	• 确定要不要采购，这里是对采购的再次确认，包括计划内和计划外
供应商选择	• 如何选择合适的、性价比高的供应商
采购订单 / 合同	• 确定供应商后，签署订单或合同，订单也是合同的一种形式
验收	• 根据订单或合同的规定进行验收
付款	• 验收合格、收到发票后，根据订单 / 合同的规定，向供应商付款。也有可能存在预付的情况
供应商管理	• 好的留下，不好的剔除，“罪不至死”的督促对方好好改正

图 5-1　采购业务基本流程

二、资料收集

下面提供一份进场前需准备的资料清单供大家参考，详见表 5-1。

表 5-1 资料清单示例

类别	资料清单
一、进场前需要对方提供的资料	1. 采购制度、流程 2. 采购人员架构、职责分工 3. 审批权限表 4. 审计期间发生的采购清单 5. 合同清单（对于没有设置专门采购部门的或是无法提供采购清单的，可以通过合同清单来了解审计期间发生的采购情况） 6. 合格及不合格供应商清单（并标注哪些是审计期间新增的、拉黑的） 7. 系统人员权限表（对于有采购系统的） **注：**离职人员清单，可以进场后再要，免得对方提前有所准备
二、采购清单	采购清单是审计检查的基础，通过采购清单可以方便审计人员对审计期间的采购情况进行总体的了解，并可以通过采购数据的分析、整理，进行样本的选择。 1. 采购清单的信息 （1）基本信息：订单号、时间、金额、采购内容 （2）附加信息：采购类型（询比价、招投标等） 2. 采购清单的取得 （1）有系统的：可以直接从系统中导出 （2）手工制表：要求相关的采购人员提供 （3）没有系统、没有制表。可以通过对方的合同台账进行整理，当然，如果有一些没有合同的就没法统计了；从财务序时账中筛选付款，需带辅助核算

第二节 具体审计实施

一、采购人员道德管理

Q. 是否要求采购人员签署道德协议并按规定执行？

◆ 为什么要看	签署该协议的目的是保护公司的采购数据不被泄露，同时也可以对采购人员进行道德上的约束，保证采购过程不存在舞弊行为。另外，该协议也是公司对员工的一种监督，对公司起着保护作用。

（续）

◆ 如何去做	**第一步：制度、流程文件的熟悉与梳理** 1. 先找规定、标准 关注点包括什么时候签、协议的具体规定如何等。 2. 需要哪些制度、流程文件 采购制度、人事制度。
	第二步：访谈 1. 访谈谁 采购人员、人事。 2. 访谈哪些内容 （1）询问采购负责人或人事相关人员，公司是否要求采购人员签署道德协议。 （2）获取审计期间的采购人员名单（包含审计期间离职的、部门发生调动的），检查相应的签字协议。
	第三步：测试 获取采购人员名册，并追踪至相应的道德协议，从合规的角度进行检查。
◆ 需要的资料	结合上面的说明，审计时通常需要以下资料： （1）相关制度文件； （2）采购人员名册； （3）协议。
◆ 常见的问题	审计中普遍存在的问题如下： （1）公司中没有相关的制度； （2）公司未要求采购人员签署相关协议； （3）存在人员漏签的情况。

二、采购执行管理

（一）采购计划管理

Q. 采购计划是否有效执行？

◆ 为什么要看	采购计划管理的好坏，一定程度上决定了一个企业采购效率的高低、成本控制的好坏；另外，在预算内或预算外发生采购对审批的管控是不一样的。下面对制定采购计划的目的进行说明。

（续）

<table>
<tr><td>◆ 为什么要看</td><td>（1）提前对次年需购买的项目进行综合评估，以确定采购的必要性。对于发生频率固定、预计年度采购累计金额较大的项目进行集中采购，提高采购的效率，同时获得价格优势。另外，这样做有利于对成本、费用进行有效控制。
（2）对于公司预计发生的采购项目进行提前规划，给采购人员提供充分的准备时间，避免因时间紧急而无法进行充分比价；避免相关技术指标因时间紧无法细化甚至缺失，致使选择的供应商不符合要求，或是采购的物品不能满足需求。
【案例：5-1】
根据某公司制度规定，零星采购可以不进行三家比价，金额达到 30 万元以上的，需要进行邀请招标。审计人员在审计中发现，该公司每年都会对商业运营项目进行零星维修，根据以往年度发生的采购数据分析，维修的项目、维修的频率、累计发生金额基本相同。虽然每笔采购发生时的金额在 1 万 ~2 万元，但是每年的累计采购金额达到了 30 万 ~40 万元，且供应商也基本固定。该公司在过去年度都是在发生时进行采购，且每次时间都很匆忙。这种采购方式合理吗？</td></tr>
<tr><td rowspan="3">◆ 如何去做</td><td>第一步：制度、流程文件的熟悉与梳理
1. 先找规定、标准
关注点包括什么时候做、如何做、如何审批，是否有人定期对计划与执行情况进行分析。
2. 需要哪些制度、流程文件
采购制度。</td></tr>
<tr><td>第二步：访谈
1. 访谈谁
采购负责人。
2. 访谈哪些内容
（1）是否制定采购计划，具体是如何执行的，与制度规定是否存在差异，采购计划主要针对哪些采购项目，如果编制，获取相关的采购计划、计划执行情况对比分析及相关的审批资料。
（2）哪些项目是频繁发生，但是没有进行集中采购的，常见的如零星维修项目。
（3）对于应当编制采购计划的项目，发生了计划外采购是如何操作的。
（4）采购计划是否定期进行调整，发生调整时是否需要进行审批。</td></tr>
<tr><td>第三步：测试
建议关注以下方面：
（1）采购计划的制定、审批是否符合相关规定；
（2）采购计划与执行情况的对比分析，关注计划制定的合理性，如果差异很大，说明编制中存在问题；</td></tr>
</table>

（续）

◆ 如何去做	（3）是否存在寅吃卯粮的情况； （4）发生计划外采购或计划调整时是否按规定审批。
◆ 需要的资料	结合上面的说明，审计时通常需要以下资料： （1）相关制度、流程文件； （2）审批的采购计划及执行情况分析报告； （3）计划外项目采购审批。
◆ 常见的问题	审计中普遍存在的问题如下： （1）无相关制度，或有制度但制度规定不完善； （2）未进行采购计划管理； （3）计划外项目未按规定进行审批； （4）采购计划发生调整时未按规定进行审批。

（二）请购管理

Q1. 采购申请单的设计是否合规、合理？

◆ 为什么要看	采购申请单的设计是否合规、合理，在一定程度上决定了请购的控制是否有效。采购申请单是作为采购发生的前置控制环节，决定了采购的发生与否。
◆ 如何去做	**第一步：制度、流程文件的熟悉与梳理** 1. 先找规定、标准 关注点包括申请单的填写要求、审批要求等。 2. 需要哪些制度、流程文件 采购制度、采购申请单模板、权限表。
	第二步：访谈 1. 访谈谁 采购人员、相关采购申请单填写人、审批人。 2. 访谈哪些内容 采购申请单在使用中是否存在问题。
	第三步：测试 获取在用的采购申请单模板，如果存在多种采购申请类型，应分别检查，通常来说，采购申请单需要满足的控制点如下。 1. 需求明确的控制 需求填写的不清楚会直接影响后期采购的效率，同时也不利于对价格或成本进行较好的控制。例如，申请采购项目为：电视一台，扳手一个。这样的填写方式会导致可选的范围和变化的空间太大，采购的结果就会千差万别。

（续）

<table>
<tr><td></td><td>因此，要求通过对表单的设计，规定采购申请人必须对需求信息进行较为详细的说明，必须明确某些参数。对于一些复杂的项目，还需要提供相应的图纸、技术指标等。很多时候，关键信息填写不完整也会影响采购效率，并导致成本的增加。例如，明明可以有充分时间选择供应商、给予供应商充足的交货时间，因为申请人信息填写不完整，导致相关人员将大量的时间浪费在了技术指标的沟通上。一方面，采购时间被大幅度压缩，从而使采购人员缺乏充足的时间在市场中对供应商进行充分选择，导致竞争不充分；另一方面，供应商正常的生产时间被压缩，导致生产成本增大，从而使公司的采购成本增大。
2. 外部采购的控制
这一步直接决定了后续是否真的需要采购，简单来说，就是到底要不要买。从牵制的角度来说，应由独立于请购、采购以外的部门，对是否需要进行外部采购进行复核与审批，以避免发生多余的采购。例如，某部门申请采购笔记本一台，IT 部门接到申请后，发现公司仓库中有闲置的笔记本，则无需另外采购。在采购申请单上，至少应该有两个控制点。
（1）申请人的部门负责人从业务的角度考虑该采购目前是否必要、是否可以暂缓、是否确实没有其他替代的办法。
（2）物资管理人从是否有库存的角度来判断是否可能内部解决。
提示：这里在进行控制的设计时，不能把判断的责任全放在一个部门，不利于进行有效的牵制。
3. 预算或计划的控制
对于公司进行采购预算或采购计划控制的，应有专门的人员对是否超预算、超计划进行判断和确认。
对于预算或计划的控制，为了保证牵制的有效性、数据的准确性，不建议由请购部门自行控制。
4. 审批权限的控制
采购申请单上的审批权限设置应与公司审批生效的授权体系中的规定一致。
5. 估价或成本的控制
（1）估价是管理层针对采购项目是否必要，从成本或费用控制的角度上进行的判断。
（2）控制采购成本，起到限价的作用。

【案例：5-2】
审计人员询问对方在采购前是否需要提交相应的采购申请，对方表示会做，然后提供了相应的申请单。审计人员发现，采购申请理由列示为圣诞活动，预算 4 万元，至于具体要求是什么，没有注明。</td></tr>
<tr><td>◆ 如何去做</td><td></td></tr>
<tr><td>◆ 需要的资料</td><td>结合上面的说明，审计时通常需要以下资料：
（1）相关制度、流程文件；
（2）采购申请单；
（3）审批权限表。</td></tr>
</table>

（续）

◆ 常见的问题	审计中普遍存在的问题如下： （1）采购申请单设计不够合理，不相容职责未分离，例如，请购部门自行确认库存，自行确认是否超预算等； （2）采购申请单中缺乏对库存的判断。

Q2. 请购的执行是否有效？

◆ 为什么要看	控制设计得再好，最终都得落地，如果不能有效执行，其也是失效的。
◆ 如何去做	**第一步：制度、流程文件的熟悉与梳理** 1. 先找规定、标准 关注点包括采购申请单的使用、请购的审批等。 2. 需要哪些制度、流程文件 采购制度。
	第二步：访谈 在基本问题之外，增加如下问题： （1）询问采购人员，在实际执行中是否所有的采购项目都需要先进行请购审批，如果不是，哪些需要，哪些不需要； （2）是否存在后补采购申请单的情况； （3）采购申请单一般多久处理完，是否存在长期处于请购状态的情况，原因是什么； （4）是否存在申请人员在填写采购申请单时，不能提供及时、清晰的关键信息或技术指标的情况。
	第三步：测试 可以采取穿行测试与抽样测试相结合的方式，这里重点介绍抽样测试。 随机抽样，或是选择异常的样本，或是在检查采购单或采购合同时，延伸至前端的采购申请单。检查时，建议关注如下方面。 （1）选择采购单或采购合同，反查至对应的采购申请单，检查申请流程是否执行。 （2）采购申请单中关键信息或技术指标是否明确，例如，是否清晰列示需要的功能、功率，工程项目有没有明确的图纸等。 （3）是否按规定进行审批。 （4）申请人与审批人是否为同一人。 （5）采购申请单上的信息是否发生涂改。 （6）采购申请单发生涂改后，是否需要进行再次审批，尤其是一些关键信息的修改。从控制的角度上看，不得在采购申请单上进行随意涂改，如发生变动应重新进行审批。

（续）

◆ 如何去做	（7）请购的预估价是否合理，是否起到牵制作用，这里需求注意两个问题，一是估价是否合理，估价不能乱估，过高不利于成本的控制，过低可能导致后期采购无法完成，影响采购的效率，估价应有一定的依据；二是后期的采购是否会受到前期估价的限制，还是可以随意采购。这里在进行检查时，需将采购订单或合同的最终价格与采购申请单上的估计价格进行差异测算，对于其中差异较大的（包括正向和负向的）事项进行关注。 **【案例：5-3】** 审计人员将采购申请单上的估价与采购合同及所有供应商报价的金额进行对比，发现采购申请单上的金额低于供应商报价的金额和最终合同签署的金额。询问原因时对方表示，申请的金额就是随便写写的，最后签合同时还是要审批的，没什么问题。 （8）对不需要的采购申请单是否及时处理。获取尚未处理的采购申请单，关注未处理的原因。
◆ 需要的资料	结合上面的说明，审计时通常需要以下资料： （1）相关制度、流程文件； （2）采购申请单； （3）审批权限表。
◆ 常见的问题	审计中普遍存在的问题如下： （1）请购制度不完善或没有； （2）采购申请单未按规定审批； （3）请购需求取消或发生变动时，采购申请单未进行相应的处理； （4）采购申请单发生修改未再次审核； （5）采购申请单中必要的关键信息未填写完整或未及时提供。

（三）供应商的选择

Q1. 是否熟悉和了解采购概况？

◆ 为什么要看	熟悉和了解采购概况有利于审计人员建立全局观，选择和确认审计重点与审计范围，防止遗漏。
◆ 要了解什么信息	针对一些常用的信息，举例如下。 （1）目前公司有哪些类型的采购，如工程类、广告、行政、服务等。 （2）是否有专门的采购部，采购部是否负责公司所有的采购工作。 （3）下属公司的采购是否会交由集团采购部进行，如是，是否有明确的标准，什么情况需要交由集团采购部执行，采购过程的资料保存在哪里，这部分采购是否有清单。

（续）

<table>
<tr><td>◆ 要了解什么信息</td><td>（4）如果采购部不负责所有类型的采购，那么采购部以外的项目由谁负责，是否由各业务部门自行负责。
（5）多少金额以上的采购需要公开招标，并获取清单；哪些是可以直接采购的，获取清单；哪些是垄断项目，获取清单。
（6）哪些项目的采购是由母公司或集团总部统一规划采购的，简单来说就是哪些是被审计单位没权采购，仅负责执行采购结果的。

小贴士
常见的采购方法
（1）零星采购：一般针对金额较小的项目，如2000元以下，不需要比价。
（2）直接采购：常见的情况是金额小的、单一来源的、原来有合同续签的、一定期间内重复采购的等。
（3）紧急采购：因为特殊情况走特殊通道的，可以略过正常比价的程序。
（4）询比价：主要是按金额来分的，要求没有招标严格。
（5）招投标：一般针对金额较大的项目，这里又分为邀请招标、公开招标，一般会要求密封报价，统一开标，由评标委员进行评标。</td></tr>
<tr><td>◆ 如何去做</td><td>（1）直接询问采购负责人（最直接、有效的方法）。
（2）通过采购清单梳理。
（3）获取采购制度。</td></tr>
</table>

Q2. 供应商的选择是否合规、合理？

<table>
<tr><td>◆ 为什么要看</td><td>合规是最基本的控制，但是有的时候合规不代表合理。控制的目的，不仅仅是形式上的合规，这一点需要注意。</td></tr>
<tr><td rowspan="2">◆ 如何去做</td><td>第一步：制度、流程文件的熟悉与梳理
1. 先找规定、标准
关注点包括是否包含了所有采购类型、采购金额的规定、采购方式的规定等。
2. 需要哪些制度、流程文件
采购制度。</td></tr>
<tr><td>第二步：访谈
1. 访谈谁
负责采购的相关人员。
2. 访谈哪些内容
（1）有哪些采购方式、采购类型，相关的采购程序是怎样规定和执行的。
（2）有哪些制度在实际工作中是不适用的，或是在执行中存在困难的。
注：针对该部分，建议还是以抽样为主，这里的询问可以参考前面的采购概况部分。</td></tr>
</table>

（续）

<table>
<tr>
<td>◆ 如何去做</td>
<td>
第三步：测试
可以采取穿行测试与抽样测试相结合的方式，这里重点介绍抽样测试。
1. 如何选样
（1）按金额抽样，包括按金额排序、按金额分层。
（2）按采购种类分层。例如，工程、服务、广告、行政办公等。
（3）通过访谈或观察抽样。通过访谈或对被审计单位采购业务执行情况的观察，发现可能存在异常的区域，进行判断抽样。
（4）对于价格异常的情况优先选样。
a. 价格趋势异常。通过对某一采购项目历次采购单价的趋势分析，关注其中异常项，如突然变高或突然降低；对于同一采购项目存在若干供应商的情况，价格差异是否较大，采购量是否较大，两者之间是否存在某种关系，是否合理等。
b. 单价与市场变化情况不符的。对于订单单价总体趋势与市场趋势不符的情况，如被审计单位显示钢材的价格呈上升趋势，但是市场上的钢材价格呈下降趋势；或是，某一时期的单价在公司处于高位区，但在市场上处于非高位区，这就是异常。
（5）关注采购频繁，但非集中采购的事项。
某些采购事项发生的频率、年度累计采购额较为固定，每次的金额不具关注性，但年度累计额具备一定的关注性。审计人员可以通过将审计期间的采购订单或合同清单，按具体的采购项目进行分类统计，关注发生的频率、单次金额、累计金额，必要时向前延伸。

【案例：5-4】
审计人员在检查中发现，公司户外大牌广告合同的期限是三个月一次，单次金额低于30万元，但是一年的累计金额超过30万元，供应商为同一家。审计人员比对了上一年的户外广告费用，与审计当年的基本一致；然后又检查了销售推广计划，计划中有此项宣传推广规划，推广的时间要求为一年。于是询问对方原因。对方最后承认是为了规避公开招标，才将其进行了拆分。

（6）关注采购金额接近某一采购高标准限额，且采购内容类似、时间接近的事项。

【案例：5-5】
审计人员在检查中发现，有四个项目均发生了车辆识别系统改造这一情况，累计金额超过50万元，其采购申请时间、中标供应商、合同签订时间均一致，最后，对方承认是为了规避公开招标，所以进行了这种处理。

（7）关注监督较少的特权项目。
因为监督较少、流程较少、要求较低，所以采购人员会尽量选择某些方式进行采购，因此出问题的概率也会较大。审计人员在选样时，对于公开招标与非公开招标的项目，优先选择非公开招标项目；对于需要比价和不需要比价的项目，优先选择不需要比价的项目。
</td>
</tr>
</table>

（续）

<table>
<tr><td></td><td>（8）关注管理层关注的采购事项。
2. 如何检查
（1）形式合规
这是最基本的审计方法，在此，审计人员只需要把公司的相关制度、规定、审批权限梳理清楚，对应着相关的标准复核即可。
a. 供应商的选择方式是否符合公司规定。按规定应该三家比价的是否照做，应该公开招投标的是否公开，该邀标的是否邀标等，这里指的是形式上的合规。
b. 过程资料、记录是否合规。例如，报价单要求供应商盖章的，其是否盖章；要求对方在收到询价、邀标文件后在确认函上盖章回复的，对方是否提供；需要发中标通知书的，是否按规定执行等。
c. 资料是否保存完整。例如，对于询比价的情况，所有供应商的报价资料、最终的评选资料等相关支持性资料是否齐全；对于招标的情况，相关的标书及相应的审批记录、邀标文件、所有供应商的投标资料、开标文件、评标文件等是否齐全。</td></tr>
<tr><td>◆ 如何去做</td><td>【案例：5-6】
在检查中，审计人员要求对方提供未中标单位的报价资料，对方表示只保存了中标单位的资料，而且公司从未有此规定。随后，审计人员要求对方提供，经供应商签字确认的邀标文件，对方表示无记录。由此，便无法判断比选的过程是否公平、公正，参与投标的供应商是否与收到的报价清单一致，收到邀标的时间是否相同。</td></tr>
<tr><td></td><td>d. 审批是否合规。例如，该审批至总经理的，是否审批至总经理。
（2）透过现象看实质
形式合规不代表就没问题了。在此，要求审计人员在检查时不要停留于形式上的合规，还要注意实质，检查执行是否合理、合规。
在实际工作中，一些经常接受审计的单位在经过几次审计后，对审计人员的套路颇为熟悉，也了解应该如何应对审计人员，提供的资料在形式上堪称完美，没有一点问题，但是，审计部门却总能接到对他们的投诉、举报，因此在审计时，审计人员需要多想、多分析、多质疑。</td></tr>
<tr><td>◆ 常见异常事项</td><td>第一种：拆分项目，降低标准
1. 拆分金额，就低不就高，避开监管
例如，公司规定 30 万元以上的采购必须进行公开招投标，实际执行中有的采购人员为了减少审批程序或是为了私利或其他目的，故意将采购的金额进行拆分，以规避公开招投标的控制。
审计人员在检查时，可以对采购清单按金额进行排序，注意在临界点位置的采购项目，并注意供应商和采购内容、采购订单和采购申请单的时间。例如，公司规定 3 万元以下可以不用询比价，在审计时，审计人员应关注 3 万元左右的采购订单，挑选时间相近或是供应商一致的采购订单进行检查，追溯至采购申请时间、采购订单或合同的时间、采购的内容、供应商信息等。</td></tr>
</table>

（续）

<table>
<tr><td rowspan="2">◆ 常见异常事项</td><td>注：在审计中，一般对于公开招投标的项目，可适当降低关注度，但这不代表公开招投标就没有问题，只是概率相对较低。在现实中，很多时候代理公司是可以按照客户的需求，安排指定的供应商中标，抽选评委也是可以暗箱操作的。
2. 化整为零，肢解采购项目
对于一些发生较为频繁、固定的项目，采购人员本可以进行集中采购以获取价格优势，却故意将需求进行肢解，从而进行分次采购。
审计人员在检查时，可以按采购内容对全年的采购金额进行汇总，关注累计金额大，采购频繁、固定的项目，尤其是单笔都未达到临界值，但累计金额达到较严要求的采购项目。</td></tr>
<tr><td>第二种：精心安排供应商
为心仪的供应商量身定制相应的采购评价标准，通过形式上的合规来掩盖实质上的不合规，常见情形有七种。
1. 同样的面孔，同样的人
每次比价或招标都是相同的几家供应商参与，但被选中的始终集中在固定的一家或几家。

【案例：5-7】
审计人员发现某公司某一备件全年累计采购了 8 次，每次都进行询比价，但供应商始终为 A。审计人员检查了相关的比价资料，并进行了对比，发现每次参与报价的供应商除 A 外，余下参与报价的供应商一直在 B、C、D 里徘徊，且这三家的价格与 A 的差距很大。经审计人员进一步追查，发现该采购人员为了不更换供应商，故意在 B、C、D 里进行轮换，以满足三家的要求，且 B、C、D 也知道自己中不了，每次都故意把价格报得相对较高。

在选样时，可以对一定期间发生频繁、分次采购同一项目的订单或合同进行统计，关注被选中的供应商是否具有固定性、集中性，另外，检查相关的报价、比价资料，关注参与报价的供应商是否具有一定的规律。必要时，可以询问未被选中的供应商，有的时候，一些对公司的做法表示不满意的供应商会在不经意间的抱怨中透露一些重要信息。
2. 非同一水平或同一档次比较，差异悬殊
选择一些差异悬殊的供应商进行比较，被选中的供应商往往与其他未选中的供应商具有较大的差异。常见的形式有两种。
a. 价格差异大。例如，中标的 A 报价 11 万元，未中标的 B 报价 13 万元，C 报价 13.5 万元，D 报价 13.2 万元。
b. 品牌差异大。例如，一线品牌与三线品牌比，知名与不知名比等。
3. 报价单做假
注意报价单的时间、供应商的信息、报价单是否是原件等。
4. 透露价格，致使心仪的供应商最终报价实现“逆袭”
对于需要进行一轮以上报价或投标的情况，建议审计人员将各供应商的报价按报价的时间进行统计，往往可以发现一些问题。</td></tr>
</table>

（续）

<table>
<tr><td></td><td>

【案例：5-8】

报价“逆袭”的情况

报价次数	供应商 A	供应商 B	供应商 C	各轮最低
第一轮	100	200	150	供应商 A
第二轮	95	100	130	供应商 A
第三轮	95	94	130	供应商 B

简析：供应商 A 一开始报价最低，结果最后被 B 逆袭，且最后的差异很小。

【案例：5-9】

走势异常的情况

报价次数	供应商 A	供应商 B	供应商 C	各轮最低
第一轮	100	200	150	供应商 A
第二轮	120	150	130	供应商 A
第三轮	125	120	130	供应商 B

简析：供应商 A 一开始报价最低，结果越报越高，其他都是越报越低，这就不符合常理。

</td></tr>
<tr><td>◆ 常见异常事项</td><td>

小贴士

审计人员要仔细阅读报价单上的信息，常常可以在这些细微的地方发现隐藏其中的真相。检查时，注意价格的变化、参与的对象、报价的时间等。

5. 故意给予参与的供应商不公平的准备时间

有的时候，为了让某一供应商中标，采购人员会故意将准备的时间缩短，使得其他的供应商因没有足够的准备时间而放弃或是报出较高的价格，最后采购人员再以需求时间紧或是价格高为由，选择心仪的供应商。

注意邀标文件、询价单发出的时间，是否每家的时间都一样或是相近，给出的准备时间是否充分，尤其是对于一些技术复杂的项目。对于供应商弃标的，要查看对方弃标的证明，在条件允许的情况下，考虑与弃标的供应商进行核实。对于什么样的时间是合理的，有两个参考方法。一是比较一下各供应商收到标书或询价单的时间，二是参考国家相关的法规，如《中华人民共和国招标投标法》、地方政府的相关规定等。

6. 消极对待非心仪供应商

对于需要带着供应商考察现场的，审计人员可以考虑对相关未被选中的供应商进行询问，是否被安排考察了现场，考察的过程是否有问题等；采取竞争性谈判的，在收到供应商一次报价后，采购人员是否只对心仪的供应商进行谈判、议价，而对其余的供应商采取拒之门外的态度。这里的检查方法，就是询问非中标的供应商。

</td></tr>
</table>

（续）

<table>
<tr>
<td>◆ 常见异常事项</td>
<td>
【案例：5-10】
审计人员在检查中发现，在某项采购中共有5家供应商提供了报价，公司对其中3家进行了再次议价。审计人员询问放弃另外两家的原因，采购人员表示，另外两家在接触中配合度不高所以未再进行议价。审计人员将5家供应商的第一次报价进行比对，发现被放弃的两家在第一次报价时，价格为第二低和第三低。于是联系了相关供应商，对方表示在报价后就未接到任何的通知。最后采购人员承认，这样做是为了让一直合作的供应商中标。

【案例：5-11】
在某公司绿化景观采购中，共有四个标段，规定每个标段最低价中标。第一次共有6家供应商投标，第一轮报价下来，1、2标段最低价为A供应商，3、4为B供应商。奇怪的是，该公司并未与B供应商签署合同，而是针对3、4标段又进行了第二轮比价。在第二阶段，B供应商被剔除在外，而A供应商仍然参与其中，最后A供应商中了所有标段。审计人员询问采购人员，对方表示是B供应商临时放弃，于是要求采购人员提供放弃的文件，对方表示是口头告知的，无相应资料。审计人员随后联系了B供应商，对方表示从未放弃。再次询问采购人员，采购人员表示A为长期合作的供应商，其最后成交价也低于B供应商的价格，公司没有损失。

7. 关键信息不透明
可以通过对投标文件或报价单的信息进行对比，检查是否存在报价格式或是项目明细不一致的情况；另外，需要提供答疑的，检查是否有答疑记录，是否所有参与的供应商都有，还是只有最后被选中的供应商才有。这里的检查方法，除了比对相关的资料外，还可以询问非中标的供应商。
</td>
</tr>
<tr>
<td></td>
<td>
第三种：评标办法设置不合理
1. 故意设置特定的资格要求，量身打造心仪供应商的评估标准
常见的情况是，设置的指标具有专属性、特殊性或是小众性，但是该指标的作用或是与该采购项目的关联度不是很大，或是远远超过该采购项目的需求。最为极端的是，参与报价或投标的供应商，只有一家符合该指标的要求，而且该指标的分值具有一定的影响力。
对于通过专属指标直接将其余供应商否决的采购，审计人员要给予充分的关注，尤其是一些在资格预审时很多供应商都是合格的，结果到了供应商报价完成进入评标的时候，因为某一指标导致技术评估出现不合格，直接被淘汰的情形。
2. 评估规则不合理，尤其注意该规则是否在供应商报价前就已明确告诉对方，常见的情形有三种
（1）价格排除
对于具有价格优势的供应商，将价格的分数设置得很高，对评比的结果起着决定性的作用。
（2）业绩排除
设置过高的或是非必要的业绩门槛，为自己人加分。例如，评标办法中
</td>
</tr>
</table>

（续）

	规定，“与本企业合作过，且表现良好的可得 10 分”。 （3）印象分 通过主观判断甚至是无依据臆想来评分。例如，口碑、态度、配合度等。将这些理论上来说只有在合作过以后才能评估的，放在事前评估，可能形式重于实质，如果设置的分值较高，更需要注意。 3. 评标办法模糊，主观性指标占比较重 形式上很规范，有指标、有分值、参与人也足够，大家都打了分、签了字。但是再往细处看，评判依据、标准不清楚或是没有。再去询问参与人员为什么给这个分，对方给出的答复是“感觉”或是“我觉得”。 **【案例：5-12】** 审计人员在检查某公司对设计供应商的选择时，发现虽然有评估指标和分值，但是很难进行客观评估，例如，评分标准为设计方案 20 分，评分标准为艺术效果美观性、艺术性；设计总说明与设计图纸 20 分，评分标准为内容完整、符合规范要求、表达清晰等。审计人员询问相关人员具体是如何评选的，扣分的依据是什么，结果对方含糊其辞，最后承认只是走个形式，其实早就选好供应商了。
◆ **常见异常事项**	**第四种：注意监督较少的项目** 1. 零星采购 （1）考虑是否可以通过提前计划进行集中采购或签订框架协议。 （2）考虑是否存在故意拆分的可能。 2. 单一供应商 （1）行业垄断，即找不到别的供应商，如供水、供电、燃气、设计（有些地方规定，必须找当地指定的设计院）等。 （2）资源独有，如广告，想在某一个位置竖立户外广告牌或在某一个平台发布广告，只能找这家公司。 （3）战略合作伙伴。其实对于集团型的公司来说，找到一个好的战略合作伙伴是一个不错的选择，不过对战略合作伙伴也是要进行定期考核的。 （4）出于地方保护或是受当地环境限制，为了维护当地的关系，必须用特定的供应商。 （5）合作时间较长，配合较为密切，不想再与其他供应商合作。 （6）故意一直用某一家供应商。 针对此类情况，建议先整理出单一采购的清单，并要求对方注明原因，然后，对原因进行分析，查看对方提供的原因是否符合公司的业务情况、是否合理。对于行业垄断、资源独有、地方保护等具有不可抗力原因外的采购项目，应重点关注。可以通过市场询价的方式，获取供应商是否充足的信息。另外，可以将市场价格与公司现有的采购价格进行对比，检查是否存在明显高于市场价格的情况。 除此之外，审计人员应关注公司对于一直沿用的供应商是否采取了相应的评估措施，包括质量、服务、价格等。

（续）

◆ 常见异常事项	**第五种：评估小组或委员会人员构成是否合理** （1）评估小组人员构成是否能起到相互监督的作用。通常情况下，评估小组成员应在三个或三个以上，且来自三个不同的部门。 （2）技术评估与商务评估是完全独立的，一般来说，技术在先，商务在后。有的公司会在制度中明确要求技术人员只负责技术评估，不得接触商务信息。
◆ 需要的资料	结合上面的说明，审计时通常需要以下资料： （1）相关制度； （2）采购清单或合同清单； （3）全套的资料，包括采购申请单、询比价、招投标、评估等资料。
◆ 常见的问题	审计中普遍存在的问题如下： （1）有制度但未按制度执行； （2）化整为零，拆解项目； （3）评估方法不合理； （4）故意设定非必需的技术壁垒； （5）供应商选择的过程资料未妥善保管； （6）供应商比选流于形式，供应商的选择不够公平。

（四）采购订单 / 合同管理

Q. 采购订单 / 合同使用是否合规，相关的信息与评估结果是否一致？

◆ 为什么要看	防止因订单与合同使用不合规，信息与评估的结果不一致，给公司造成不必要的纠纷和损失。
◆ 如何去做	**第一步：制度、流程文件的熟悉与梳理** 1. 先找规定、标准 关注点包括采购订单与合同的使用范围如何规定、相关的审批如何规定等。 2. 需要哪些制度、流程文件 采购制度、权限手册。
	第二步：访谈 1. 访谈谁 采购人员、合约人员。 2. 访谈哪些内容 （1）什么时候以采购订单的形式进行采购、什么时候以合同的形式进行采购、什么时候可以直接购买。 （2）订单与合同是否有固定的格式或模板，是否允许修改，如发生修改需要如何处理。

（续）

	（3）订单与合同的审批流程、权限是如何规定的，实际执行中是否存在差异，原因是什么。 （4）是否存在后补订单 / 合同的情况，原因是什么。
◆ 如何去做	**第三步：测试** （1）根据公司的规定，从采购清单中选取一定的样本，检查是否按规定签订合同及订单。 （2）合同模板、订单模板是否按规定使用。有的时候，业务人员觉得固定模板操作起来限制太多，为了方便故意避开使用订单或合同模板；或是根本不知道公司有相应的模板，这种情况多发生于总部以外的公司。这里，可以选取采用固定模板的样本进行检查，关注是否发生了变动，变动是否合规，是否按规定审批。 （3）订单、合同中的必要信息是否明确。例如，技术信息是否明确，包括品牌、规格、型号等；是否存在不利于被审计单位的条款；责任和权利是否明确；违约条款是否明确；关键节点如付款节点、付款进度是否符合公司规定等。 （4）审批是否合规，如审批权限、审批路径等。 （5）审批时间是否存在异常，常见如违反应有的先后顺序。 **【案例：5-13】** 根据公司规定，相关人员应在采购文件完成审核后将其发给潜在供应商，并对供应商的资质进行审核。审计人员在检查中发现，对供应商进行资格预审的时间早于采购文件的审核时间，存在不合规情况。 （6）审批中的意见是否按规定进行修改，并重新提交审批。例如，某些审核人员对合同或订单中的一些条款表示不认可，提出修改意见，审计人员应检查最终的版本是否按规定修改，如涉及相关的审批是否按规定执行。 （7）关注一致性。将标书、评标结果与订单 / 合同进行比对，关注以下方面。 a. 经评估确定的供应商与订单或合同的供应商是否一致。 **【案例：5-14】** 审计人员在检查中发现，某广告服务合同签订方为 A 公司，盖章处却为 B 公司公章，在询比价时，B 公司也参与了报价。审计人员随后打电话给 B 公司进行调查，发现 A、B 公司为“夫妻店”。于是找来采购人员进行询问，采购人员开始时表示是盖章盖错了，当审计人员问到未中标的供应商为什么会来盖章时，对方无话可说。审计人员又表明已经知道两家公司的关系，最后采购人员不得不承认两家公司确实是“夫妻店”。 **【案例：5-15】** 在对某民营企业进行采购审计时，审计人员发现某钢筋合同的供应商与中标的供应商并非同一家。其询问采购相关人员，对方表示，供应商负责人是老板的朋友，中间进行了更名，老板了解具体情况。

（续）

<table>
<tr><td>◆ 如何去做</td><td>思考：如果是你，到此是不是就结束审计了？你会去向老板求证吗？
b. 金额是否一致。
【案例：5-16】
某项目的招标文件中规定，限价为5万元，但是参与报价的供应商提供的价格均超过5万元，最后以5.6万元成交。根据公司规定，招标文件外发之前是需要内部审核的，审计人员又检查了审核的资料，该招标文件在审核时的限价也是5万元。于是询问了相关的采购人员，对方表示没有注意限价，便随意定了一个金额。
c. 品牌是否一致。
d. 规定的时间是否一致，如开工时间、完工时间等。
e. 是否存在滞后的情况，即先签了订单或合同，比选过程后补。
f. 收款方信息、付款条件是否一致。</td></tr>
<tr><td>◆ 需要的资料</td><td>结合上面的说明，审计时通常需要以下资料：
（1）相关制度、流程文件；
（2）中标资料；
（3）订单、合同。</td></tr>
<tr><td>◆ 常见的问题</td><td>审计中普遍存在的问题如下：
（1）订单 / 合同未按规定审批；
（2）订单 / 合同中的信息与中标结果或标书规定的信息不一致，如供应商主体不一致、采购单价不一致、工作节点不一致；
（3）订单 / 合同中反映的信息不完整，缺失某些关键信息；
（4）存在利他条款。</td></tr>
</table>

（五）验收管理

Q. 是否对验收进行有效管控？

<table>
<tr><td>◆ 为什么要看</td><td>如果缺乏有效管控，可能导致供应商提供的服务、产品无法满足采购的需求，以次充好，增加公司成本，影响公司的产品质量，给公司造成损失。</td></tr>
<tr><td rowspan="2">◆ 如何去做</td><td>第一步：制度、流程文件的熟悉与梳理
1. 先找规定、标准
关注点如验收的要求、不合格产品的处理等。
2. 需要哪些制度、流程文件
验收相关制度。</td></tr>
<tr><td>第二步：访谈
1. 访谈谁
相关采购人员、验收人员。</td></tr>
</table>

（续）

◆ 如何去做	2. 访谈哪些内容 （1）验收的类型有哪些，每种类型负责验收的部门或人员是谁，例如，工程的验收人员可能是监理和工程师；营销类广告、活动的验收人员可能是营销人员；设备采购的验收人员可能是 IT 人员等。 （2）验收过程是否有记录，对每一种类型的验收是否有相应的规定等。
	第三步：测试 可以采取穿行测试与抽样测试相结合的方式，这里重点介绍抽样测试。 1. 如何选样 每个类型都要涉及，可以由不同业务模块的人员负责，如工程、营销、行政等。 2. 如何检查 主要进行合规性检查，关注验收记录是否得到保存，验收过程是否合规，有问题的是否及时进行退换货，验收人与采购人是否为同一人等。 **提示：**对于可见、可听类广告，审计人员可以根据情况进行检查，例如，检查某广告位放置的广告是否与合同规定一致；对于电视广告，检查是否在规定的时间进行了播放，播放的频率是否与合同一致等。可以选择执行中的广告进行实地检查。
◆ 需要的资料	结合上面的说明，审计时通常需要以下资料： （1）相关制度、流程文件； （2）采购清单或合同； （3）验收记录。
◆ 常见的问题	审计中普遍存在的问题如下： （1）无相关制度或有制度，但制度规定不完善； （2）有制度，未按制度执行； （3）验收无记录； （4）不相容职责未分离。

（六）付款

对于付款的控制，审计人员除了关注发票和审批外，还需注意支持性资料的充分性、一致性，以及时间的逻辑性。具体参见财务模块。

案例：5-17

在检查付款时，审计人员发现某采购项目的发票时间为 4 月 15 日，采购比选时间为 4 月 22 日，经查证，系相关人员先安排供应商提供服务，事后补了流程。

思考：如果你是负责检查财务模块的审计人员，发现这种情况后，你是否会将其分享给检查采购模块的同事，或是延伸到采购审计中。

（七）供应商管理

对于供应商管理审计，审计人员要根据项目公司的具体情况来制定审计策略。有的公司在某地做完一个项目后就准备离开，并没有长待的打算，其选择的供应商也以当地区域的居多，这个时候，供应商管理的意义可能就不是很大。

Q1. 合格供应商建立及数据更新的执行是否合规、有效？

<table>
<tr><td>◆ 为什么要看</td><td>实际执行中，很多企业在采购时都会倾向于先在合格供应商库中进行选择，因此，合格供应商库质量的高低在一定程度上决定了最终采购的结果，对后期采购的质量、服务、价格都会产生较大的影响。但是，并不是所有的采购都要建立合格供应商库，有的公司出于效率、效益及现实情况的考虑，对于一些金额较小的项目，不会进行合格供应商管理。笔者觉得，总体管理应把握成本效益原则及二八原则。</td></tr>
<tr><td rowspan="3">◆ 如何去做</td><td>第一步：制度、流程文件的熟悉与梳理
1. 先找规定、标准
关注点包括供应商建立的审批规定、供应商库的维护等。
2. 需要哪些制度、流程文件
采购制度。</td></tr>
<tr><td>第二步：访谈
1. 访谈谁
相关采购人员。
2. 访谈哪些内容
（1）合格供应商库的建立、数据的变动需要具备哪些资料，经过哪些流程。
（2）供应商库的维护由谁负责，是否专人管理，如何保证不被随意修改。
（3）合格供应商信息如何有效传递给相关的采购人员。
（4）实际执行中与制度是否有差异，差异在哪里。</td></tr>
<tr><td>第三步：测试
可以采取穿行测试与抽样测试相结合的方式，这里重点介绍抽样测试。
1. 如何选样
除常规随机选样外，也可采取如下方法：
（1）将采购人员提供的合格供应商清单、从财务账中整理出的供应商清单及从采购清单或合同中整理出来的供应商清单进行比对，关注是否存在差异，选择差异样本；
（2）选择不合格的供应商名单。
2. 如何检查
（1）合格供应商建立是否合规，支持性资料是否完整、合规，审批是否合规。对于支持性资料，通常包括供应商提供的盖章的营业执照、资质证书、资格认证、业绩证明、财务报表等，具体主要视采购项目的类型而定。</td></tr>
</table>

（续）

◆ 如何去做	（2）供应商库的建立是否存在后补的情形。 （3）供应商的相关证明资料（证照、资质认证等）是否及时更新。检查供应商的相关备案资料，注意上面标注有效期间的资料是否存在过期的情形。 （4）合格供应商库是否及时更新。将采购的供方与财务账中的供方比较，关注对不合格供方名单是否及时进行清除。这里还需要关注，对于某些采购事项的供应商较为集中的情形，公司是否进行了积极有效的拓展。 **【案例：5-18】** 审计人员在检查中发现，零星维修的供应商始终集中A、B、C这三家公司，每次都是由这三家公司进行比价，然后轮流中标。审计人员就此事询问了采购人员，对方表示因为维修量很小，大家都不愿意做，所以只有这三家是长期合作的。审计人员将采购金额进行统计后发现，每年的维修金额累计达到上百万元。 思考：采购人员的解释合理吗？如果一年有如此多的业务量，真的没人愿意做吗？ （5）合格供应商库的维护与发布是否由专人负责。 **小贴士** 如果在审计中，对方表示有合格供应商库，然后拿出一张EXCEL表给你，除此之外没有任何资料，这种情况下，形式重于实质的概率较大。
◆ 需要的资料	结合上面的说明，审计时通常需要以下资料： （1）相关制度、流程文件； （2）合格供应商清单及相关的支持性资料； （3）不合格供应商清单； （4）财务序时账或付款明细账； （5）审计期间的采购清单。
◆ 常见的问题	审计中普遍存在的问题如下： （1）无相关制度，或有制度但制度规定不完善； （2）有制度，未按制度执行； （3）供应商库无人维护； （4）供应商库未及时更新； （5）不合格供应商未及时进行处理。

Q2. 供应商的履约评估是否合规、合理？

◆ 为什么要看	对于供应商的履约能力，一朝合格不代表永久合格，是否真的具备履约能力，评估了才知道。履约能力评估的目的，是为了将好的供应商留住，不好的供应商剔除，是对公司的一种保护。

（续）

<table>
<tr><td rowspan="3">◆ 如何去做</td><td>**第一步：制度、流程文件的熟悉与梳理**
1. 先找规定、标准
关注点包括评估内容、评估指标、评估周期、评估结果的跟进规定等。
2. 需要哪些制度、流程文件
采购制度。</td></tr>
<tr><td>**第二步：访谈**
1. 访谈谁
采购人员、参与评估的人员。
2. 访谈哪些内容
（1）是否进行定期评估，如何选择供应商，是全评还是轮换评估。
（2）对于长期不合作的供应商是否会进行评估。
（3）评估有问题的，是否进行及时处理。
（4）评估的参与人员都有哪些，指标如何确定。
（5）对于评估结果显示需要整改的，是如何落实的，是否有专人负责跟踪。
（6）是否及时根据评估结果更新合格供应商库，或是将结果及时传递给相关的人员。</td></tr>
<tr><td>**第三步：测试**
可以采取穿行测试与抽样测试相结合的方式，这里重点介绍抽样测试。
1. 如何选样
除随机外，可以将从合格供应商清单、采购清单中整理出的供应商名录与从财务账中整理出来的供应商清单进行比对，优先选择有差异的样本；也可以从合格供应商清单中选择创建时间较早的样本。
2. 如何检查
（1）供应商评估是否合规（规定的周期、规定的数量或百分比、规定的方法等）。
（2）评估的资料是否妥善保管。
（3）评估表上参与人是否都签字确认。例如，有的审计对象说“我们都是各部门综合评的”，然后给审计人员一张 EXCEL 表，这就要质疑其真实性和实用性了。
（4）参与评估的人员是否合理，不能只由采购部门一家评，应当安排与供应商有过一定实质性接触的部门共同参与，进行综合评估。
（5）评估指标是否合理（这个很重要）。指标是否明确，即达到什么条件，得多少分；评分依据是否充分，如扣分是否有依据，是否有说明；分数的设计是否合理等。
（6）是否定期对不发生业务的供应商进行梳理。</td></tr>
</table>

（续）

◆ 需要的资料	结合上面的说明，审计时通常需要以下资料： （1）相关制度、流程文件； （2）评估资料； （3）合格供应商清单； （4）审计期间的采购清单； （5）财务序时账或付款明细。
◆ 常见的问题	审计中普遍存在的问题如下： （1）无相关制度，或有制度但制度规定不完善； （2）有制度，未按制度执行； （3）评估流于形式，无依据、无标准或标准模糊； （4）评估资料缺失。

Q3. 不合格供应商的管理是否合规、有效？

◆ 为什么要看	不合格供应商如缺乏有效的管理，可能会再次合作造成损失，增加企业的风险。
◆ 如何去做	**第一步：制度、流程文件的熟悉与梳理** 1. 先找规定、标准 关注点包括不合格供应商的评判标准、处理程序。 2. 需要哪些制度、流程文件 采购制度。
	第二步：访谈 询问采购人员如下问题。 （1）对不合格供应商是如何管理的，不合格供应商是如何确定的、有什么评判标准、流程。 （2）审计期间有没有不合格的供应商，不合格的原因是什么，是如何处理的。 （3）是否有存在重大事故的供应商但未被评估为不合格的情况，原因是什么。 （4）是否有不合格的供应商后期复活的情况，流程是什么。
	第三步：测试 不合格供应商的产生与复活的样本全查，不合格供应商本身就是管理中的例外事项，应将清单与支持性资料进行核对。检查点如下： （1）不合格供应商评估的标准是否明确、评估办法是否清晰、合理； （2）不合格供应商是否及时处理，处理是否合规，相关的评估依据是否充分、合理； （3）不合格供应商复活的规定是否明确、合理；

（续）

◆ 如何去做	（4）通过与相关部门进行访谈，对证实确实确在问题，按规定应当变为不合格的供应商，反查至不合格供应商名录，如果不存在，关注原因； （5）复活的过程是否符合相关规定，复活评估和依据是否充分、合理，如导致前期变为不合格的因素是什么，复活时是否解除，再次成为合格供应商时，是否得到相关部门的书面认可； （6）对不合格的供应商与复活的供应商是否及时更新相关的供应商数据库。 **小贴士** 关于不合格供应商数据库的维护管理，一般情况下，不建议直接在系统中进行删除。如果用 ERP，一般会在系统中设置拉黑的标识，在下次建立供应商的时候，会自动跳出提醒；对于非系统控制的，建议另建一张不合格供应商名录，每次新建供应商时，进行核对。
◆ 需要的资料	结合上面的说明，审计时通常需要以下资料： （1）相关制度、流程文件； （2）不合格供应商清单及相关支持性资料； （3）复活供应商清单及相关支持性资料。
◆ 常见的问题	审计中普遍存在的问题如下： （1）无相关制度，或有制度但制度规定不完善； （2）符合不合格供应商条件的，未及时进行处理； （3）不合格供应商再次复活时，复活流程与规定不符或是缺乏相应的复活控制。

（八）小结

下面将上述对采购业务实施环节进行审计时需关注的点汇总于表 5-2。

表 5-2　采购执行审计关注点汇总

关注类别	具体关注点
采购人员道德管理	Q. 是否要求采购人员签署道德协议并按规定执行
采购计划管理	Q. 采购计划是否有效执行
请购管理	Q1. 采购申请单的设计是否合规、合理
	Q2. 请购的执行是否有效
供应商的选择	Q1. 是否熟悉和了解采购概况
	Q2. 供应商的选择是否合规、合理
采购订单 / 合同管理	Q. 采购订单 / 合同使用是否合规，相关的信息与评估结果是否一致
验收管理	Q. 是否对验收环节进行有效管控

（续表）

关注类别	具体关注点
供应商管理	Q1. 合格供应商建立及数据更新的执行是否合规、有效
	Q2. 供应商的履约评估是否合规、合理
	Q3. 不合格供应商的管理是否合规、有效

第三节　本章总结及思路分析

一、本章总结

采购业务的具体执行会因企业的不同、业务的不同而有所变化，但总体来说是围绕需求、采购、收货、付款四个环节展开的。审计人员在审计时，只要抓住这条主线，从合规、合理的角度入手，根据企业的业务特点加以延伸、细化即可。虽形态不同，但原则不变。

审计人员在采购审计中务必要注意业务的合理性，不要仅满足于合规，很多时候合规不代表合理，在此模块的审计中要特别予以重视。

二、采购管理审计的总体思路

表 5-3 整理了采购审计的总体思路。

表 5-3　采购审计总体思路

关注模板	思路分析
请购管理	需求是否确定、信息是否清晰、是否安排必要的判断控制
供应商选择管理	合法、合规、合理，不花冤枉钱
供应商管理	合格的要添加、不合格的要剔除、数据要维护
订单 / 合同管理	条款合规、合法，信息与评估结果一致
采购验收	无订单不收货、合格的收、不合格的退或换
采购付款	支持性资料要完整、采购的项目要符合规定、审批要有依据

第六章　工程管理审计

工程审计，目前常见的有两种，一种是偏管理、流程的审计，对于非工程专业的审计人员来说相对比较容易；另一种审计则需要加入对工程造价的审核，包括对签证、设计变更、结算的审核。这里的审核不仅要关注公司内部流程的合规性，还要运用造价专业相关的知识，对合理性、真实性、准确性、取费规则、计算方法等进行判断。审计人员需要对造价专业知识有相当的熟悉度。通常情况下，如需开展此类审计，建议安排有造价相关专业背景的人员参加。

关于造价结算的合规、合理性审计，在人力资源有限的情况下，可以考虑外包。目前，大部分公司都会将工程造价结算送外部专业机构进行审计，有的在一审的基础上还会进行二审，以此来对造价的合理性、真实性和准确性进行监督。

无论是哪种方式，对于非工程背景的人员，都需要根据实际情况补充工程相关的知识，至少要对工程管理的基本概念、流程有一定的认识。审计人员千万不能一无所知就去审计。

第一节　进场前的准备

一、整体框架

工程项目管理涉及的环节大致可分为项目立项、决策审批、拿地、规划规批、建设施工、竣工验收等。审计人员可先建立一个总体的框架。本章主要以工程管理审计为主进行介绍。

二、资料收集

审计人员在进场前可能需要的资料清单如表 6-1 所示。

表 6-1　资料清单示例

需准备的资料清单
✓ 与工程管理相关的制度、流程，包括但不限于工程建设、安全管理、成本管理等
✓ 人员架构、职责权限
✓ 项目清单，清单信息包括但不限于项目名称、状态等
✓ 项目立项审批及相关支持性资料

（续表）

✓ 规划许可证、施工许可证
✓ 总控计划
✓ 设计变更清单和签证清单及对应支持性资料
✓ 目标成本、动态成本及成本分析报告
✓ 工程进度报告
✓ 工程合同清单或采购清单
✓ 工程付款台账

第二节　具体审计实施

本节分别从项目前期管理、项目建设管理、竣工验收管理、成本管控、安全管理、项目后评估管理进行介绍，具体如下。

一、建立总体框架

Q. 公司现有项目的基本情况是怎样的？

◆ 为什么要看	对公司涉及的项目形成初步的了解，建立总体的框架，避免发生遗漏的同时，便于后期对项目进行筛选。
◆ 如何去做	询问工程管理人员，了解项目的基本情况，如在审计期间有哪些建设项目、项目的进展状态、目前存在哪些问题等。

二、项目前期管理审计

（一）立项可研

Q. 是否进行项目可研管理？

◆ 为什么要看	从企业利益的角度来说，拿地开发的目的是获取利润，因此，在拿地前进行相关可研分析、决策审批，可以在一定程度上避免盲目拿地，规避企业风险。
◆ 如何去做	**第一步：制度、流程文件的熟悉与梳理** 1. 先找规定、标准 关注点包括项目前期立项的模板、准备时间、审批权限等。 2. 需要哪些制度、流程文件 项目投资管理制度、权限手册。

（续）

<table>
<tr><td rowspan="2">◆ 如何去做</td><td>**第二步：访谈**
询问项目或工程相关人员，主要关注以下事项：
（1）审计期间是否有涉及的项目，包括拿地的项目与放弃的项目；
（2）是否有决策相关的程序，实际是如何执行的，如是否会有第三方参与，实际执行与制度是否有区别；
（3）是否形成较为成熟的评估体系，如评估模板等，如果没有，原因是什么。
提示：对于某些管理较好的公司，有很多健全的决策机制，在拿地前就会对成本、盈利等进行测算，根据测算的结果来决定要不要拿地，如果拿地，花多少钱合适。当然，有的企业也会出现“拍脑袋拿地”的情况。</td></tr>
<tr><td>**第三步：测试**
获取审计期间涉及的项目清单，包括已拿地和已放弃的项目，以及相关的支持性资料，建议关注以下方面：
（1）是否制定相应的制度、流程，现有制度、流程是否存在不适合的情况；
（2）评估的模板是否科学、合理（如果有多个项目，可以综合比对）；
（3）权限如何划分，是否按规定上报（如有权限审批划分的）；
（4）是否有项目前的评估、决策；
（5）相关程序的执行是否符合制度规定；
（6）是否存在例外情况，原因是什么。
提示：对于未进行评估决策或是评估结果显示不能拿地的情况，拿地后是否产生问题，可以延伸考虑与之对应的项目后评估管理。</td></tr>
<tr><td>◆ 需要的资料</td><td>结合上面的说明，审计时通常需要以下资料：
（1）相关制度、流程文件；
（2）项目清单（主要是在建项目）；
（3）项目立项审批及相关的支持性资料。</td></tr>
<tr><td>◆ 常见的问题</td><td>审计中普遍存在的问题如下：
（1）未做项目可研；
（2）项目可研流于形式；
（3）项目决策程序与规定不符。</td></tr>
</table>

（二）计划管理

Q. 总控计划的编制和调整是否及时，是否有相应的管控？

◆ 为什么要看	总控计划覆盖了项目从拿地开发、销售到后评估整个完整的周期，目的是对项目的进展进行有效管控。

（续）

<table>
<tr><td rowspan="3">◆ 如何去做</td><td>第一步：制度、流程文件的熟悉与梳理
1. 先找规定、标准
关注点包括编制时间、调整要求、审批规定等。
2. 需要哪些制度、流程文件
总控计划管理相关制度。</td></tr>
<tr><td>第二步：访谈
询问项目相关人员，主要关注以下事项：
（1）是否需要编制总控计划，如何执行；
（2）现有项目是否编制了总控计划；
（3）总控计划什么时候编制，是否存在滞后的情况；
（4）总控计划是否按规定进行审批；
（5）目前，总控计划是否发生过调整，如果有，原因是什么，调整后的计划是否进行了相关的审批。</td></tr>
<tr><td>第三步：测试
获取审计期间需关注的项目清单，检查以下方面：
（1）是否有相关的制度、流程，相关的制度、流程是否合理、适用；
（2）是否有对应的总控计划，编制是否及时；
（3）总控计划是否按规定审批；
（4）执行中是否存在异常，原因是什么；
（5）是否发生调整，调整的原因是否涉及被审计方的管理，调整事项是否有相关的控制，如审批控制。
【案例：6-1】
根据公司规定，在规划方案完成后即需要编制初版的总控计划。审计人员在检查中发现，项目公司并未编制总控计划，对方表示，因为项目成立时间较晚，人员到位不及时，导致一直没有编制总控计划。</td></tr>
<tr><td>◆ 需要的资料</td><td>结合上面的说明，审计时通常需要以下资料：
（1）相关制度、流程文件；
（2）审计期间相关项目清单；
（3）总控计划及相应的支持性资料；
（4）总控计划调整原因及相应的支持性资料（如有）。</td></tr>
<tr><td>◆ 常见的问题</td><td>审计中普遍存在的问题如下：
（1）总控计划编制时间滞后；
（2）总控计划发生调整缺乏相应的控制；
（3）总控计划流于形式；
（4）未按规定编制总控计划。</td></tr>
</table>

（三）报批报建管理

Q1. 是否及时获取规划许可证？

◆ 为什么要看	规划许可证的获取是获取施工许可证、及时开工的前提。规划许可证获取的不及时，会影响整个项目的进度。
◆ 如何去做	**第一步：制度、流程文件的熟悉与梳理** 1. 先找规定、标准 关注点包括报批报建的办理程序、负责部门、时间要求等。 2. 需要哪些制度、流程文件 报批报建相关制度。
	第二步：访谈 询问相关人员，主要关注以下事项： （1）审计期间涉及的项目，规划许可证的办理进度，谁负责规划许可的报批； （2）规划许可证办理过程中是否存在异常，异常出现的原因，计划的应对措施； （3）是否存在因规划许可证的办理影响工程施工的情况。
	第三步：测试 获取审计期间涉及的所有项目的规划许可证办理情况，关注办理是否及时，对于存在异常的，关注后续是否有应对措施。
◆ 需要的资料	结合上面的说明，审计时通常需要以下资料： （1）相关制度、流程文件； （2）审计期间涉及项目的清单； （3）规划许可证。
◆ 常见的问题	审计中普遍存在的问题如下： （1）未制定相关的制度、流程； （2）未及时办理规划许可证。

Q2. 是否及时获取施工许可证？

◆ 为什么要看	施工许可证是顺利进行施工的前提，无证施工属于违法建设行为。
◆ 如何去做	**第一步：制度、流程文件的熟悉与梳理** 1. 先找规定、标准 关注点包括报批报建的办理程序、负责部门、时间要求等。 2. 需要哪些制度、流程文件 报批报建相关制度。

（续）

◆ 如何去做	**第二步：访谈** 询问相关人员，主要关注以下事项： （1）是否存在无证施工的情况； （2）审计期间涉及的项目施工许可证的办理情况是否存在异常，产生的原因及是否有相应的解决方案。
	第三步：测试 获取审计期间涉及开工项目的清单及相关的施工许可证，关注施工许可证的办理情况，未及时办理的原因，是否存在无证施工的情况等。 **提示**：在建设过程中，如果发生规划调整，需要重新报批。
◆ 需要的资料	结合上面的说明，审计时通常需要以下资料： （1）相关制度、流程文件； （2）审计期间涉及的项目清单； （3）施工许可证。
◆ 常见的问题	审计中普遍存在的问题如下： （1）无证施工； （2）施工许可证办理不及时。

（四）施工图管理

Q1. 设计阶段成果评审是否经过有效管控？

◆ 为什么要看	如果设计各阶段的成果缺乏有效管控，可能导致无法满足产品需求，产生大量变更，进而影响建设进度，增加公司成本。 设计各阶段大致可以分为概念设计阶段、方案设计阶段、初步设计阶段、施工图设计阶段。设计阶段成果评审的目的主要是评估能否满足需求，如招商的需求、销售的需求、成本的限价管理需求等。
◆ 如何去做	**第一步：制度、流程文件的熟悉与梳理** 1. 先找规定、标准 关注点包括各阶段的成果评审规定、审批要求等。 2. 需要哪些制度、流程文件 设计管理相关制度。
	第二步：访谈 询问相关人员，主要关注以下事项： （1）设计各阶段是否需要进行评审； （2）评审过程如何实施； （3）评审过程中存在的问题，以及是否及时得到解决等。

（续）

◆ 如何去做	**第三步：测试** 主要是合规性检查，建议关注以下方面： （1）是否制定相应的制度； （2）各阶段的评审是否按规定执行； （3）是否形成相应的记录； （4）可以针对设计变更较多的项目，反推回去检查设计阶段的控制是否存在问题。 **【案例：6-2】** 根据某公司规定，设计评审工作由设计部门牵头，会同相关业务部门进行评审，汇总意见，并提供给设计单位。审计人员在检查中发现，设计部在进行内部设计评审工作时仅通过口头、电话及邮件形式获取相关部门的反馈意见，未形成书面的审查意见，缺乏书面审核及留痕控制。
◆ 需要的资料	结合上面的说明，审计时通常需要以下资料： （1）相关制度、流程文件； （2）设计各阶段的评审资料。
◆ 常见的问题	审计中普遍存在的问题如下： （1）没有制定相关制度； （2）评审不够规范。

Q2. 对施工图是否进行有效管控？

◆ 为什么要看	对施工图的管控主要是指对抗震、人防、消防、施工图审查环节的管控。如果缺乏有效管控，可能会影响工程的整体进度。
◆ 如何去做	主要关注以下方面： （1）抗震、人防、消防、施工图审查是否及时通过； （2）审查过程中是否存在问题，问题是否得到及时解决，是否存在对工程进度产生不利影响的因素。
◆ 需要的资料	结合上面的说明，审计时通常需要以下资料： （1）制度、文件（如有）； （2）审查及相应的支持性资料。
◆ 常见的问题	审计中普遍存在的问题如下： （1）未在规定时间内完成； （2）问题未及时得到解决。

Q3. 施工图是否进行交底和会审，相关控制是否符合规定？

<table>
<tr><td>◆ 为什么要看</td><td>避免图纸本身的错误及使用人对图纸的理解产生错误，从而无法达到设计的要求，影响施工，给公司造成损失。
关于施工图的交底与会审，一般是在设计单位出具施工图后，经第三方审图机构审核合格，由建设单位相关部门牵头，召集设计单位、监理单位、施工单位、建设单位相关人员，对图纸进行会审、答疑。这里主要关注在施工的技术上能否实现管控。</td></tr>
<tr><td rowspan="3">◆ 如何去做</td><td>第一步：制度、流程文件的熟悉与梳理
1. 先找规定、标准
关注点包括交底的时间，施工图的设计变更、会审，以及正式版施工图的确认等。
2. 需要哪些制度、流程文件
施工图交底、会审相关规定。</td></tr>
<tr><td>第二步：访谈
询问相关人员，主要关注以下事项：
（1）是否安排施工图交底与会审；
（2）是否按规定执行；
（3）交底与会审过程存在的异议是否及时处理；
（4）会审过程中发现的设计变更如何处理，是否有相关记录；
（5）是否有关于答疑、会审、确认、交接的书面记录。</td></tr>
<tr><td>第三步：测试
建议关注以下方面：
（1）会审是否有相关的审核确认记录，通常包括但不限于设计单位、监理单位、施工单位、建设单位相关人员；
（2）涉及设计变更的，流程是否符合相关规定；
（3）关注正式版施工图的确认时间与实际建设开工时间相比是否存在滞后。
特别提示：总体的原则是，设计的确定需要进行多部门的评审，评审有记录、下发有记录，设计不仅仅是设计部门、设计公司的事，还需要业务等相关部门的参与。</td></tr>
<tr><td>◆ 需要的资料</td><td>结合上面的说明，审计时通常需要以下资料：
（1）相关制度、流程文件；
（2）施工图交底与会审相关支持性资料；
（3）涉及项目的实际开工时间。</td></tr>
<tr><td>◆ 常见的问题</td><td>审计中普遍存在的问题如下：
（1）施工图交底与会审未保留相关记录；
（2）正式版施工图确认时间滞后。</td></tr>
</table>

（五）小结

下面将上述对项目前期管理实施环节进行审计时需关注的点汇总于表 6-2。

表 6-2　项目前期管理审计关注点汇总

关注类别	具体关注点
立项可研	Q. 是否进行项目可研管理
计划管理	Q. 总控计划的编制和调整是否及时，是否有相应的管控
报批报建管理	Q1. 是否及时获取规划许可证
	Q2. 是否及时获取施工许可证
施工图管理	Q1. 设计阶段成果评审是否经过有效管控
	Q2. 施工图是否进行有效管控
	Q3. 施工图是否进行交底和会审，相关控制是否符合规定

三、项目建设管理审计

（一）采购管理

Q. 供应商的选择是否合规、合理？

参见采购部分。

（二）施工管理

1. 工程现场管理

Q1. 施工方人员的配备及更换是否与相关规定相符？

<table>
<tr><td>◆ 为什么要看</td><td>人员不符合规定会对工程进度、质量造成不利影响。</td></tr>
<tr><td rowspan="2">◆ 如何去做</td><td>第一步：制度、流程文件的熟悉与梳理
通常情况下，在投标文件、施工合同中会约定对施工方人员的配备要求，如包含项目经理、承包方主要施工管理人员等。
1. 先找规定、标准
关注点包括对人员资质的规定、人员更换的管控等。
2. 需要哪些制度、流程文件
施工方管理相关制度文件、施工方投标文件、施工合同。</td></tr>
<tr><td>第二步：访谈
询问相关人员，主要关注施工方人员的配备、出勤情况，是否存在异常，异常是如何处理的，以及是否有相应的解决方案。</td></tr>
</table>

（续）

◆ 如何去做	**第三步：测试** 获取审计期间涉及开工项目的清单、施工合同、投标文件、施工方现场人员名单，进行人员比对，如果存在不符的情况，关注是否按相关规定进行处理，是否获得建设方的书面同意。 **特别提示：**对于施工方项目经理的更换这一情况需要特别注意，通常其需要获得建设方、监理单位的书面同意，拟更换的施工经理的资质不能低于原施工方项目经理，具体可以参照相应的合同。另外，施工经理的更换还需要去政府相关部门进行备案，一般为住房和城乡建设局，具体可能因地区差异有所不同。
◆ 需要的资料	结合上面的说明，审计时通常需要以下资料： （1）相关制度、流程文件； （2）审计期间涉及的项目清单； （3）施工合同； （4）相关人员更换的审批资料； （5）相关人员更换的政府部门备案资料。
◆ 常见的问题	审计中普遍存在的问题如下： （1）派遣的人员与规定不符； （2）规定的人员变更后，变更手续不符合规定。

Q2. 监理人员的配备及更换是否与合同规定相符？

◆ 为什么要看	人员不符合规定对工程进度、质量会造成不利影响。
◆ 如何去做	**第一步：制度、流程文件的熟悉与梳理** 通常情况下，在投标文件及监理合同中会约定监理人员的配备要求，合同中会附上监理人员的名单，包括岗位、姓名、职务、职称、专业、持证上岗及执业资格证的情况等信息。 1. 先找规定、标准 关注点包括对监理人员的资质要求、人员与相关规定不符时如何处理。 常见的合同规定如“监理人更换总监理工程师时，应提前 ×× 天向委托人书面报告，经委托人同意后方可更换；监理人更换项目监理机构其他监理人员，应以相当资格与能力的人员替换，并通知委托人”。 2. 需要哪些制度、流程文件 监理管理相关制度、监理方投标文件、监理合同。
	第二步：访谈 询问相关人员，主要关注以下事项： （1）监理人员的配备情况如何，是否存在异常，如果有异常，如何处理及是否有相应的解决方案；

（续）

◆ 如何去做	（2）监理人员是否发生过更换，如果发生过，是如何处理的； （3）是否会对监理人员的资质、数量进行检查。
	第三步：测试 获取审计期间涉及开工项目的清单、监理合同、投标文件、监理人员名单，进行人员比对，如果存在不符的情况，关注是否按相关规定进行处理，例如，需要经委托方书面确认后才可更换的，需要及时通知委托方。其中，需要注意的是，如果总监理工程师发生更换，需要在政府相关部门进行及时备案，一般为市建设局安全处，实际中可能因各地情况不一样而有差异。 **提示：**可以参照《建设工程监理规范》中的相关内容。 **【案例：6-3】** 根据合同规定，监理单位需委派监理人员20人，如果监理人员发生更换，应经甲方同意。审计人员在现场对监理人员的数量、名字与合同进行核对时，发现监理单位实际委派人员15人，其中除总监与合同约定一致外，其余均不一致，也未见甲方同意人员变更的资料。
◆ 需要的资料	结合上面的说明，审计时通常需要以下资料： （1）相关制度、流程文件； （2）审计期间涉及的项目清单； （3）监理合同； （4）相关人员更换的审批资料； （5）相关人员更换的政府部门备案资料。
◆ 常见的问题	审计中普遍存在的问题如下： （1）监理人员数量、资质与合同规定不符； （2）更换监理人员时未按规定处理。

Q3. 工程进度是否进行有效管控？

◆ 为什么要看	如果对工程进度缺乏必要的跟踪和监督，可能会导致工程无法按期完工，致使成本增加，公司利益受损。
◆ 如何去做	**第一步：制度、流程文件的熟悉与梳理** 1. 先找规定、标准 关注点包括计划的制定、跟踪，异常的处理，计划的调整等。 2. 需要哪些制度、流程文件 工程管理与进度相关制度、节点控制计划、施工合同。

（续）

◆ 如何去做	**第二步：访谈** 询问相关人员，主要关注以下事项： （1）是否有专人对工程进度进行跟踪； （2）目前工程进度如何，是否有延迟情况，原因是什么； （3）工程的进度计划是否发生调整，调整的原因，调整是否经过相应的审批。 **第三步：测试** （1）是否有专人负责进度监控，是否要求监理定期上报进度情况。 （2）目前实际进度与计划是否一致，是否存在延期。如存在延期，关注延期原因，如果是施工方造成的，是否对施工方进行相应的处罚等；对影响最终房屋交付的，是否有相应的应对措施等。如果审计人员具备一定的工程专业知识，可以考虑去现场检查实际进度是否与对方告知的一致。 （3）工程进度发生调整的，关注调整的原因及相关的控制是否存在。 **【案例：6-4】** 根据规定，监理需要定期向建设单位上报工程进度，审计人员在检查中发现，与计划相比工程进度滞后了三个月，且监理并未按规定向建设单位提交工程进度报告。审计人员询问建设单位管理人员关于进度的管控问题，并要求相关人员提供监理上报的进度报告，对方表示，这由监理负责，他们不负责。
◆ 需要的资料	结合上面的说明，审计时通常需要以下资料： （1）相关制度、流程文件； （2）施工合同、总控计划； （3）进度报告（实际与计划对比的横道图等）； （4）相关会议纪要； （5）现场进度周报。
◆ 常见的问题	审计中普遍存在的问题如下： （1）施工方原因造成的工程进度未按节点完成，并未按合同规定进行处罚； （2）建设方未对进度进行监控。

Q4. 罚款的管理是否符合相关规定？

◆ 为什么要看	在工程建设过程中，为了能保质保量地完成施工项目，以及保证施工的安全，双方会在合同中约定相应的处罚条款。处罚是否按规定执行，罚款的收取与支出是否合规，如果对这些缺乏有效管控，容易产生私设小金库或是侵占和挪用资金等行为，同时也不利于对工程质量、安全的管理。

（续）

<table>
<tr><td rowspan="4">◆ 如何去做</td><td>
第一步：制度、流程文件的熟悉与梳理
1. 先找规定、标准
关注点包括罚款收支管理、罚款标准等。
2. 需要哪些制度、流程文件
工程管理与进度相关的制度、合同、会议纪要。
</td></tr>
<tr><td>
第二步：访谈
询问相关人员，主要关注以下事项：
（1）对于工程罚款是如何执行的，例如，谁有权发处罚单、罚款收取形式、罚款单的保存等；
（2）是否存在罚款的情况，是否存在应缴未缴罚款的情况。
</td></tr>
<tr><td>
第三步：测试
获取审计期间开具罚款单的清单及对应的支持性资料，建议关注以下方面：
（1）是否明确罚金的缴纳方式，例如，现金、从工程款中直接扣除等；
（2）是否明确由专人开具罚款单；
（3）目前未缴纳罚款的原因；
（4）收到的罚款在使用时是否合规；
（5）罚款单是否连续编号；
（6）罚款的标准是否明确，是否存在区别对待的情况。
</td></tr>
<tr><td>
【案例：6-5】
审计人员在与监理访谈中了解到，监理负责对施工方进行处罚，款项直接存入监理方总监的银行卡中，未按规定交给建设方。另外，监理表示，收取的罚款部分已经使用，用来对施工方发放奖励，但是无法提供相应的手续。建设方人员表示完全不知情。

【案例：6-6】
审计人员获取了建设单位开出的罚款单，发现罚款单上无相应编号，无法确认对方提供的罚款单是否完整。另外，经过核对发现很多罚款单并没有收到罚款，且距离罚款单开具的时间较长。询问项目负责人，对方表示罚款单只是作为管理的一种手段，罚款并非目的，只要对方能够改正，不一定要罚，因此实际进行处罚的并不多。但是对于罚款单中相关事项的整改，相关人员也未能提供相应的整改记录。

思考：如果罚款单有名无实，如何引起对方的重视？如果缺乏相应的管控，罚款是否会变成“小金库”？

【案例：6-7】
根据公司规定，罚款直接在工程进度款中扣除，在开具罚款单后，需分别将其提供给成本核算部、财务部备案。审计人员在检查中发现成本核算部、财务部、项目部开具的罚款单数量及金额存在差异。
</td></tr>
</table>

（续）

◆ 需要的资料	结合上面的说明，审计时通常需要以下资料： （1）相关制度、流程文件； （2）合同； （3）罚款单； （4）罚款收取及使用的证明。
◆ 常见的问题	审计中普遍存在的问题如下： （1）罚款单未连续编号； （2）罚款单缺乏有效追踪； （3）罚款收取与支出缺乏相应的管控。

Q5. 整改措施是否有效落实？

◆ 为什么要看	整改如果流于形式，整改措施无法落地，对施工的质量、安全等会产生不利影响，给公司造成损失。 通常情况下，监理单位及建设单位会安排对项目的巡查，巡查的范围包括但不限于质量、安全等；对巡查中存在的问题，会要求施工方限期整改，如果不限期整改，会进行相应的处罚。
◆ 如何去做	**第一步：制度、流程文件的熟悉与梳理** 1. 先找规定、标准 关注点包括巡查周期、巡查方法、巡查记录、人员安排、问题的整改措施等。 2. 需要哪些制度、流程文件 巡查相关制度、检查表格或模板（建设单位、监理单位）。
	第二步：访谈 询问建设单位、监理单位相关人员，主要关注以下事项： （1）是否进行巡查，多久进行一次，哪些人员参加； （2）一般巡查哪些内容，是否有明确的巡查模板； （3）是否有专人负责对整改措施进行跟踪； （4）通过什么形式确保整改措施及时落地； （5）是否存在不按规定整改的情况，如何处理。
	第三步：测试 获取审计期间已开具的检查整改单，建议关注以下方面： （1）检查整改单是否连续编号； （2）检查整改单开出后，后续的整改措施是否落实； （3）已整改事项是否有验收人员的签字确认，并注明整改措施的验收情况，是否附有相应的整改证明资料，如照片等； （4）是否存在整改未按规定落实的情况，原因是什么，后续的处理办法如何。

（续）

◆ 如何去做	**【案例：6-8】** 审计人员询问监理人员检查整改情况，对方表示，检查整改单全以WORD的形式存在计算机里，并没有进行连续编号；当审计人员询问如何确保对有问题的事项按规定进行了整改，监理人员表示，他们天天在现场，会时时去看的，但是无法提供相应的整改验收证明资料。 **【案例：6-9】** 审计人员获取了检查整改单，发现10个样本里有3个在整改验收栏是空白的，距离开单时间均1个月以上。审计人员询问监理人员为什么不整改，对方表示，施工方已经进行了整改，只是监理忘记在单子上进行验收确认。
◆ 需要的资料	结合上面的说明，审计时通常需要以下资料： （1）相关制度、流程文件； （2）检查整改单及对应的支持性资料； （3）巡查报告。
◆ 常见的问题	审计中普遍存在的问题如下： （1）检查整改单未连续编号，无法保证整改单的完整性； （2）没有对检查整改措施落实情况进行有效追踪； （3）检查整改措施落实的验收未进行及时确认，或缺乏相应的证明资料。

Q6. 工程各阶段验收是否进行有效管控？

◆ 为什么要看	验收的及时性、合规性会直接影响工程质量、工程成本、工程进度，如果缺乏有效的管控，会给公司造成损失。 简单来说，工程各阶段的验收通常是由施工单位上报，监理单位、建设单位组织相关人员参加，有问题的会要求整改。对于需要上报政府部门的，如基坑、人防工程、单位工程竣工验收，施工单位会在自检合格后，上报政府相关部门。
◆ 如何去做	**第一步：制度、流程文件的熟悉与梳理** 1. 先找规定、标准 关注点包括时间要求、人员要求、记录要求、整改要求等。 2. 需要哪些制度、流程文件 验收管理相关制度。
	第二步：访谈 询问工程相关人员，主要关注以下事项： （1）验收需要哪些人员参加； （2）如果建设单位人员参加，是否会形成相关记录；

（续）

◆ 如何去做	（3）整改是否由专人负责追踪、落实，目前未整改事项有哪些，是否有清单或记录； （4）对于未按期整改的，是否有相应的处罚措施； （5）目前，验收过程中存在哪些问题，是否影响整体的工程进度。 **注：**这里询问的人员可以包括建设单位人员、监理单位人员。
	第三步：测试 建议关注以下方面： （1）获取截至目前已上报但未验收的项目，关注是否存在时间较长的情况，原因是什么； （2）对于已验收项目，关注报验时间与完成时间，以及时间间隔是否存在异常； （3）对于验收未合格的项目，关注整改是否按期完成，复检的支持性资料是否完备； （4）对于需要进行处罚的，关注处罚的标准是否明确，罚款的收支是否合规等（参照对监理罚款的管理）。
◆ 需要的资料	结合上面的说明，审计时通常需要以下资料： （1）相关制度、流程文件； （2）验收记录； （3）整改追踪台账。
◆ 常见的问题	审计中普遍存在的问题如下： （1）验收未按规定执行； （2）验收整改缺乏有效追踪； （3）验收不及时。

2. 材料设备管理

因为材料设备的特殊性，这里单独对材料设备的管理进行说明。

Q1. 是否对材料、构件、设备的验收及使用进行有效管控？

◆ 为什么要看	如果缺乏有效管控，可能会影响工程质量甚至产生安全事故，给公司造成损失。 对于进场使用的材料、构件、设备都需要报验合格后方能使用，对于不合格的需要进行退场处理。 **提示：**通常在进场后，材料由施工方直接领走。在工地现场，施工方会有自己的专门区域。
◆ 如何去做	**第一步：制度、流程文件的熟悉与梳理** 通常情况下，由监理负责报验检查，具体参照监理处的报验单。对于甲指乙购、甲供材的管理，可能会有特殊的要求，可参照甲方的相关制度。

（续）

<table>
<tr><td rowspan="2">◆ 如何去做</td><td>第二步：访谈
询问相关人员，主要关注以下事项：
（1）目前的材料、构件、设备在进场报验过程中是否存在不合格的情况，并获取相关资料；
（2）是否存在先使用后报验的情况；
（3）对于甲指乙购、甲供材的验收是如何处理的，其与其他材料的验收要求是否有区别；
（4）在施工过程中是否会进行再次抽检。</td></tr>
<tr><td>第三步：测试
建议关注以下方面：
（1）材料、构件、设备是否按规定进行报验，注意报验的时间、参与验收的人员、签字等；
（2）材料、构件、设备需提供相应合格证明的，支持性资料是否妥善保管，如合格证、检验证明等；
（3）对于检验不合格的材料、构件、设备，是否办理退场；
（4）对于重新进场的材料、构件、设备，相应的手续、证明资料是否齐全；
（5）对材料、构件、设备进行现场抽查。

【案例：6-10】
根据合同规定，钢材的使用品牌应为××、××、××，审计人员检查了报验单、合格证并现场进行了抽查，发现部分钢材不属于规定的三个品牌。

【案例：6-11】
审计人员在检查时发现，施工方现场安装的灯具与合同中约定的品牌不符，且对于材料品牌的变更，未提交建设单位进行相应的审核。根据公司制度规定，施工方使用的材料品牌与规定不符时，需提交建设单位相关部门进行审核，经同意后，才能更换。

提示：对于钢筋、混凝土，除材料供应商提供的合格证外，还需要获取第三方机构出具的检验报告。通常情况下，混凝土会在第三方质检报告出具前进行浇筑，在浇筑后如果第三方质检结果显示质量不符合相关相求，需要打掉重新浇筑。</td></tr>
<tr><td>◆ 需要的资料</td><td>结合上面的说明，审计时通常需要以下资料：
（1）验收管理相关制度；
（2）材料、构件、设备报验记录及相应的支持性资料；
（3）与指定材料品牌、规格等相关的合同；
（4）监理月报、周报。</td></tr>
</table>

（续）

◆ 常见的问题	审计中普遍存在的问题如下： （1）材料、构件、设备的进场检验时间滞后于使用时间； （2）不合格材料、构件、设备退场后重新进场，缺乏相应的证明资料； （3）相关的证明资料保存不完整； （4）未按规定安排甲方人员参与验收或虽参与但无记录； （5）材料品牌与合同规定不符； （6）材料品牌发生变更时，未按规定提交建设单位审核确认。

Q2. 是否对指定材料的价格进行有效控制？

◆ 为什么要看	对指定材料价格的确定有两种模式，一种是在投标时，已经明确材料的品牌和单价；一种是在实际发生时，施工方根据甲方的要求，提出价格申请，甲方进行审核，确定价格。这里主要是针对需要核价的情况，如果缺乏管理，可能会给公司造成损失。
◆ 如何去做	**第一步：制度、流程文件的熟悉与梳理** 1. 先找规定、标准 关注点包括价格如何核定、如何与施工方进行确认等。 2. 需要哪些制度、流程文件 指定材料核价管理相关制度。
	第二步：访谈 询问相关人员，主要关注以下事项： （1）是否有甲指乙购的材料或指定品牌的材料； （2）材料价格是如何确定的，是否需要甲方进行核价确认； （3）是否在核价后发生调价的情况，如果有，是如何控制的； （4）是否存在材料品牌发生变更的情况，如果存在，变更品牌后的价格是如何确定的； （5）是否有相关的管理制度，实际执行中是否与规定不符。
	第三步：测试 获取审计期间指定材料的相关合同及发生调价的记录（如有），建议关注以下方面： （1）对于价格的确定是否有明确的制度； （2）核价的过程是否符合相关规定，核价的程序是否合理，例如，通过比价来确定材料的价格； （3）是否与负责购买一方在合同中明确约定价格管理和允许调价的情况，以及对方违约的处理措施等； （4）发生调价的，关注对调价的管理是否合规，依据是否充分； （5）合同约定的品牌在施工中发生变更时，是否对变更后的价格进行审核。

（续）

◆ 如何去做	**【案例：6-12】** 审计人员在对甲指乙购材料价格的检查中发现，材料核价由采购人员负责。采购人员或是通过电话询价，或是依赖以往经验进行评估。对于是否需要询价、需要询几家、询价记录等没有明确要求。 **【案例：6-13】** 根据规定，钢材的价格根据某网站到货当日的价格上浮 150 元 / 吨确定，如果当日无价格，选择参照类似品牌的价格。审计人员在检查中发现部分钢材的价格在核价时，对品牌的选择存在随机性，价格并非最优。例如，到货的品牌为 a，在没有 a 的价格时通常选择 b 的价格作为参照，但是部分时间段里并没有选择 b，而是选择价格更高的其他品牌价格作为参考价，且发生时 b 是有价格的。询问原因，对方表示有的时候没太注意。
◆ 需要的资料	结合上面的说明，审计时通常需要以下资料： （1）相关制度、流程文件； （2）相关合同； （3）材料价格核定的相关支持性资料； （4）调价记录及相关的支持性资料，如审批记录。
◆ 常见的问题	审计中普遍存在的问题如下： （1）材料价格的核定依据不够充分； （2）调价依据不够充分。

Q3. 甲供材的需求与供应是否进行有效控制？

◆ 为什么要看	甲供材如果缺乏计划，无法按时、按需供应，可能会导致工期延迟，用量缺乏控制，最终会导致成本的增加。
◆ 如何去做	**第一步：制度、流程文件的熟悉与梳理** 1. 先找规定、标准 关注点包括甲供材需求的提出时间、需求的审核、计划的制定等。 2. 需要哪些制度、流程文件 甲供材相关制度、合同。
	第二步：访谈 询问相关人员，主要关注以下事项： （1）是否有明确的规定； （2）使用材料的承包方对需求时间是否有要求； （3）对于承包方提出的需求如何审核； （4）是否存在未及时、未足量到货的情况，是否产生不利影响；

（续）

<table>
<tr><td rowspan="2">◆ 如何去做</td><td>（5）甲供材的用量是否在合同中有相关的规定，如果超过规定的用量，发生的费用由谁承担。
提示：可以分别询问建设方、使用材料的承包方、监理等。</td></tr>
<tr><td>**第三步：测试**
建议关注以下方面：
（1）是否有明确的规定，规定是否合理；
（2）是否存在需求未及时提出的情况，关注需求时间；
（3）对于使用材料的承包方提出的需求是否进行相应的审核；
（4）采购到货是否及时；
（5）与使用甲供材的施工方签订的合同中，是否对甲供材的用量进行相关的约定，尤其是超量后的成本由谁来承担；
（6）对甲供材的实际用量与相应施工方合同中的规定用量进行比对，关注超出的部分是如何处理的。
提示：通常情况下，由使用材料的承包方按进度计划提前一定时间提报需求，由建设单位、监理单位进行审核确认。
【案例：6-14】
审计人员在检查中发现，公司在与某施工方签订的合同中关于甲供材料数量超支如何处理没有进行相应的约定。另外，审计人员还发现数量超支的签证单不完整，通过比对，截至审计日，甲供材因实际供给量超过图纸规定的使用量发生的成本为89万元，该部分是否需要从施工方扣回，尚无定论。</td></tr>
<tr><td>◆ 需要的资料</td><td>结合上面的说明，审计时通常需要以下资料：
（1）相关制度、流程文件；
（2）需求审核记录；
（3）材料验收资料。</td></tr>
<tr><td>◆ 常见的问题</td><td>审计中普遍存在的问题如下：
（1）未按规定及时提出需求。
（2）未按规定对需求进行审核；</td></tr>
</table>

3. 小结

下面将上述对项目建设施工管理实施环节进行审计时需关注的点汇总于表6-3。

表 6-3　项目建设施工管理审计关注点汇总

关注类别	具体关注点
工程现场管理	Q1. 施工方人员的配备及更换是否与相关规定相符
	Q2. 监理人员的配备及更换是否与合同规定相符
	Q3. 工程进度是否进行有效管控
	Q4. 罚款的管理是否符合相关规定
	Q5. 整改措施是否有效落实
	Q6. 工程各阶段验收是否进行有效管控
材料设备管理	Q1. 是否对材料、构件、设备的验收及使用进行有效管控
	Q2. 是否对指定材料的价格进行有效控制
	Q3. 甲供材的需求与供应是否进行有效控制

四、成本管理

Q1. 是否及时编制目标成本并进行相应的审批？

◆ 为什么要看	编制目标成本的目的是控制成本，如果编制不及时，会失去时效性；如果缺乏相应的审批，可能会导致目标成本被随意更改，失去控制的意义，从而给公司造成损失。 通常情况下，为了提高准确度，很多公司会以施工图作为编制目标成本的基础。
◆ 如何去做	**第一步：制度、流程文件的熟悉与梳理** 1. 先找规定、标准 关注点包括时间要求、审批要求等。 2. 需要哪些制度、流程文件 目标成本管理相关规定。
	第二步：访谈 询问成本管理相关人员，主要关注以下事项： （1）是否编制目标成本，谁负责； （2）目标成本编制的时间是否存在滞后； （3）目标成本是否需要审批。
	第三步：测试 建议关注以下方面： （1）目标成本编制及确认的时间是否滞后； （2）目标成本是否进行审批。
	【案例：6-15】 审计人员在检查中发现，公司未按相关规定及时编制目标成本，目前使用的目标成本是工程开工后才编制的，成本是由招标结果及预估金额确定的。

（续）

◆ 需要的资料	结合上面的说明，审计时通常需要以下资料： （1）相关制度、流程文件； （2）审批确认的目标成本。
◆ 常见的问题	审计中普遍存在的问题如下： （1）目标成本未按规定编制； （2）目标成本编制滞后； （2）目标成本未按规定进行审批。

Q2. 目标成本的调整是否进行相关的控制？

◆ 为什么要看	目标成本的调整如果缺乏相应的管控，目标成本的预算控制作用将无法充分发挥，甚至可能形同虚设，从而给公司带来损失。
◆ 如何去做	**第一步：制度、流程文件的熟悉与梳理** 1. 先找规定、标准 关注点包括是否允许调整、调整的审批等。 2. 需要哪些制度、流程文件 目标成本管理相关规定。
	第二步：访谈 询问成本管理相关人员，主要关注以下事项： （1）审计期间目标成本是否发生过调整； （2）调整的原因，如何处理，是否有相应的管控。
	第三步：测试 建议关注以下方面： （1）调整的原因是否与前期内控缺失有关； （2）调整是否按规定进行相应的审批，如无规定，关注调整时是否有相应的控制，是否比较随意等。
◆ 需要的资料	结合上面的说明，审计时通常需要以下资料： （1）相关制度、流程文件； （2）目标成本调整的相关资料。
◆ 常见的问题	审计中普遍存在的问题如下： （1）目标成本调整缺乏相关的管控； （2）目标成本调整未按规定进行审批。

Q3. 动态成本是否编制并及时更新?

<table>
<tr><td>◆ 为什么要看</td><td>编制与更新动态成本的目的是对目标成本进行动态的监控，关注目标成本是否发生超支的情况。动态成本由已发生成本和预计发生成本两部分构成。</td></tr>
<tr><td rowspan="3">◆ 如何去做</td><td>第一步：制度、流程文件的熟悉与梳理
1. 先找规定、标准
关注点包括动态成本如何更新、多久一次、哪些部门负责、预警等。
2. 需要哪些制度、流程文件
动态成本管理相关文件。</td></tr>
<tr><td>第二步：访谈
询问成本管理相关人员，主要关注以下事项：
（1）是否编制动态成本，多久更新一次；
（2）如何编制动态成本，需要哪些部门参与，谁负责最后的汇总工作；
（3）是否需要定期汇报，多久汇报一次；
（4）是否有成本预警要求，如有，如何规定；
（5）目前是否存在或可能发生动态成本超目标成本的情况；
（6）如果存在超目标成本的情况，计划如何处理。</td></tr>
<tr><td>第三步：测试
获取最新动态成本表及定期上报的成本月报（根据被审计单位具体情况）、已签合同及付款资料、签证变更资料、结算资料等，建议关注以下方面：
（1）动态成本的更新是否按规定执行；
（2）更新是否及时；
（3）动态成本是否存在超目标成本的可能；
（4）如果发生超支的情况，关注如何处理及原因。
【案例：6-16】
审计人员在审计时发现，公司的签证变更单未按规定进行及时核价，部分审核时间超过六个月，导致动态成本无法及时更新，动态成本的准确性受到影响。</td></tr>
<tr><td>◆ 需要的资料</td><td>结合上面的说明，审计时通常需要以下资料：
（1）相关制度、流程文件；
（2）动态成本、目标成本；
（3）审计期间相关的合同、签证变更资料、结算资料。</td></tr>
<tr><td>◆ 常见的问题</td><td>审计中普遍存在的问题如下：
（1）未制定动态成本管理相关制度；
（2）动态成本未按规定及时更新；
（3）动态成本更新不准确。</td></tr>
</table>

Q4. 工程签证、设计变更是否进行有效管控？

<table>
<tr><td>◆ 为什么要看</td><td>对于工程签证，我们通常关注的是与造价相关的签证，如现场经济签证、工期有关的签证等。
如果对工程签证、设计变更缺乏有效管控，可能造成成本上升，给公司带来损失。</td></tr>
<tr><td rowspan="3">◆ 如何去做</td><td>第一步：制度、流程文件的熟悉与梳理
1. 先找规定、标准
关注点包括审批的要求、核算内容的要求、核算时间等。
2. 需要哪些制度、流程文件
签证、变更管理相关制度。</td></tr>
<tr><td>第二步：访谈
询问成本管理相关人员，主要关注以下事项：
（1）对于签证、变更是如何管理的，例如，核算内容、核算时间、审批权限、参与人员等；
（2）目前是否存在尚未进行核算的签证、变更，是否存在时间比较长或超过规定时间的情况，原因是什么；
（3）是否编制相应的签证、变更台账，谁负责编制，多久更新一次；
（4）目前的签证、变更管理中存在哪些问题，是否存在纠纷；
（5）签证、变更是否由专人管理，是否要求连续编号。</td></tr>
<tr><td>第三步：测试
获取签证、变更的台账及相应的支持性资料，建议关注以下方面：
（1）是否按一定规定连续编号，目的是保证完整性；
（2）支持性资料是否齐全；
（3）是否按规定审批，例如，是否存在超过一定限额不上报相应的层级进行审批的情况；
（4）是否及时核算，有的时候可能会存在核价不核量的情况；
（5）签证责任权属是否明确；
（6）签证、变更的内容是否存在异常，这部分可能需要专业人员在内容上进行检查；
（7）是否及时更新台账。

【案例：6-17】
审计人员在检查时发现，某公司存在十几份签证单未按规定时间完成审批，该批签证单全部都只审核到合约部某造价员，时间距离审计日接近三个月，该造价员审核单上签署的时间都在9月28日附近。审计人员觉得很奇怪，于是询问了部门的负责人，对方表示，该造价员9月底离职，离职后不久，施工方就拿了这十几份的签证单要求公司进行审批，该部门负责人怀疑该造价员在离职时故意给施工方签了一些可能并不真实的签证单，所以一直未进行处理。</td></tr>
</table>

（续）

◆ 如何去做	【案例：6-18】 审计人员在检查时发现，某工程签证单的审批时间距离施工方上报时间超过9个月，询问项目负责造价的人员，对方表示，因为与施工方意见不一致，所以一直没有进行价量的审核，对方催得也不是很急，所以就不管了。 思考：公司相关负责人员表示，签证不及时审核，对公司没有影响，审核拖后，反而可以延迟付款，对公司是件好事，你怎么看？ 【案例：6-19】 根据合同规定，在发生项目变更时，如果合同中有类似的项目，需要参照类似项目的单价。审计人员在检查中发现，部分变更项目在合同中有可以套用的单价，但是相关人员在进行签证单核价时，并未按规定进行套用。
◆ 需要的资料	结合上面的说明，审计时通常需要以下资料： （1）相关制度、流程文件； （2）签证、变更台账及相应的支持性资料。
◆ 常见的问题	审计中普遍存在的问题如下： （1）签证、变更台账不及时更新； （2）签证、变更的额度未按规定审批； （3）签证、变更的审批不及时； （4）签证的责任权属未列明； （5）签证中单价选用不合规。

Q5. 工程竣工结算是否存在有效管控？

◆ 为什么要看	工程竣工结算的管控是否有效直接影响公司的成本。 工程竣工结算与工程竣工决算是两个概念，很多时候会被误用。工程竣工决算的范围更广，是全口径的概念。 工程竣工结算一般是由施工单位提报的，最终结果决定了建设单位需要付给施工单位的工程款金额，主要包括建安成本及合同规定需支付给施工方的其他费用。 工程竣工决算，是由建设单位制作的从筹建到结束全过程的成本和费用清单。工程竣工结算是工程竣工决算的一部分。
◆ 如何去做	工程竣工结算对专业性要求较高，目前常见的做法是，建设单位委托第三方机构进行核算，有的还会安排二审、三审，以此来降低结算中的风险。对于审计人员来说，主要从合规的角度进行关注，例如，是否按规定进行审核、资料的完整性、结算的及时性。审计人员可以关注结算时间较长或是存在重大分歧的情形，寻找其原因，反推至内控管理上存在的问题。另外，在咨询单位的选择上审计人员可以关注是否存在不相容的情况。

（续）

◆ 如何去做	**提示：**对于造价咨询单位的选择，通常编标和过程跟踪可能是一家单位，一般情况下，为了起到相互监督的作用，建议不要由同一家单位负责编标与最终结算，也不要由同一家单位负责过程跟踪和最终结算。

五、安全管理

这里主要参照的依据是公司内部的制度文件，以及施工合同中“安全文明考核部分”内容，本节列举部分要点以供参考。

Q1. 是否建立安全管理机制？

◆ 为什么要看	通常情况下，对于安全管理，除监理单位外，建设单位也会建立相应的巡查制度，定期对安全情况进行检查、监督，安全管理也会作为其报告的内容之一。对于工程项目来说，安全无小事，一旦出事，就有可能给公司造成严重的影响和损失。虽然监理单位有安全管理相关职责，但建设单位最好也不要做“甩手掌柜”。
◆ 如何去做	**第一步：制度、流程文件的熟悉与梳理** 1. 先找规定、标准 关注点包括检查要求、处罚规定等。 2. 需要哪些制度、流程文件 安全管理相关制度。
	第二步：访谈 询问相关人员，主要关注以下事项： （1）是否建立相关的安全制度； （2）是否由专人或专门的部门负责； （3）采取哪些安全管理措施； （4）是否有定期的检查报告、整改追踪措施等； （5）涉及罚款的如何处理，谁负责开罚款单，如何收取罚款，如果不通过财务，收到的罚款存在哪里，收到的罚款是否已经使用等，这里的处罚不仅限于施工单位，也可能涉及对监理单位未尽责的处罚； （6）在审计期间是否发生事故，如果发生，如何处理； （7）是否建立突发事件应急机制，如建立应急事件联系人名单等。 **注：**这里询问的人员可以包括建设单位、监理单位、施工单位相关人员。
	第三步：测试 获取相关的记录、检查报告、整改追踪措施等资料，建议关注以下方面： （1）巡查是否按规定执行，是否保存相关记录；

（续）

◆ 如何去做	（2）对巡查中发现的问题是否安排专人进行追踪，是否存在未在规定期限内整改的事项，原因是什么； （3）处罚的标准是否明确，将罚款单与实际收款单进行比对，检查是否存在差异； （4）开具的罚款单是否合规，对罚款的收取与处置是否合规，这里可以参照前面监理罚款的部分内容； （5）如果涉及在工程款中扣款的，需查至财务相关凭证，确认是否进行扣款； （6）对于审计期间发生的事故，关注发生的原因，及处理的过程及结果，延伸至检查管理中是否存在风险薄弱环节； （7）关注是否建立突发事件应急机制。
◆ 需要的资料	结合上面的说明，审计时通常需要以下资料： （1）相关制度、流程文件； （2）安全检查报告及整改追踪相关支持性资料； （3）监理日志、工程周报等。
◆ 常见的问题	审计中普遍存在的问题如下： （1）安全检查中发现的问题未及时整改； （2）问题整改缺乏相应的支持性资料； （3）未按规定进行定期巡查； （4）罚款未按规定执行。

Q2. 是否按规定对施工单位进行考核？

◆ 为什么要看	依据施工单位合同中与安全文明考核相关的部分内容约定，建设单位、监理单位需要对施工方进行安全管理评估。如果缺乏实际的检查与考评，不利于对施工单位的安全管理进行有效的监督。 注：这里的巡查与上面所述部分内容可能存在重叠。
◆ 如何去做	**第一步：制度、流程文件的熟悉与梳理** 1. 先找规定、标准 关注点包括合同中与考核相关的条款。 2. 需要哪些制度、流程文件 施工合同。
	第二步：访谈 询问相关人员，主要关注以下事项： （1）是否对施工单位进行检查； （2）哪些人参与； （3）不符的部分如何处理，如何进行整改追踪。 **注：**这里的询问人员可以包括建设单位、监理单位、施工单位相关人员。

（续）

◆ 如何去做	**第三步：测试** 获取相关的合同、检查记录、整改追踪记录等，建议关注以下方面： （1）是否按合同相关规定进行检查； （2）对于检查记录中存在问题的情况是否按合同相关规定进行处理，对于涉及罚款的，注意罚款的收取、使用是否合规、合理，是否有记录等； （3）审计人员可以根据考核表的明细，进行现场检查。
◆ 需要的资料	结合上面的说明，审计时通常需要以下资料： （1）施工合同中与考核相关的部分内容； （2）考核检查记录； （3）整改记录； （4）处罚记录。
◆ 常见的问题	审计中普遍存在的问题如下： （1）安全检查中发现的问题未及时整改； （2）未按规定进行定期巡查。

Q3. 现场是否存在安全隐患？

◆ 为什么要看	纸上写得再完美，现场也有可能是另一番景象，因此，审计人员必须去现场检查。
◆ 如何去做	**第一步：制度、流程文件的熟悉与梳理** 对于非工程专业的人员来说，可以依据公司内部的安全检查模板、施工合同中的考核模板进行检查，这两个是最容易获取的资料。
	第二步：测试 依据公司内部的安全检查模板、施工合同考核模板进行检查时，需关注一些常见的情况： （1）电梯井、基坑、临边洞口是否设置安全围挡及安全标识； （2）施工区域的人员是否佩戴安全帽； （3）工地现场人员是否在非吸烟区吸烟； （4）消防器材是否处于正常压力区域； **【案例：6-20】** 审计人员在检查中发现，部分灭火器处于非正常压力区域，部分灭火器存放于积水中，底部已经生锈。 **【案例：6-21】** 审计人员在检查中发现，存在工人穿拖鞋、赤膊上岗的情况；工地施工现场非吸烟区有烟头、烟盒。

（续）

◆ 如何去做	（5）安全网未按规定使用； （6）对于高空作业，相关人员未按规定佩戴安全带、无安全防护措施； （7）现场动火区域是否按规定获取动火许可证； （8）塔吊是否违规使用，例如，无证上岗、无专业指挥人员、违反“十不吊”等； （9）特殊工种人员是否持证上岗，需要年检的是否进行年检，是否在有效期等； （10）食堂是否存在安全隐患，例如，食堂人员是否有健康许可证、食材是否安全等； （11）宿舍区是否存在用电隐患，例如，乱拉电线、违规使用电器设施等。 **注：**安全常用的俗语有：三宝，即安全帽、安全带、安全网；四口，即洞口、电梯井口、通道口、楼梯口；五临边，即楼面临边、屋面临边、阳台临边、升降口临边、基坑临边。 **【案例：6-22】** 审计人员在项目工地进行审计时，发现很多人都自带餐具，觉得奇怪，难道食堂不提供餐具？于是与员工聊起来，发现员工对食堂的评价不高，尤其是觉得餐具不干净，所以自带餐具。在吃午饭的时候，审计人员去了食堂，发现很多餐具上有斑点，另外发现用来清洁餐具的洗洁精是三无产品。于是审计人员询问了项目相关负责人员，对方表示为了节约开支，食堂卫生情况确实不太理想。
◆ 需要的资料	结合上面的说明，审计时通常需要以下资料： （1）安全相关部分的巡查情况； （2）施工合同中安全检查部分内容。
◆ 常见的问题	审计中普遍存在的问题如下： （1）消防器材存在安全隐患； （2）四口、临边不符合要求； （3）未按规定佩戴安全帽； （4）未在规定区域吸烟； （5）食堂存在安全隐患。

六、项目后评估管理

Q. 是否对项目进行后评估？

◆ 为什么要看	在工程结束后对项目进行评价的目的是总结经验教训，避免在以后建设过程中出现同样的问题。从内控管理的角度来看，这是一个改善项目，在实际工作中，并不是每家公司都会进行项目后评估。

（续）

<table>
<tr><td rowspan="3">◆ 如何去做</td><td>第一步：制度、流程文件的熟悉与梳理
1. 先找规定、标准
关注点包括如何进行评估、评估的时间、评估的模板等。
2. 需要哪些制度、流程文件
项目后评估相关制度。</td></tr>
<tr><td>第二步：访谈
询问相关人员，主要关注以下事项：
（1）是否需要对项目进行后评估；
（2）评估工作是如何操作的，对于存在的问题是如何处理的，如何在以后的工作中进行预警。</td></tr>
<tr><td>第三步：测试
建议关注以下方面：
（1）是否进行项目后评估；
（2）评估是否及时；
（3）评估模板是否合理；
（4）评估是否流于形式；
（5）如果在评估中发现问题，如何在以后的工作中进行预警，如何在其他项目中避免出现同样的问题。
【案例：6-23】
审计人员在对某集团下属各项目公司审计中发现，相同的问题在不同的公司重复发生，而该集团项目的主要管理人员都不是新人，在公司服务时间很长，大多在五年以上，也做过很多类似的项目。

思考：出现这样的情况是不是说明集团在此方面的总结或者评估工作是有缺失的。
提示：评估的意义在于影响未来，所以审计人员在检查时要关注其未来的应用价值，以及是否采取了相应的措施。如果从项目评估中得出的经验、教训最后只留于该项目中，而对于公司的其他项目而言完全不能起到启示的作用，那么评估的作用可能就要打个折扣了。</td></tr>
<tr><td>◆ 需要的资料</td><td>结合上面的说明，审计时通常需要以下资料：
（1）相关制度、流程文件；
（2）评估文件。</td></tr>
<tr><td>◆ 常见的问题</td><td>审计中普遍存在的问题如下：
（1）没有制定相关制度；
（2）未按规定进行项目后评估；
（3）评估流于形式；
（4）评估结果未得到有效运用。</td></tr>
</table>

第三节　本章总结及思路分析

一、本章总结

工程管理涉及的链条较长、业务复杂、专业性强，对审计人员来说是非常重要的模块，对能力的要求较高，要能下工地现场、能坐下来翻阅资料，懂审计、懂管理，也得懂一些工程相关知识。因此，审计人员要想做好工程管理审计，除了加强自身业务能力、业务水平的修炼外，还要学会借助外部的力量。这种外部的力量可以是外聘专家，也可以是施工方人员、监理或是公司业务部门工程领域的人员等。

本章介绍的是一些常见的、通用的控制点，对非工程专业的人来说也是可以上手的。审计中的支持性资料，如监理日志、工程周报或月报、会议纪要等，都是审计中可以借助的信息，建议审计人员给予关注。

二、工程管理审计的总体思路

表 6-4 整理了工程管理审计的总体思路。

表 6-4　工程管理审计总体思路

关注模板	思路分析
前期管理	立项环节：可研分析，决策审批
	报批报建：及时、合规
	施工图管理：内部评审、外部交底、政府相关部门审批
建设管理	现场管理：人员、进度、质量、验收
	成本管理：目标成本、动态成本、设计变更、工程签证
	安全管理：合规
后期管理	项目后评估：是否评估、评估是否有价值、结果如何运用

第七章　销售管理审计

销售管理，简单来说就是企业准备生产什么样的产品，计划通过什么样的方式找到意向客户，以什么样的价格将产品销售出去，同时顺利收回资金。销售目标最终能否顺利达成，直接决定了企业能否盈利、资金流能否维持良性循环。

销售管理涉及的部门、环节众多，相关人员对外需要面对购房客户、代理公司、营销推广供应商、政府相关部门；对内需要寻求工程、设计、财务等部门的支持。

从审计的角度来说，销售作为企业重要的业务环节，是必须给予重点关注的模块。

第一节　进场前的准备

一、整体框架

审计人员在审计前，应对公司审计期间的在售项目进行一个整体的了解，包括但不限于在售项目基本情况、销售政策、推广活动、销售情况、回款、代理公司等。

二、资料收集

审计人员在进场前可能会需要的资料清单如表 7-1 所示。

表 7-1　资料清单示例

需准备的资料清单
✓ 制度、流程
✓ 人员分工、职责权限
✓ 销售价格体系表及审批资料
✓ 销售推广计划及实际执行情况对比分析报告
✓ 销售台账，包含单价、回款信息等
✓ 诉讼台账及相关支持性资料
✓ 退房、换房、更名的清单及相关资料
✓ 客诉台账
✓ 代理公司信息

第二节 具体审计实施

一、建立总体框架

Q. 公司现有项目的基本情况是怎样的？

◆ 为什么要看	对公司涉及的项目形成初步的认识，建立总体的框架，在避免发生遗漏的同时，便于后期对重点项目进行筛选和分析。
◆ 如何去做	询问营销人员，获取项目的基本信息： （1）审计期间在售项目有哪些，项目地点、销售情况、回款情况如何； （2）计划销售项目有哪些，地点、进展如何，是否能如期开盘； （3）销售过程中存在哪些困难或问题等。

二、项目前期管理

Q1. 是否对项目定位策划进行有效管控？

◆ 为什么要看	项目定位策划决定了要做什么样的产品、户型的配比、准备卖给什么样的客户群等。如果缺乏有效管控，一方面会增加无效成本，另一方面可能会使推出的产品因不符合市场需求而发生滞销，影响公司的资金流，导致公司经营发生风险。 **提示：**有的公司会根据地块面积、投资规模、城市级别、定位的客群等因素，开发不同的产品系列，然后根据项目具体情况再进行调整。这是比较好的一种模式。通常情况下，对于项目定位策划的实施，房地产企业会有一套较为固定的模板，如市场调研模板、产品定位报告模板等。
◆ 如何去做	**第一步：制度、流程文件的熟悉与梳理** 1. 先找规定、标准 关注点包括调研评估、决策审批等。 2. 需要哪些制度、流程文件 项目定位策划管理相关制度。
	第二步：访谈 询问营销、投资等相关人员，主要关注以下事项： （1）目前公司项目的定位策划工作是如何实施的，有哪些人员或部门参与，是否需要进行决策审批，过程中会形成哪些成果资料； （2）在实施过程中，存在哪些问题，是如何解决的； （3）经批准的定位策划方案发生调整时，是否需要重新审批。

（续）

◆ 如何去做	**第三步：测试** 建议关注以下方面： （1）是否有明确的制度、规定； （2）定位策划工作的实施是否符合相关规定，例如，该做的调研是否做了，该有的报告是否按节点、按规定提供，该审批的项目是否审批了； （3）对于销售不好的项目，可以反推至前期的定位策划环节，检查是否存在需要改进的地方； （4）公司是否已形成自己的产品系列。 **【案例：7-1】** 审计人员在进行项目审计时，在与对方的闲谈中发现某项目的成本比预计的要高很多，询问原因是项目对三期部分已完工工程进行了拆除，因为老板觉得原先的产品定位存在问题，可能不符合市场需求，于是决定拆除重建。 **【案例：7-2】** 某项目在进行一期产品定位时，决定做低密度的别墅产品，对外宣传也是以低密度作为优势和特色，结果在一期做完后，老板觉得还是做高层比较赚钱，于是二期就改成了高层。 **思考：**规划的问题如何解决、容积率的问题如何解决、是否会影响项目的竣工验收、一期客户对公司会有什么看法、是否会因此产生法律纠纷等。
◆ 需要的资料	结合上面的说明，审计时通常需要以下资料： （1）相关制度、流程文件； （2）项目清单； （3）项目定位策划相关资料。
◆ 常见的问题	审计中普遍存在的问题如下： （1）定位策划流于形式，缺乏依据； （2）定位策划未按规定执行； （3）定位策划调整未进行审批。

Q2. 是否对销售许可证进行有效管控？

◆ 为什么要看	房地产企业如果未获取销售许可证便进行销售，会产生法律风险。
◆ 如何去做	获取审计期间在售项目清单及对应的销售许可证，关注以下方面： （1）销售许可证的获取是否符合计划节点要求，是否存在滞后风险； （2）销售许可证获取过程中是否存在困难，原因是什么，准备如何解决； （3）在售项目是否按规定取得销售许可证，是否存在例外事项。

（续）

◆ 需要的资料	结合上面的说明，审计时通常需要以下资料： （1）销售许可证； （2）审计期间在售项目清单； （3）总控计划中销售许可证的计划获取节点。
◆ 常见的问题	审计中普遍存在的问题如下： （1）销售时，未获取销售许可证； （2）销售许可证的获取时间比计划节点滞后较多。

Q3. 是否对示范区的管理进行有效管控？

◆ 为什么要看	是否对示范区的规划设计、装修、施工、验收等过程进行有效管控，对于能否向客户较好地展示项目形象，给予客户较好的体验起着非常重要的作用，对于能否实现销售目标和成本控制都有着非常重要的影响。 这部分管控主要还是与工程、设计、成本相关，在此只是做一个延伸，重点关注示范区可能对销售产生不利影响的部分。 **提示：**示范区包括项目对外开放主入口至项目示范区的道路、售楼处、示范区景观和公用工程、示范单体、示范外立面、示范样板间、项目提前形成的景观区、看房通道等。
◆ 如何去做	这里涉及的环节较多，与工程、设计牵涉较大，其中，设计（评审、调整、审批）、施工管理（质量、安全、验收等）审计可参照工程管理模块；采购审计可参照采购管理模块。下面列举一些重点关注的事项。 1. 工程进度是否符合计划要求，是否会影响开盘 2. 售楼处、样板房、景观等相关事项 （1）售楼处的选址是否存在影响销售的情形，例如，售楼处不容易被找到、附近有明显的遮挡、位置不够显眼。 （2）售楼处装修的效果是否存在影响销售的情形，例如，装修的效果与项目的定位不符等。 （3）样板房的装修设计与项目的定位是否一致。 （4）装修材料使用的品牌与规定是否一致。 （5）售楼处与样板房在建设过程中是否存在拆除重建的情况。 3. 景观与道路相关事项 （1）是否按期完工。 （2）是否影响参观。 （3）景观的效果是否符合预期，景观包括植物的品种、数量、存活率等。 **提示：**此阶段的控制与工程控制关系较大，对于非专业背景的审计人员，建议多观察、多询问，多听听代理、销售、工程、来访客户的说法，多去现场看看，把自己当成客户去感受一下。

（续）

◆ 如何去做	【案例：7-3】 审计人员在与销售人员的访谈中得知老板前两天来售楼处视察，结束后对售楼处的装修非常不满意，觉得装修根本不符合楼盘的定位。 思考： （1）为什么会出现这样的问题，是不是前期的装修管控或者设计方案的评审出现了问题？ （2）准备如何改进，需要拆了重装还是进行局部调整。 （3）是否会影响成本。 （4）是否会影响开盘节点。 【案例：7-4】 某项目所在地在开发区，开发区的人流主要集中在上班时间，下班时间人流较小。离开发区较近、人流较大的地区是A镇，这也是公司的主要客流所在地，但是因为时间来不及，为了能在计划的节点开盘，公司只能先在项目附近建一个售楼处应付一下。 【案例：7-5】 审计人员在查看样板房成本结算资料时发现存在拆除成本，询问原因，对方表示在第一次样板房装修完成后，领导看了觉得不满意，于是要求拆除，所以又重新进行了设计和装修。审计人员进一步询问，之前的设计方案是否经过评估，是否有相应的评估程序，对方表示设计方案都是开会时讨论决定的，无相关书面记录。
◆ 需要的资料	结合上面的说明，审计时通常需要以下资料： （1）相关制度、流程文件； （2）工程相关资料。 对于审计人员来说，这里主要还是观察、询问、现场走访，因为在此阶段的主要目的不是查工程，重点在于关注示范区对销售的影响。
◆ 常见的问题	审计中普遍存在的问题如下： （1）示范区的完工节点与计划不符； （2）示范区的效果对销售产生不利影响； （3）示范区因前期评估或规划不利，导致发生拆除重建等情形。

三、营销管理

(一)绩效目标管理

Q. 是否对绩效目标的设立、调整、考核进行有效管控?

◆ 为什么要看	对绩效目标进行有效管控与公司的利益、员工的利益息息相关。绩效目标定得过高,可能会无法达成,导致人员的积极性不高,甚至进行数据造假;定得过低,可能无法调动人员的主观能动性,无法起到激励的作用。 对绩效目标进行管控的常见形式如集团与项目公司签订目标责任书,项目公司的总经理是第一责任人,公司再将这些指标分解给各业务人员,并与相关人员签订考核责任书。 **提示:**在实际工作中需要注意的是,对于很多公司来说,某些业绩指标可能是老板"一拍脑袋"想出来的。
◆ 如何去做	**第一步:制度、流程文件的熟悉与梳理** 1. 先找规定、标准 关注点包括制定、调整、奖励与处罚等。 2. 需要哪些制度、流程文件 绩效目标或目标责任管理相关制度。
	第二步:访谈 询问相关人员(项目公司负责人、营销人员、人事等),关注以下事项: (1)绩效目标如何设定,包括公司的目标和个人的目标,目标中包含哪些内容; (2)是否需要签订相应的目标责任书; (3)是否允许进行调整,调整时,如何处理,如审批权限、流程等; (4)绩效目标的达成与否是否有相应的奖惩机制; (5)目前绩效目标的达成状态如何,存在哪些困难,准备如何解决; (6)目标是否达成由谁负责评估和复核。
	第三步:测试 建议关注以下方面: (1)目标如何设立,是否有依据,指标的构成是否合理,例如,只有销售指标无回款指标,可能导致虚假销售或是产生坏账; (2)目标是否能够达成,存在哪些困难,原因在哪里,是否有改进的措施; (3)将目标与实际完成情况做比对,对于差异较大的需要予以关注; (4)目标是否正式,是否有集团与项目公司负责人的签字或者项目公司与业务人员的签字; (5)目标的调整是否符合规定,有相应的审批; (6)由谁负责对目标的考核,数据如何获取; (7)考核的结果是否能发挥制约和激励作用。

（续）

◆ 如何去做	【案例：7-6】 在进行年终绩效目标考核时，审计人员发现某项目公司提供的考核指标与年初与集团签订的不一致，部分指标发生了调整，询问原因，对方表示调整的事项在年中会议上与集团总裁汇报过，总裁口头同意但是无书面确认资料。 **思考：**审计人员要不要去向总裁核实？
◆ 需要的资料	结合上面的说明，审计时通常需要以下资料： （1）相关制度、流程文件； （2）业绩指标及考核结果。
◆ 常见的问题	审计中普遍存在的问题如下： （1）没有相关制度； （2）目标形同虚设； （3）目标调整时未进行审批； （4）目标完成数据存在造假情况。

（二）销售政策及方案

Q1. 是否对销售政策的制定、调整、实施进行有效管控？

◆ 为什么要看	销售政策包括定价体系、折扣、特殊优惠、阶段性促销等。销售政策的制定、调整是否经过有效的管控，对能否达成销售业绩、维护公司形象、避免产生舞弊都有着重要的影响。 **提示：**销售政策会根据不同阶段的情况进行调整。
◆ 如何去做	**第一步：制度、流程文件的熟悉与梳理** 1. 先找规定、标准 关注点包括制定、调整、审批等。 2. 需要哪些制度、流程文件 营销政策管理相关制度。
	第二步：访谈 （1）询问相关销售人员，主要关注以下事项： a. 是否制定了相关销售政策； b. 销售政策是否需要经过审批； c. 销售政策的执行是否存在与实际脱节的情况； d. 销售政策是否发生调整，调整的原因，调整生效的时间，以及是否进行了审批； e. 通过何种方式让业务人员及时熟悉、了解公司的政策。 （2）随机询问销售人员是否清楚公司的销售政策，尤其是一线的销售人员，如果有代理公司，对代理公司的人员也要进行询问。

（续）

<table>
<tr><td>◆ 如何去做</td><td>第三步：测试
主要是合规性检查，建议关注以下方面：
（1）销售政策的制定、调整、审批是否符合相关规定；
（2）销售政策发生调整的，注意调整后政策的生效时间与实施时间是否存在异常；
（3）通过抽样，关注政策的实施是否存在违规情形，可以优先关注异常的客户，例如，优惠异常的客户、政策调整前后的成交客户、付款异常的客户等；
（4）可以考虑扮演客户，测试现场销售人员，检查是否存在与政策不符的地方。

【案例：7-7】
根据公司“老带新”政策，老客户带来新客户并签约成功，为老客户减免一年的物业费。审计人员查看减免的相关资料后发现，“老带新”物业费减免申请单上存在老客户与新客户信息填写不完整的情况，部分申请单上老客户和新客户的信息无法确认。

提示：在对“老带新”政策的实施进行检查时，建议通过电话回访的方式，对新客户进行调查，询问其是否是被所谓的“老客户”介绍来的。

【案例：7-8】
为了促进销售，公司给购房者发放购房大礼包，其中有免费上门保洁服务礼券，礼券上列明保洁服务完成后需要业主签字确认，如果业主不满意可以不签字。公司与清洁公司凭券结账。审计人员在检查中发现，公司未记录采购的礼券编号，也没有发放记录，同时，部分结账礼券并无业主的签字。

【案例：7-9】
为了完成销售目标，项目公司采取“借款购房”政策，即当客户首付款不够时，与客户签订借款协议为客户提供借款，并要求客户在规定时间还款。审计人员在检查中发现，该项政策为项目公司的私下行为，并未得到集团的审批认可。另外，根据借款协议，在规定时间里，如客户未能还款，将收取利息。审计人员对借款协议进行了检查，发现逾期的均没有进行相应的处理，销售人员表示，这个条款只是写写而已，并不是一定要执行的。</td></tr>
<tr><td>◆ 需要的资料</td><td>结合上面的说明，审计时通常需要以下资料：
（1）相关制度、流程文件；
（2）销售政策制定、调整、审批、评估相关资料；
（3）销售政策培训相关资料（如有）。</td></tr>
<tr><td>◆ 常见的问题</td><td>审计中普遍存在的问题如下：
（1）销售政策制定、调整没有进行审批；
（2）未按规定执行销售政策。</td></tr>
</table>

Q2. 是否对销售方案的制定、调整、实施进行有效管控?

<table>
<tr><td>◆ 为什么要看</td><td>销售方案通常包括销售策略和计划。简单来说，即为了完成销售目标，从战略上进行部署，需要花多少费用、采用什么方式、通过什么渠道，在规定的时间节点里把意向客户吸引过来。可见销售方案的制定对销售目标的达成起着重要的作用。
提示：不同公司对销售方案的规定存在差异，例如，有些公司的销售方案会包括推广方案、团队构成等，有些则不会；根据不同需求，有些公司将销售方案分成整体销售方案、年度方案、阶段性方案（季度或月度）。审计人员在检查时，要先了解销售方案的构成。</td></tr>
<tr><td rowspan="3">◆ 如何去做</td><td>第一步：制度、从流程文件的熟悉与梳理
1. 先找规定、标准
关注点包括制定、调整、审批等。
2. 需要哪些制度、流程文件
销售方案相关制度文件。</td></tr>
<tr><td>第二步：访谈
询问相关销售人员，主要关注以下事项：
（1）是否制定销售方案，方案包含哪些内容，分成哪几类，如年度方案、月度方案等；
（2）销售方案是否需要经过审批；
（3）销售方案与执行是否存在差异，是否进行对比分析，例如，计划节点的完成情况、预算的执行情况等；
（4）销售方案实施中存在哪些问题；
（5）销售方案是否经过调整，调整的方案是否经过审批等。</td></tr>
<tr><td>第三步：测试
建议关注以下方面：
（1）是否有相关的制度、流程；
（2）销售方案的编制是否及时，注意编制的时间是否滞后；
（3）销售方案是否经过审批；
（4）销售方案与执行是否存在差异，原因是什么，目的是反推前期管理是否存在需要改进的地方；
（5）销售方案发生调整时是否需要审批。</td></tr>
<tr><td>◆ 需要的资料</td><td>结合上面的说明，审计时通常需要以下资料：
（1）相关制度、流程文件；
（2）销售方案制定、调整、审批相关资料；
（3）销售方案与执行情况对比分析报告。</td></tr>
</table>

（续）

<table>
<tr><td>◆ 常见的问题</td><td>审计中普遍存在的问题如下：
（1）未制定相关制度；
（2）未制定销售方案；
（3）销售方案形同虚设；
（4）销售方案与执行存在差异。
注：存在差异不一定代表有问题，需要具体分析。</td></tr>
</table>

（三）营销推广管理

因为营销推广十分重要，在此对营销推广的管控进行专门的介绍。

Q1. 是否对营销推广方案制定、调整与实施进行有效管控？

<table>
<tr><td>◆ 为什么要看</td><td>营销推广方案包括营销推广策略和营销推广计划。推广方案的制定主要是为了确定准备花多少钱，通过什么样的方式，让更多的潜在客户知道公司的产品，并愿意成为公司的客户。推广方案的管控对成本的控制、销售目标的达成起着重要的作用。</td></tr>
<tr><td rowspan="3">◆ 如何去做</td><td>第一步：制度、流程文件的熟悉与梳理
1. 先找规定、标准
关注点包括制定、调整、审批等。
2. 需要哪些制度、流程文件
销售推广管理相关制度文件。</td></tr>
<tr><td>第二步：访谈
询问相关销售人员，主要关注以下事项：
（1）是否制定了营销推广方案，方案包括的内容；
（2）方案的编制、调整是否需要进行审批；
（3）方案与执行是否存在差异，是否进行对比分析，如预算、节点等；
（4）是否会对方案的实施情况进行评估。</td></tr>
<tr><td>第三步：测试
建议关注以下方面：
（1）是否有相关的制度、流程；
（2）推广方案是否及时编制，注意编制的时间是否滞后，编制的周期是否合理，同时，注意方案是否具有指导意义，是否流于形式；
（3）推广方案的编制、调整是否经过审批；
（4）方案与执行是否存在差异，比如超预算、计划外项目、计划内项目被取消等，原因是什么；
（5）是否有方案实施评估报告或定期的结案报告，同时关注里面存在异常的事项。</td></tr>
</table>

（续）

◆ 如何去做	**提示：** 通常情况下，营销推广方案的效果其实很难评估，比较容易作为抓手的就是活动。审计人员关注活动的目的是总结活动中的经验与教训，同时也可以对相关方案进行评估，好的以后继续保持，不好的以后就避免。
◆ 需要的资料	结合上面的说明，审计时通常需要以下资料： （1）相关制度、流程文件； （2）推广方案制定、调整、审批相关资料； （3）推广方案制定与执行对比分析报告； （4）方案实施后的评估资料（如有）。
◆ 常见的问题	审计中普遍存在的问题如下： （1）未制定相关制度； （2）未制定推广方案； （3）推广方案形同虚设； （4）推广方案与执行存在差异。

Q2. 是否对负责营销推广的供应商的比选进行有效管控？

具体可以参考采购环节。这里要特别说明一点，广告供应商具有一定的特殊性，如果想做户外广告牌、地铁广告牌、公交广告牌等，位置的选择就决定了供应商的选择。如果需要报纸、电台、电视台等媒体资源，则对方具有一定的专一性和垄断性。对于此类供应商，公司的议价能力是较弱的。

Q3. 是否对营销推广的宣传内容进行有效管控？

◆ 为什么要看	如果对营销推广的宣传内容缺乏有效管控，可能会出现宣传不实、使用禁语等情形，产生违法、违规的风险，给公司的销售工作造成不利的后果。营销推广的宣传内容包括文字、图片、视频等。 **提示：** 对于在宣传中避免使用禁语，有的公司会将审核的任务交给承接相关宣传推广的公司来负责，但是，需要注意的是，宣传内容的审核不仅包括宣传禁语的审核，还包括其他方面的内容。
◆ 如何去做	**第一步：制度、流程文件的熟悉与梳理** 1. 先找规定、标准 关注点包括营销推广宣传内容的注意事项、审核要求等。 2. 需要哪些制度、流程文件 营销推广宣传内容管理相关制度文件。
	第二步：访谈 询问相关销售人员，主要关注以下事项： （1）是否对营销推广的宣传内容进行审核，尤其是由外部单位负责的部分；

（续）

	（2）审核中是否有明确的注意事项等； （3）审核是否有记录； （4）是否存在营销推广宣传内容与规定不符的情况； （5）如何保证营销推广宣传中所用的产品信息能够及时、准确地传递给广告公司。
◆ 如何去做	**第三步：测试** 建议关注以下方面： （1）是否有相关的制度、流程； （2）有明确审核规定的，依规定进行抽查； （3）是否进行审核，审核是否有记录； （4）宣传推广所用资料是否存在与规定不符的地方，如法律法规、公司规定、项目的实际情况等。 **【案例：7-10】** 审计人员在检查中发现，公司宣传册上印制的户型与现售产品不符，询问原因后被告知，设计发生了调整，但宣传册印制较早，没能及时更新。
◆ 需要的资料	结合上面的说明，审计时通常需要以下资料： （1）相关制度、流程文件； （2）营销推广宣传内容审核相关资料。
◆ 常见的问题	审计中普遍存在的问题如下： （1）未制定相关制度； （2）营销推广宣传内容缺乏审核机制； （3）审核无记录； （4）营销推广宣传内容传递不及时、不准确。

Q4. 是否对营销推广实物进行有效管控？

◆ 为什么要看	营销推广实物包括礼品、礼券等，如果缺乏有效管控，可能给公司造成损失，尤其是金额较大的实物。
◆ 如何去做	**第一步：制度、流程文件的熟悉与梳理** 1. 先找规定、标准 关注点包括采购、验收、发放、保管等。 2. 需要哪些制度、流程文件 活动管理或礼品管理相关制度。
	第二步：访谈 询问相关营销推广人员，主要关注以下事项： （1）哪些活动涉及实物的发放，实物包括礼品卡、券等；

（续）

◆ 如何去做	（2）实物的采购、验收、发放如何执行，是否有记录； （3）目前，尚未用完的礼品、礼品卡、券存放在哪里，是否有记录，是否进行定期盘点等。 **第三步：测试** 建议关注以下方面： （1）采购比选参照采购相关规定； （2）验收、领用、发放是否有记录、手续是否齐全； （3）是否对实物进行盘点，是否存在差异。 **提示**：对此环节的控制可以参照物资采购、验收、领用的管理思路。 **【案例：7-11】** 在某推广活动中，需要发放礼品和奖品给参与人员，但是，在合同中未对实物规格型号进行说明，仅标注了实物名称，如笔、充电宝等，无法对发放的实物是否与合同规定相符进行确认。 **【案例：7-12】** 审计人员在检查中发现，公司所有宣传推广物资验收工作由代理公司负责，但是验收过程没有记录，在现场发现活动中未发放完的电磁炉、水杯等礼品存放在办公区域，无任何记录。 **【案例：7-13】** 审计人员检查销售仓库发现部分礼品未在台账中体现，对方表示这些都是供应商赞助的，所以未记录。
◆ 需要的资料	结合上面的说明，审计时通常需要以下资料： （1）相关制度、流程文件； （2）合同； （3）实物台账； （4）实物领用记录； （5）盘点记录。
◆ 常见的问题	审计中普遍存在的问题如下： （1）实物的验收、领用不符合规范； （2）实物的进存无记录； （3）台账未及时更新； （4）账实不符； （5）领用缺乏书面审批； （6）活动中涉及的实物在相关服务合同中规定不明确。

（四）销售代理管理

Q1. 目前公司的销售代理有哪些合作模式？

审计人员应对销售代理合作模式建立基本的框架，目前常见的如专门的代理公司、房产中介、个人代理等，每种模式的结算方式、管理方式都不同，需要予以注意。

Q2. 是否对营销推广代理公司的选择进行有效管控？

参照采购部分。

Q3. 是否对营销推广代理公司的考核进行有效管理？

◆ 为什么要看	是否对营销推广代理公司的考核进行有效管控，直接影响公司的利益。
◆ 如何去做	**第一步：制度、流程文件的熟悉与梳理** 1. 先找规定、标准 关注点包括指标设立、考核要求、奖惩措施等。 2. 需要哪些制度、流程文件 这里主要是代理合同。
	第二步：访谈 询问相关销售人员，主要关注以下事项： （1）是否对营销推广代理公司进行考核； （2）考核指标如何确定； （3）多久考核一次，考核结果是否与对方的费用挂钩； （4）谁负责进行考核； （5）是否有考核记录。
	第三步：测试 建议关注以下方面。 （1）合同中是否有考核要求。 （2）考核的指标、办法是否合理，通常要求考核的结果付款周期保持一致，指标的设定也是多维的，例如，将销售业绩与回款挂钩，如果仅将销售额作为佣金支付的基础，不利于回款的管理，而且可能产生虚假销售等情形。 （3）是否按规定进行考核，考核是否有记录，考核中存在的问题是否要求对方整改。 （4）可以延伸至佣金结算检查，计算是否合规，依据是否充分。 **【案例：7-14】** 审计人员在检查中发现，公司的销售代理考核指标设置不合理，总分 120 分，连续两个月低于 60 分才要进行惩罚，除此之外未设置其他层级的考核。 **【案例：7-15】** 合同规定，公司每月需对代理公司进行考核，考核结果与付款挂钩。审

（续）

◆ 如何去做	计人员在检查中发现，公司从未对代理公司进行考核，现有做法是，在月度例会上对代理公司的服务情况进行口头讨论，也未形成相关的记录。 **【案例：7-16】** 审计人员检查代理合同发现，合同中仅对销售指标进行了规定，并将其作为付款的依据，对于回款的完成情况未作规定。 **【案例：7-17】** 公司为鼓励员工的销售积极性，制定佣金分配细则，其中约定佣金的比率与销售指标的完成情况有关。但是，审计人员在检查时发现，对于年度需完成的指标并未与相关员工签订明确的责任书或协议。询问原因，对方表示，都是自己的员工，口头说一下即可，不需要签。
◆ 需要的资料	结合上面的说明，审计时通常需要以下资料： （1）相关制度、流程文件（如有）； （2）代理合同； （3）考核相关资料。
◆ 常见的问题	审计中普遍存在的问题如下： （1）考核指标设计不合理； （2）考核周期不合理； （3）考核流于形式。

（五）销售过程管理

Q1. 是否对定价体系进行有效管控？

◆ 为什么要看	如果对定价体系的制定、评估、更新缺乏有效的管控，可能会给公司造成损失。 销售政策会包含定价体系的部分，因其重要性，这里进行专门的说明。 **注：**开发商在物价部门备案的价格、房管部门在网上公布的价格以及楼盘的实际销售价格，必须“三价统一”，如果开发商突破备案价格和网上公布的价格，会受到相关部门的查处。
◆ 如何去做	**第一步：制度、流程文件的熟悉与梳理** 1. 先找规定、标准 关注点包括定价体系的制定、更新、审批等。 2. 需要哪些制度、流程文件 定价体系管理相关制度。
	第二步：访谈 询问相关销售人员，主要关注以下事项：

（续）

	（1）公司是否有明确的定价体系； （2）定价体系的制定、调整是否经过审批； （3）折扣、优惠的审批权限如何。
◆ 如何去做	**第三步：测试** 1. 如何选样 关注折扣、优惠及销售价格低于底价的样本。 2. 如何检查 建议关注以下方面： （1）是否有相关的制度、流程； （2）定价体系是否经过审批； （3）折扣、优惠的审批是否符合相关规定，权限是否符合要求，注意给予变相折扣的情况。 **【案例：7-18】** 某楼盘两年前开盘，期间周边的房价大涨，但公司依然按照两年前的价格进行销售，未根据市场变化对价格进行重新评估。审计人员通过对周边类似楼盘、二手房的价格进行调研，发现目前公司楼盘的售价明显低于周边市场。 **【案例：7-19】** 审计人员在检查中发现，部分项目优惠价格的制定及变更缺少书面审批文件，经询问，销售人员表示一般通过口头汇报的方式进行确定。
◆ 需要的资料	结合上面的说明，审计时通常需要以下资料： （1）相关制度、流程文件； （2）审批的价格体系表； （3）价格备案信息； （4）销售台账。
◆ 常见的问题	审计中普遍存在的问题如下： （1）折扣、优惠未按规定进行审批； （2）价格调整缺乏相应的管控程序。

Q2. 是否对购房者的购房资格进行有效管控？

◆ 为什么要看	如果缺乏对购房者资格进行的有效管控，可能会影响房屋的销售效率，给公司造成损失。例如，因为购房者的购房资质不符合要求，导致无法办理贷款，占用房源、影响销售，不利于公司的资金回笼。

（续）

◆ 如何去做	（1）询问相关人员，公司是否对购房者的资格进行了审核，并明确审核时需要对方提供的资料，如购房的资格证明资料（社保缴纳记录、征信报告）、购房者的资金能力证明资料（存款证明、银行盖章的收入流水）等。 （2）获取目前的欠款客户信息，关注原因，检查是否与购房资格的审查有关系。 **【案例：7-20】** 审计人员在检查中发现，某楼盘301室客户存在欠款，原因为该客户因资格问题只能办理资产抵押贷款，由于银行政策的紧缩，停止办理商业类资产抵押贷款，导致很多银行无法办理此业务。 **提示：**对于贷款能力的审核，通常开发商会安排银行工作人员现场办公，进行现场审核。 目前，一些热门的楼盘为了加快资金回收的速度会要求前期进行验资并提高付款的比例。
◆ 需要的资料	结合上面的说明，审计时通常需要欠款清单及相关的原因说明等资料。
◆ 常见的问题	审计中普遍存在的问题如未对购房资格、购房能力、贷款资格进行审核等。

Q3. 是否对认购协议转合同进行有效管控？

◆ 为什么要看	在销售过程中，房地产企业会先与意向客户签订认购协议，在协议中规定，意向客户应在规定的时间带上首付款来签订购房合同。如果对认购协议转合同缺乏有效管控，可能会占用房源，影响公司的利益。
◆ 如何去做	（1）询问销售、代理公司，是否存在认购协议未及时转为合同的情况，获取清单，关注发生的原因是什么，采取了哪些措施。 （2）可以直接向销售、代理公司获取目前未转合同的认购协议。 （3）抽取客户档案，将认购协议上规定的时间与合同签订时间进行对比。 （4）关注长期不转合同的原因是什么。 （5）对于未在规定时间里转为合同的情况，是否按规定进行相应的处理。 （6）未按协议规定进行处理的，是否有相应的管控程序。 **【案例：7-21】** 根据公司的认购协议规定，超过15天未签订合同的，将会解除协议并扣除定金。审计人员从代理公司处获取目前尚未转为合同的认购协议，发现部分客户已经超过规定的时间，但未进行任何的处理。代理公司表示，客户态度很好，一直都有联系，表示很快就会来签合同；对于延期的处理，也无相应的管控程序。

（续）

◆ 需要的资料	结合上面的说明，审计时通常需要以下资料： （1）相关制度、流程文件； （2）认购协议、购房合同； （3）未转合同的客户资料。
◆ 常见的问题	审计中普遍存在的问题如下： （1）认购协议未在规定时间转为合同； （2）未按协议规定进行相应的处罚，无相应的管控程序。

Q4. 是否对退定金、换房、退房、更名进行有效管控？

◆ 为什么要看	如果对退定金、换房、退房、更名过程缺乏有效管控，可能给公司造成损失，甚至容易产生舞弊的空间。在房地产市场火爆的行情下，部分人员会仅支付定金占取房源名额，后期如果市场不好就退房、退定金，如果市场好，就通过与销售人员或代理公司合作进行更名，赚取差价。
◆ 如何去做	**第一步：制度、流程文件的熟悉与梳理** 1. 先找规定、标准 关注点包括是否允许退定金、换房、退房、更名，如果允许需要满足什么条件、如何审批等。 2. 需要哪些制度、流程文件 退定金、换房、退房、更名相关制度。
	第二步：访谈 询问相关销售人员，主要关注以下事项： （1）是否有相关的制度、流程； （2）是否允许退定金、换房、退房、更名，如果允许，如何处理，需要审批到哪个层级； （3）审计期间是否发生退定金、换房、退房、更名的情况，如发生，是如何处理的，并要求提供相应的资料。
	第三步：测试 1. 如何选样 全查，其中退定金、退房的情况可以通过财务账进行查找。 2. 如何检查 建议关注以下方面： （1）是否有相关的制度； （2）是否允许更名，手续是否合规，原因是什么； （3）退定金、退房程序是否合规，尤其要关注没有按规定进行扣款的情况； （4）换房过程中涉及的差价是否补齐，换房手续是否合规，是否有借换房进行更名处理的情况。

（续）

◆ 如何去做	【案例：7-22】 审计人员在检查某项目时，发现账上有大量的房源仅支付了定金，一直未支付后续的房款，进一步检查发现这些购买者都是公司内部人员。经查证，这属于集体炒房行为，他们准备在房价上涨后通过更名的方式赚取利益。 【案例：7-23】 根据公司规定，对于父母子女之间的更名只需要审批到销售经理，其他情况需要审批到公司总经理。审计人员在检查中发现一笔审批至销售经理的更名申请，但是在更名申请审批过程中，相关人员未能提供相应的证明资料，后经证实，为了方便就只审批到了销售经理。
◆ 需要的资料	结合上面的说明，审计时通常需要以下资料： （1）相关制度、流程文件； （2）退定金、换房、退房、更名清单及相关支持性资料。
◆ 常见的问题	审计中普遍存在的问题如下： （1）没有制定相关制度； （2）缺乏相应的审批手续； （3）通过更名的方式进行炒房。

Q5. 是否对销售台账（销控表）进行有效管控？

◆ 为什么要看	如果数据的准确性、及时性、完整性出现问题，将不利于对实际销售情况、资金回款情况等进行有效管控。
◆ 如何去做	建议重点关注以下方面： （1）是否安排专人负责台账的维护； （2）是否定期进行对账，如销售账与财务账； （3）台账的信息是否准确、及时、完整（房号、合同签订时间、单价、付款节点、面积等），可以通过抽样的方式进行检查。
◆ 需要的资料	结合上面的说明，审计时通常需要以下资料： （1）相关制度、流程文件； （2）销控表。
◆ 常见的问题	审计中普遍存在的问题主要有台账维护不够准确、及时、完整等。

Q6. 是否对回款进行有效管控？

◆ 为什么要看	如果对回款缺乏有效管控，会给公司造成损失。

（续）

<table>
<tr><td rowspan="3">◆ 如何去做</td><td>第一步：制度、流程文件的熟悉与梳理
1. 先找规定、标准
关注点包括催款流程、延期管理等。
2. 需要哪些制度、流程文件
回款管理相关制度、合同。</td></tr>
<tr><td>第二步：访谈
询问相关销售人员（甲方销售及代理公司人员），主要关注以下事项：
（1）目前欠款情况如何，获取欠款台账；
（2）是否存在异常，准备如何处理；
（3）是否存在延期付款的情况，如何处理；
（4）回款相关的考核指标是否达成，未达成的原因是什么。
提示：建议审计人员直接从代理公司获取相关资料，因为是第一手资料。</td></tr>
<tr><td>第三步：测试
1. 如何选样
获取欠款台账、延期付款清单，全查。
2. 如何检查
建议关注以下方面：
（1）欠款是否按规定进行处理，如催款、处罚等；
（2）延期付款是否需要履行相应的审批程序；
（3）考核指标是否完成。
【案例：7-24】
审计人员在检查中发现，某栋楼302室的客户与公司多次签订延期协议，截至审计日，除了第一次支付的部分首付款外，再也没有支付其他款项，销售人员解释，对方一直表示很快就会付款，觉得对方很有诚意，所以就一直拖下来。审计人员再次询问该延期付款是否经过相应的审批，销售人员表示没有。
【案例：7-25】
根据合同规定，“付款逾期60天内，买受人应按日支付逾期应付款万分之一的违约金，付款逾期超过60天，出卖人可以解除合同。”审计人员在检查中发现，对于部分欠款客户业务人员未按合同规定进行处理，询问业务人员，表示一直与对方保持联系，对方表示一定会来付款。审计人员再次询问是否对违约免责的处理进行汇报并得到审批，业务人员表示没有，因为公司没有这样的制度流程，只是向销售经理汇报了一下。</td></tr>
<tr><td>◆ 需要的资料</td><td>结合上面的说明，审计时通常需要以下资料：
（1）相关制度、流程文件；
（2）欠款清单及相应支持性资料；
（3）延期付款清单及相应支持性资料。</td></tr>
</table>

（续）

◆ 常见的问题	审计中普遍存在的问题如下： （1）没有及时催缴欠款； （2）对延期付款缺乏相应的管控； （3）对违约免责的处理缺乏相应的管控。

Q7. 是否对老项目的存量房进行有效管控？

◆ 为什么要看	这里说的老项目主要是指一些开盘时间较长，大部分房屋已销售完毕，余下少量房源的项目。此时，代理公司可能已经撤场，公司的销售重点也已放在新项目上。 对于此部分的存量房如果缺乏管控，可能导致无人管理，不利于盘活公司的资产，导致资金成本的占用或是产生房屋被私自占用的风险。
◆ 如何去做	（1）询问相关人员： a. 目前有哪些老项目，这些项目是否还有存量房未出售，这批房源是否由专人管理； b. 是否有相应的房源台账； c. 准备如何处理这批房源，价格是否需要重新备案等。 **提示**：对时间较久的存量房再次进行销售，需要关注如何确定价格，检查是沿用之前的还是根据市场情况重新评估确定。 （2）从销售台账或财务账上获取这部分存量房的信息，关注这些存量房自开盘到现在的销售时间，公司采取了哪些方法进行销售，是否由专人进行管理。 （3）抽盘实物，关注是否账实相符。 **【案例：7-26】** 审计人员在检查中发现财务账上有一批存量房，根据入账时间，最早的在三年以上。于是询问销售人员此部分房屋是否由专人打理，销售人员表示这些都是老项目的尾盘，时间很久了，目前无人管理，至于是否继续出售要等待公司管理层的指示。
◆ 需要的资料	结合上面的说明，审计时通常需要以下资料： （1）相关制度、流程文件； （2）存量房台账。
◆ 常见的问题	审计中普遍存在的问题如下： （1）存量房无人管理； （2）存量房未建立相应的台账； （3）存量房销售价格不够合理。

Q8. 是否对样板房物资进行有效管控?

<table>
<tr><td>◆ 为什么要看</td><td>样板房物资缺乏有效管控可能给公司造成损失。样板房物资的管控贯穿销售的全过程。</td></tr>
<tr><td rowspan="3">◆ 如何去做</td><td>第一步：制度、流程文件的熟悉与梳理
1. 先找规定、标准
关注点包括验收、调拨、盘点等。
2. 需要哪些制度、流程文件
样板房物资管理相关制度。</td></tr>
<tr><td>第二步：访谈
询问样板房物资管理相关人员，主要关注以下事项：
（1）有几套样板房，在哪里；
（2）是否有其他项目撤下来的物资，如有，堆放在哪里；
（3）物资是否有验收记录；
（4）是否编制物资台账；
（5）是否进行定期盘点；
（6）调拨是否有记录。</td></tr>
<tr><td>第三步：测试
建议关注以下方面：
（1）验收记录、物资台账，盘点是否账实相符；
（2）是否存在其他项目撤下来的物资，这些物资是如何管理和处置的。

【案例：7-27】
审计人员在检查样板房物资时，询问相关负责人员是否会建立物资台账，并定期盘点，对方表示会做，于是提供了台账。审计人员在盘点过程中发现家电设施、可移动家具均不在台账中。对方表示，移交过来的物资清单没有包含这些，所以没有在台账中列示。

【案例：7-28】
审计人员在检查中发现，相关人员在一间空置的房间中堆放了大量的样板房物资，对方表示，这些都是其他项目上撤下来的物资，没有地方存放，就暂时堆置在这里，没有台账。如果这里有其他样板房可以使用的物资，需要的人可以直接来这里挑走。

【案例：7-29】
审计人员在检查台账及盘点记录时发现其对物资的描述不够清晰，仅仅以文字进行描述，无法确认所盘点物资是否属实。

提示：对于样板房的物资清单，最好配以实物图片，以便于审计人员在盘点时对其真实性进行确认。</td></tr>
</table>

（续）

◆ 需要的资料	结合上面的说明，审计时通常需要以下资料： （1）相关制度、流程文件； （2）物资台账； （3）盘点记录； （4）调拨记录； （5）软装合同。
◆ 常见的问题	审计中普遍存在的问题如下： （1）没有制定相关制度； （2）账实不符； （3）物资台账维护不够准确； （4）没有定期盘点； （5）撤场物资无人管理。

（六）小结

下面将上述对营销管理实施环节进行审计时需关注的点汇总于表 7-2。

表 7-2 营销管理审计关注点汇总

关注类别	具体关注点
绩效目标管理	Q. 是否对绩效目标的设立、调整、考核进行有效管控
销售政策及方案	Q1. 是否对销售政策的制定、调整、实施进行有效管控
	Q2. 是否对销售方案的制定、调整、实施进行有效管控
营销推广管理	Q1. 是否对营销推广方案制定、调整与实施进行有效管控
	Q2. 是否对负责营销推广的供应商的比选进行有效管控
	Q3. 是否对营销推广的宣传内容进行有效管控
	Q4. 是否对营销推广实物进行有效管控
销售代理管理	Q1. 目前公司的销售代理有哪些合作模式
	Q2. 是否对营销推广代理公司的选择进行有效管控
	Q3. 是否对营销推广代理公司的考核进行有效管理
销售过程管理	Q1. 是否对定价体系进行有效管控
	Q2. 是否对购房者的购房资格进行有效管控
	Q3. 是否对认购协议转合同进行有效管控
	Q4. 是否对退定金、换房、退房、更名进行有效管控
	Q5. 是否对销售台账（销控表）进行有效管控
	Q6. 是否对回款进行有效管控
	Q7. 是否对老项目的存量房进行有效管控
	Q8. 是否对样板房物资进行有效管控

四、交付及客诉管理

Q1. 是否对交付进行有效管控？

<table>
<tr><td>◆ 为什么要看</td><td>如果对交付缺乏有效管控，可能增加公司的额外成本，给公司造成损失。</td></tr>
<tr><td rowspan="3">◆ 如何去做</td><td>第一步：制度、流程文件的熟悉与梳理
1. 先找规定、标准
关注点包括交付条件、交付手续等。
2. 需要哪些制度、流程文件
交付相关制度。</td></tr>
<tr><td>第二步：访谈
询问相关人员，主要关注以下事项：
（1）是否存在未及时交付的房产，是开发商造成的还是业主造成的，如果是开发商的原因，可能产生的赔付有多少，如果是业主的原因，是否对业主进行了跟催，采用了什么方法；
（2）交付时，需要履行哪些手续；
（3）是否存在房产已交付但款项未交付的情形，原因是什么。</td></tr>
<tr><td>第三步：测试
（1）对于因开发商原因导致延期赔付的，关注产生的原因，倒推回前期管理环节存在的问题。
（2）获取截至审计日应交未交的清单，关注原因、时间间隔，采取了哪些措施进行催交。
（3）检查已交付房产的手续是否符合相关规定，例如，双方的签字、书面交接单的填写等。

【案例：7-30】
审计人员在检查中发现，财务账上有大量延期交房的赔付款，延期的原因是前期规划发生变更，重新报批未及时办理。

思考：当计划交付时间不能达成时，关注新签订的销售协议中是否将交付时间进行了适当的延后。

【案例：7-31】
审计人员在检查中发现，部分客户未在合同规定的时间里办理交房，距约定时间达到半年，期间销售人员仅以电话的形式进行催收，且未在合同规定的时间里寄发催收函以及时转移房屋相关的风险。

提示：在工作中，很多人觉得客户延迟收房风险并不大，对公司来说似乎没有什么风险。其实不然，延期收房一方面会增加公司的管理成本，例如，人力成本、代垫物业费成本等；另一方面如果延期过久，房屋中相关设施、设备等过了质保期，这时候，如果客户在验房中发现问题，由谁来承担维修费用将是个问题，尤其是精装修房。</td></tr>
</table>

（续）

◆ 如何去做	**【案例：7-32】** 审计人员在检查中发现，约有10%的房屋已达到交付条件但未进行交付，目前采取的办法是由销售人员负责催业主交付，但是销售人员的考核指标中并没有对交房率的考核要求。 **【案例：7-33】** 审计人员检查了交付验收单，发现业主对地板装修问题的反映较为集中，主要为地板出现发黑的情况。经了解，主要原因是在施工环节，工人未待水泥完全干透便开始安装地板，导致后期出现地板发黑的情况。根据统计，该现象较为普遍。 **思考：**虽然已处于交付环节，但是却发现了装修环节的问题，审计人员是“就此止步”还是向前追溯？
◆ 需要的资料	结合上面的说明，审计时通常需要以下资料： （1）相关制度、流程文件； （2）未及时收房清单及催收资料或记录； （3）交付清单及支持性资料； （4）赔付清单及支持性资料。
◆ 常见的问题	审计中普遍存在的问题如下： （1）没有制定相关制度； （2）交付手续履行不够规范，例如，业主方未签字确认； （3）未按规定寄发催收函； （4）款未付清便完成交付。

Q2. 是否对客诉进行有效管控？

◆ 为什么要看	客诉缺乏有效管理会对公司的形象、销售目标的达成产生不利影响。
◆ 如何去做	**第一步：制度、流程文件的熟悉与梳理** 1. 先找规定、标准 关注点包括接诉要求、记录要求、处理要求、回复要求等。 2. 需要哪些制度、流程文件 客诉相关管理制度。
	第二步：访谈 询问客服相关人员，主要关注以下事项： （1）是否有相关的制度； （2）客诉的渠道有哪些； （3）客诉处理中存在哪些问题； （4）是否存在长期未处理事项，是否由专人跟踪处理进展； （5）是否存在集中性、群体性事件。

（续）

◆ 如何去做	**第三步：测试** （1）获取客诉记录，关注以下方面： a. 是否建立客诉档案； b. 是否存在长期未处理的客诉，原因是什么； c. 客诉主要集中在哪些方面，反推至其他环节的管理上是否存在问题； d. 客诉的处理是否符合相关规定。 （2）观察： a. 客诉渠道是否通畅，是否明确。 b. 假扮客户进行投诉，观察客服人员的态度、礼仪等是否符合相关规定。 （3）询问： 可以根据情况进行客户回访，询问被访者对客服有什么意见或建议。
◆ 需要的资料	结合上面的说明，审计时通常需要以下资料： （1）相关制度、流程文件； （2）客诉记录及相关的支持性资料。
◆ 常见的问题	审计中普遍存在的问题如下： （1）没有制定相关制度； （2）客诉处理不够及时、不够规范； （3）客诉档案未妥善保管； （4）客诉渠道不通畅。

五、物业管理

Q1. 是否对物业公司的选择进行有效管控？

参照采购部分，目前一些开发商都有自己的物业公司。

Q2. 是否对物业公司的考核进行有效管控？

参照代理公司管理。对物业公司的考核可以结合投诉情况来看。这里审计人员应关注物业费的结算，尤其是空置房物业费的结算，空置房的物业费一般是打折的。

第三节 本章总结及思路分析

一、本章总结

我们来回顾一下销售的主要链条，前期的产品策划定位、销售政策、方案、宣传推广、代理等，决定了产品面对怎样的客群，上述各环节的努力是否有效，是否能成功地将潜在客户吸引过来，并成功签约；为保证客户具有必要资质、履约能力，需要对客户资质、贷款能力等进行评估，并在评估过程中安排签约的跟催、回款的跟催；除此之外，在交付环节对客诉的处理也不可掉以轻心。

销售既是成本中心，也是利润中心。花钱的环节需要引起重视自不必说，但赚钱的环节也不可忽视，有的销售人员会利用自身的特权，通过倒卖房号进行炒房、收取利益为客户提供优先选房的机会或是与代理勾结骗取销售奖励等。因此，销售无小事。

在做此业务模块的审计时，审计人员不可久坐办公室翻资料，应进现场与代理公司、一线人员多多接触，假扮客户也是一个不错的选择。

二、销售管理审计的总体思路

表 7-3 整理了销售管理审计的总体思路。

表 7-3　销售管理审计总体总路

关注模板	思路分析
建立总体框架	公司现有项目基本情况
项目前期管理	定位策划、销售许可、示范区
销售执行管理	绩效目标：制定、调整、实施
	营销：政策方案、营销推广、销售代理
	销售过程：定价、购房资格、签约、回款、特殊事项（退定金、换房、退房、更名）、存量房管理、样板房物资
交付与客诉	交付：及时、记录、合规
	客诉：及时、记录、合规
物业管理	采购、考核

第八章　商业地产招商运营管理审计

商业地产的运营管理是否有效，对内，直接影响公司的收入、成本、现金流；对外，直接影响商户的成本和收益。所以，商业地产的运营管理也是审计人员在审计过程中需要重点关注的模块之一。

本章以商业地产的招商运营管理审计为主进行介绍。

第一节　进场前的准备

一、整体框架

商业地产的招商运营管理，从前期策划定位、开工建设、开业前的招商到开业后的运营管理为主要链条，依次展开，环环相扣。根据其特点，本章分别从前期管理、招商运营管理两个部分进行介绍，其中开工建设、采购相关的管控部分请参考相关模块。

二、资料收集

审计人员在进场前可能需要以下资料清单，如表 8-1 所示。

表 8-1　资料清单示例

需准备的资料清单
✓ 制度、流程
✓ 人员分工、职责权限
✓ 招商推广计划及实际执行情况
✓ 项目清单
✓ 租赁台账，包括但不限于商户、租金、进场、退场等信息
✓ 租金减免台账及支持性资料
✓ 物管费收缴台账及最新的欠缴信息
✓ 诉讼台账
✓ 客诉台账及对应的支持性资料
✓ 维修、维保计划及实际执行对比报告
✓ 巡查报告（如有）

第二节　具体审计实施

本节分别从项目前期管理和招商运营管理两大模块进行介绍，其中，项目前期管理重点介绍项目的定位策划，招商运营管理重点介绍目标绩效管理、招商管理、运营管理、租金管理、物业管理、客诉管理、维护管理、安全管理。

一、建立总体框架

Q. 公司现有项目的基本情况是怎样的？

◆ 为什么要看	审计人员对公司涉及的项目形成初步的了解，建立总体的框架，在避免发生遗漏的同时，可以便于后期对项目的筛选分析，以确定关注重点。
◆ 如何去做	（1）询问项目管理人员，了解目前项目的基本情况，如项目数量、项目名称、项目地点、项目状态、经营情况等。 （2）获取诉讼台账，了解商业运营情况以及存在的问题。 （3）获取项目租赁台账，初步了解各项目的租赁情况。 （4）对于上信息系统的项目，审计人员可以考虑从系统中直接抓取项目信息，也可以从财务系统中获取项目的部分信息。

二、项目前期管理

Q. 是否对项目定位策划进行有效管控？

◆ 为什么要看	项目定位策划是否成功，在一定程度上决定了项目的招商、后期运营能否成功，公司投入的成本能否获取收益。 项目定位包括但不限于业态组合、产品类型、客源市场、经营模式、价格定位、投资收益测算等。
◆ 如何去做	**第一步：制度、流程文件的熟悉与梳理** 1. 先找规定、标准 关注点包括调研评估、决策机制等。 2. 需要哪些制度、流程文件 项目定位策划管理相关制度。
	第二步：访谈 询问项目相关人员，主要关注以下事项： （1）目前公司项目的定位策划工作是如何实施的，哪些人员或部门参与，是否需要进行决策审批，过程中会形成哪些成果资料； （2）在实施过程中存在哪些问题； （3）经批准的项目定位策划方案发生调整时，是否需要重新审批。

（续）

<table>
<tr><td></td><td>第三步：测试
主要根据制度规定来进行检查，建议关注以下方面：
（1）是否有明确的制度和规定；
（2）定位策划工作的实施是否符合相关规定，例如，该做的调研是否做了，该有的报告是否按节点、按规定提供，该进行审批的是否审批；
（3）可以选择一些招商、运营不好的项目，反推前期的定位策划环节是否存在需要改进的地方；
（4）关注公司是否建立自己的产品系列。

【案例：8-1】
审计人员在某项目巡场时，发现项目中有很多面积较大的空置商铺，空置时间较长，询问原因，对方表示项目在规划时定位为中高端项目，所以在设计时预留了一些面积较大的商铺用来吸引大的品牌商家入驻。在开业后的运营中，管理层发现当初对客源市场、目标商家、产品类型及周边商业的评估存在偏差，实际招商过程中很难吸引大型商家入驻，且这些商铺因面积较大导致对其感兴趣的客户很少。公司目前对于上述空铺也无相应改善措施，自开业至今，部分面积较大的商铺空置已超过两年。

【案例：8-2】
审计人员在检查中发现，某餐饮楼层空置一间面积约1000平方米的商铺，据悉，自开业以来一直未租出去过。询问原因，对方表示，因为该商铺的设计特点，不适合分割出租，公司原计划是将其用于美食广场的招商。但是，因其面积大、位置并非最佳，所以一直没有太多客户感兴趣。后来，随着该楼层的餐饮商户陆续入驻，在项目运营了一段时间后，公司发现，受客源市场、客流的影响，美食广场一旦开业，势必对该楼层的其余餐饮商户造成极大的影响，因此公司放弃了原有计划，但如何处理目前尚未有具体措施。</td></tr>
<tr><td>◆ 如何去做</td><td></td></tr>
<tr><td>◆ 需要的资料</td><td>结合上面的说明，审计时通常需要以下资料：
（1）相关制度、流程文件；
（2）项目清单；
（3）前期调研、策划定位、审批决策相关资料。</td></tr>
<tr><td>◆ 常见的问题</td><td>审计中普遍存在的问题如下：
（1）定位策划流于形式，缺乏依据；
（2）定位策划未按规定执行；
（3）定位策划调整未进行审批。</td></tr>
</table>

三、项目招商运营管理

（一）绩效目标管理

Q. 是否对绩效目标的设立、调整、考核进行有效管控？

<table>
<tr><td>◆ 为什么要看</td><td>是否对绩效目标进行有效管控与公司的利益、员工的利益息息相关。绩效目标定得过高，可能会无法达成，导致人员的积极性不高，甚至出现数据造假行为；绩效目标定得过低，可能无法调动人员的主观能动性，无法起到激励作用。
对绩效目标进行管控的常见形式包括集团与项目公司签订目标责任书，项目公司的总经理是第一责任人，公司再将这些指标分解给各业务人员，并与相关人员签订考核责任书。
提示：在实际工作中需要注意的是，对于很多公司来说，某些业绩指标可能是老板“一拍脑袋”想出来的。</td></tr>
<tr><td rowspan="3">◆ 如何去做</td><td>第一步：制度、流程文件的熟悉与梳理
1. 先找规定、标准
关注点包括制定、调整、奖励与处罚等。
2. 需要哪些制度、流程文件
绩效目标或目标责任管理相关制度。</td></tr>
<tr><td>第二步：访谈
询问相关人员（项目公司负责人、招商人员、人事等），关注以下事项：
（1）绩效目标如何设定，目标中包含哪些内容；
（2）是否需要签订相应的目标责任书；
（3）是否允许进行调整，如何调整，如审批权限、流程等；
（4）是否根据绩效目标的达成与否，对公司、个人进行奖惩；
（5）目前，绩效目标的达成状态如何，存在哪些困难，准备如何解决；
（6）目标达成与否的评估与复核由谁负责，数据来源是什么。</td></tr>
<tr><td>第三步：测试
1. 如何选样
随机选样。如果公司有若干项目，可以优先选择人员绩效不高的招商项目进行检查。
2. 如何检查
建议关注以下方面。
（1）目标如何设立，是否有依据，指标的构成是否合理。例如，如果指标中只有出租率而没有收款率，可能导致虚假出租或是产生坏账。
（2）目标的完成状态如何，目标是否能够达成，存在哪些困难，原因是什么，是否有改进的措施。
（3）对比目标与实际执行情况，对于差异较大的需要予以关注，可以多检查几个期间的情况，看看是否历来如此。
（4）目标是否正式，例如，是否有集团与项目公司负责人的签字确认、公司与相关业务人员的签字确认。
（5）目标的调整是否符合规定，具有相应的审批记录。
（6）由谁负责考核目标，如何获取数据。</td></tr>
</table>

（续）

◆ 如何去做	（7）考核的结果是能发挥制约和激励作用，还是仅仅是一纸空文，这里制约和激励的人员包括项目公司或与项目相关的人员。 【案例：8-3】审计人员在检查中询问人事相关人员，公司是否对招商人员的绩效目标进行考核，对方表示会进行考核；审计人员接着询问考核结果是否会对人员的薪金有影响，对方表示不会有影响。 思考：如果一个公司的招商人员既包括内部招商人员，又包括代理公司的人员，代理公司人员根据业绩获取奖金，公司内部招商人员的薪资与招商的成果不挂钩，这会不会在无形中增加公司的成本？
◆ 需要的资料	结合上面的说明，审计时通常需要以下资料： （1）相关制度、流程文件； （2）业绩指标及考核结果。
◆ 常见的问题	审计中普遍存在的问题如下： （1）没有相关制度； （2）目标形同虚设； （3）调整目标时未进行审批； （4）目标完成数据存在造假情况。

（二）招商管理

招商大致可以分为开业前的招商、营运阶段的招商，针对不同阶段，审计策略会有所差异。

1. 招商政策及方案

Q1. 是否对招商政策的制定、调整、实施进行有效管控？

◆ 为什么要看	招商政策包括定价体系、免租期、保证金、优惠政策等。招商政策的制定、调整、实施是否经过有效的管控，对招商的成败有着重要的影响。招商政策与公司的利益，与商户的利益息息相关，政策的随意性可能会影响公司的形象、信誉，甚至产生舞弊行为。
◆ 如何去做	**第一步：制度、流程文件的熟悉与梳理** 1. 先找规定、标准 关注点包括调研、制定、调整、审批等。 2. 需要哪些制度、流程文件 招商政策管理相关制度。 **第二步：访谈** （1）询问招商相关人员，主要关注以下事项： a. 是否制定了招商相关政策；

（续）

<table>
<tr><td></td><td>b. 招商政策是否需要经过审批；
c. 招商政策的执行是否存在与实际脱节的情况；
d. 在招商政策的执行中是否存在不清晰的描述，对于不清晰的地方是如何处理的，是否与政策制定方进行了沟通（此处，建议审计人员询问实际招商人员，尤其是一线人员、招商代理等）；
e. 招商政策是否发生调整，调整的原因，调整生效的时间，是否进行了审批；
f. 通过何种方式让业务人员及时熟悉、理解公司的政策。
（2）随机询问实际负责招商的人员，是否清楚公司的招商政策，尤其是一线人员，如果有代理公司的，也需要询问代理公司的人员。</td></tr>
<tr><td>◆ 如何去做</td><td>第三步：测试
主要进行合规性检查，建议关注以下方面：
（1）招商政策的制定、调整、审批是否符合相关规定；
（2）招商政策包含的信息是否完整，如免租期、优惠政策、补助等；
（3）招商政策中是否存在模糊不清的地方，是否建立了相应的反馈机制，对于模糊不清晰的部分，是否进行了补充说明；
（4）招商政策发生调整的，注意调整后政策的生效时间与实施时间是否存在异常；
（5）通过抽样，关注政策的实施是否存在违规情形，可以优先关注异常客户，例如，优惠异常、政策调整前后的成交客户、付款异常、租期异常等；
（6）可以考虑扮演客户身份，测试现场负责招商的人员，检查是否存在与政策不符的地方。

【案例：8-4】
审计人员询问招商人员公司是否制定了招商政策，对方表示制定了，随即拿出一份 PPT 文件。审计人员问该文件是否经过正式的审批，对方表示只是在会上和领导说过，然后就执行了。

【案例：8-5】
审计人员在检查租户的免租期时发现租期长短、面积大小与免租期都没有直接的关系，于是询问相关人员公司是否有相关政策，被告知一切靠“谈”。

【案例：8-6】
审计人员在检查中发现，公司现有的招商政策是三年前开业时制定的，一直沿用至今，询问相关人员公司是否对招商政策进行定期评估，被告知没有，且公司也没有相关的规定。

【案例：8-7】
审计人员在检查中发现，公司与某品牌的合同时间为 5 年，公司为对方提供装修补贴约 50 万元，但是合同中对对方提前解约是否需要扣回装修补贴并无约定，且装修补贴是一次性支付的。审计人员发现公司现有的政策中并没有与装修补贴相关的规定，询问相关人员，对方表示，给不给补贴、给多少，都是“谈”出来的。</td></tr>
</table>

（续）

◆ 如何去做	**【案例：8-8】** 审计人员在检查中发现公司部分位置较好、客流较多的商铺租期10年，签订时间是两年前，虽然价格每年递增，但是，与附近新签合同的商铺单价比明显偏低。进一步询问，被告知，公司开业时为了能完成开业任务，根本就没有细化的招商政策，对于租期、价格的递增并没有进行充分的评估，全都是招商人员一户一户谈出来的。
◆ 需要的资料	结合上面的说明，审计时通常需要以下资料： （1）相关制度、流程文件； （2）招商政策制定、调整、审批、评估相关资料； （3）招商政策下发的证明资料； （4）招商政策培训相关资料（如有）。
◆ 常见的问题	审计中普遍存在的问题如下： （1）没有相关制度； （2）招商政策制定、调整没有进行审批； （3）招商政策不够完整； （4）招商政策未定期进行评估。

Q2. 是否对招商方案的制定、调整、实施进行有效管控？

◆ 为什么要看	招商方案通常包括招商策略和计划。简单来说，招商方案的制定是为了完成招商的目标，从战略上进行部署，明确准备花多少费用、采用什么方式、通过什么渠道，在规定的时间节点里把符合标准的商户招进来。可见招商方案对招商目标的达成起着重要的作用。对于审计人员来说，通过对招商方案及实施情况的检查，可以快速地对企业的招商情况建立一个宏观的认知，也便于确定招商管理的审计重点。
◆ 如何去做	**第一步：制度、从流程文件的熟悉与梳理** 1. 先找规定、标准 关注点包括制定、调整、审批等。 2. 需要哪些制度、流程文件 招商方案相关制度文件。
	第二步：访谈 询问招商相关人员，主要关注以下事项： （1）是否制定了招商方案，招商方案包括哪些内容，分成哪几类； （2）招商方案是否需要经过审批； （3）招商方案与执行是否存在差异，是否进行了对比分析，比如计划节点的完成情况、预算的执行情况等； （4）招商方案在实施过程中存在哪些问题； （5）招商方案是否经过调整，调整的方案是否经过审批等。

（续）

◆ 如何去做	**第三步：测试** 建议关注以下方面： （1）是否有相关的制度、流程； （2）是否及时编制招商方案，注意编制的时间是否滞后； （3）招商方案是否经过审批，审批是为了保证方案的正式性、权威性； （4）招商方案的规定与执行是否存在差异，原因是什么，目的是反推前期管理是否存在需要改进的地方； （5）招商方案是否需要进行定期评估或及时更新； （6）招商方案发生调整时是否需要审批。 **【案例：8-9】** 根据公司制度，招商部门需要编制招商方案。审计人员在检查时要求相关人员提供相应的方案，被告知，公司觉得没有必要制定方案所以便没有招商方案，但所有事情都已向部门负责人及时汇报。
◆ 需要的资料	结合上面的说明，审计时通常需要以下资料： （1）相关制度、流程文件； （2）招商方案制定、调整、审批相关资料； （3）招商方案与执行情况对比分析报告。
◆ 常见的问题	审计中普遍存在的问题如下： （1）未制定相关制度； （2）未制定招商方案； （3）招商方案形同虚设； （4）招商方案与执行存在差异。 **注**：对于差异是否有问题，需要具体分析。

2. 招商推广管理

因为招商推广十分重要，所以本部分内容对招商推广的管控进行专门的介绍。

Q1. 是否对招商推广方案的制定与实施进行有效管控？

◆ 为什么要看	招商推广方案包括推广策略和推广计划。制定推广方案是为了明确准备花多少钱，通过什么样的方式，让更多的潜在客户知道公司的产品，并愿意成为公司的客户。推广方案管控的好坏，对招商目标的达成以及成本的控制有着直接的影响。
◆ 如何去做	**第一步：制度、流程文件的熟悉与梳理** 1. 先找规定、标准 关注点包括制定、调整、审批等。 2. 需要哪些制度、流程文件 招商推广管理相关制度文件。

（续）

<table>
<tr><td rowspan="2">◆ 如何去做</td><td>第二步：访谈
询问招商相关人员，主要关注以下事项：
（1）是否制定了招商推广方案，方案包含的内容；
（2）方案的编制、调整是否需要进行审批；
（3）方案与执行是否存在差异，是否进行了对比分析；
（4）是否会对方案的实施情况进行评估。</td></tr>
<tr><td>第三步：测试
建议关注以下方面：
（1）是否有相关的制度、流程；
（2）推广方案是否及时编制，注意编制的时间是否滞后，编制的周期是否合理，同时，注意方案是否流于形式；
（3）推广方案的编制、调整是否经过审批；
（4）方案与执行是否存在差异，原因是什么，目的是反推前期管理是否存在需要改进的地方，比较容易发现的问题包括预算与实际执行存在差异，存在计划外的项目等；
（5）是否有方案实施评估报告或是定期的结案报告，并注意里面存在异常的事项。
提示：通常情况下，招商推广的效果其实很难评估，比较容易作为抓手的就是活动，关注活动的目的是总结活动中的经验与教训，同时也可以对供应商进行评估，好的以后继续合作，不好的以后就避免合作。

【案例：8-10】
审计人员在检查时询问相关招商推广人员，公司是否编制年度招商推广计划，被告知没有编制过，现在每年的推广都是根据领导的要求做的。

【案例：8-11】
审计人员在检查时询问相关人员，公司是怎么安排广告推广的，是否有计划，相关人员告知这完全看领导的想法，公司有预算就做，没有预算就不做。审计人员继续询问，这是否会对招商目标的达成造成不利影响，对方无奈地摇摇头。

提示：我们在这里需要做一个评估，如果公司的招商情况良好，没有空铺或是空铺很少，招商推广可能就没那么大的影响，但是如果公司的招商情况很差，那么通常对推广的需求就会很大。</td></tr>
<tr><td>◆ 需要的资料</td><td>结合上面的说明，审计时通常需要以下资料：
（1）相关制度、流程文件；
（2）招商推广方案制定、调整、审批相关资料；
（3）招商推广方案制定与执行对比情况分析报告；
（4）方案实施后评估资料（如有）。</td></tr>
</table>

（续）

◆ 常见的问题	审计中普遍存在的问题如下： （1）未制定相关制度； （2）未制定招商推广方案； （3）招商推广方案形同虚设； （4）招商推广方案与执行情况存在差异。

Q2. 是否对招商推广过程中的实物礼品进行管控？

可以参照销售礼品的管控部分，原理相同。

Q3. 是否对负责宣传推广的供应商的比选进行有效管控？

具体可以参考采购相关环节。

Q4. 是否对招商推广的宣传内容进行有效管控？

◆ 为什么要看	如果对招商推广的宣传内容缺乏有效管控，可能会出现宣传不实、使用禁语等情形，产生违法、违规的风险，给公司的招商工作造成不利的后果。招商推广的宣传内容包括文字、图片、视频等。 **提示：**对于在宣传中避免使用禁语，有的公司会将审核的任务交给承接相关宣传推广的公司来负责，但是，这里应注意的是，宣传内容的审核不仅包括宣传禁语的审核，还包括其他方面的内容。
◆ 如何去做	**第一步：制度、流程文件的熟悉与梳理** 1. 先找规定、标准 关注点包括招商推广宣传内容的注意事项、审核要求等。 2. 需要哪些制度、流程文件 招商推广宣传内容管理相关制度文件。
	第二步：访谈 询问招商相关人员，主要关注以下事项： （1）是否对招商推广的宣传内容进行审核，尤其是由外部单位负责的部分； （2）审核中是否有明确的注意事项等； （3）审核是否有记录； （4）是否存在招商推广宣传内容与规定不符的情况； （5）如何保证招商推广宣传中所用的产品信息能够及时、准确地传递给广告公司。
	第三步：测试 1. 如何选样 随机选样，如果量不多，可以全查。 2. 如何检查 建议关注以下方面：

（续）

◆ 如何去做	（1）是否有相关的制度、流程； （2）有明确审核规定的，依规定进行抽查； （3）是否进行审核，审核是否有记录； （4）招商推广宣传中所用资料是否存在与规定不符的地方，如法律法规、公司规定、项目的实际情况等。 **【案例：8-12】** 审计人员询问相关推广人员是否会对广告公司发布的宣传内容进行审核，被告知会看，但是审核过程没有记录。
◆ 需要的资料	结合上面的说明，审计时通常需要以下资料： （1）相关制度、流程文件； （2）招商推广宣传内容审核相关资料。
◆ 常见的问题	审计中普遍存在的问题如下： （1）未制定相关制度； （2）招商推广宣传内容缺乏审核机制； （3）审核无记录； （4）招商推广宣传内容传递不及时、不准确。

3. 代理公司管理（如有）

Q1. 是否对招商推广代理公司的选择进行有效管控？

参照采购部分。

Q2. 是否对招商推广代理公司的考核进行有效管理？

◆ 为什么要看	是否对招商推广代理公司的考核进行有效管控直接影响公司的利益。
◆ 如何去做	**第一步：制度、流程文件的熟悉与梳理** 1. 先找规定、标准 关注点包括指标设立、考核要求、奖惩等。 2. 需要哪些制度、流程文件 这里主要是代理合同。
	第二步：访谈 询问招商相关人员，主要关注以下事项： （1）是否对招商推广代理公司进行考核； （2）考核指标如何确定；

（续）

	（3）多久考核一次，考核结果是否与对方的费用挂钩； （4）谁负责考核工作； （5）是否有考核记录。
◆ 如何去做	**第三步：测试** **1. 如何选样** 招商推广代理公司如果不多，建议全查。 **2. 如何检查** 主要检查执行的合规性、指标设计的合理性，建议关注以下方面： （1）代理合同中是否规定了考核要求； （2）考核指标、办法是否合理，通常要求考核的结果与付款周期保持一致，指标的设定也应是多维的； （3）是否按规定进行考核，考核是否有记录，对于考核中发现的问题是否要求对方及时整改。
◆ 需要的资料	结合上面的说明，审计时通常需要以下资料： （1）相关制度、流程文件（如有）； （2）代理合同； （3）考核相关资料。
◆ 常见的问题	审计中普遍存在的问题如下： （1）考核指标设计不合理； （2）考核周期不合理； （3）考核流于形式。

4. 商户管理

Q1. 是否对商户的资质进行有效评估？

◆ 为什么要看	对商户资质进行评估是为了确保商户符合资质要求，具备履约能力。例如，对于品牌连锁、加盟店，要评估其是否得到了相应的授权，避免影响公司的商业形象；对于履约能力，要评估其是否具备一定的资金能力，以及是否具备一定的经营经验，降低欠租风险。 **提示**：在实际工作中，对商户资质的评估存在一定的难度，根据业态、产品定位等情况的不同，评估标准也不同。
◆ 如何去做	**第一步：制度、流程文件的熟悉与梳理** 1. 先找规定、标准 关注点包括评估时间、评估模板、评估规定等。 2. 需要哪些制度、流程文件 进场商户资质评估制度。

（续）

<table>
<tr><td rowspan="2">◆ 如何去做</td><td>**第二步：访谈**
询问招商相关人员，主要关注以下事项：
（1）是否需要对商户进行资质审核；
（2）如何进行审核，需要提供哪些资料；
（3）相关资料是否保存。</td></tr>
<tr><td>**第三步：测试**
1. 如何选样
在时间有限的情况下，先选择有欠款、提前退租、有纠纷的商户。
2. 如何检查
主要从合规的角度出发，建议关注以下方面：
（1）是否有相关规定；
（2）规定是否合理，例如，对商户是否具备履约能力进行评估时，如果要求对方提供的资料只有营业执照，可能就无法达到评估的目的；
（3）是否按规定执行，评估资料是否得到保存；
（4）是否需要进行审批，如需要，是否按规定审批。

【案例：8-13】
根据规定，招商人员除了应要求意向商户提供相应的证照等有效证明文件外，还需要对意向商户进行实地考察。审计人员在检查中发现，招商人员对商户的考察无相关的书面记录，经询问，对方表示，招商人员考察回来后是口头向领导汇报的。

【案例：8-14】
根据规定，招商人员需要对个体经营意向商户进行实地考察，评估其经营能力及资金状况。

简析：对于此项规定，仅通过暗访来了解商户的资金状况存在一定的操作难度，最后可能会流于形式。管理人员要注意对比招商人员数量与意向商户数量，计算是否具备可操作性。
提示：审计人员在检查中应注意，不是光有制度就可以的，还要去评估是否具备可操作性，如果难以执行，最后可能流于形式，有等同于无。</td></tr>
<tr><td>◆ 需要的资料</td><td>结合上面的说明，审计时通常需要以下资料：
（1）相关制度、流程文件；
（2）评估相关资料。</td></tr>
<tr><td>◆ 常见的问题</td><td>审计中普遍存在的问题如下：
（1）没有制定相关制度；
（2）评估标准不合理；
（3）未按规定执行；
（4）评估流于形式；
（5）未保存相关的评估资料。</td></tr>
</table>

Q2. 是否对商户的履约情况进行有效评估？

◆ 为什么要看	对商户的履约情况进行评估是为了筛选优秀的商户，将其纳入公司的合格商户库，并剔除不合格的商户。其原理与供应商的履约评估基本一致。
◆ 如何去做	**第一步：制度、流程文件的熟悉与梳理** 1. 先找规定、标准 关注点包括评估周期、评估模板或方法等。 2. 需要哪些制度、流程文件 商户履约评估管理制度。
	第二步：访谈 询问招商相关人员，主要关注以下事项： （1）是否对商户履约情况进行定期评估； （2）如何进行评估，需要收集哪些资料； （3）是否保存相关资料； （4）如何处理评估不合格的商户； （5）是否出现商户不合格的情况； （6）如何避免与评估不合格的商户再次合作。
	第三步：测试 **1. 如何选样** 在时间有限的情况下，可以先选择有欠款、提前退租、有纠纷的商户。 **2. 如何检查** 主要是从合规的角度出发，建议关注以下方面： （1）是否有相关的规定，并按规定执行； （2）评估模板是否合理，是否有可执行性，是否流于形式； （3）是否保存评估资料； （4）如何处理不合格的商户； （5）对于不合格的商户，是否继续合作，继续合作是否符合相关程序。
◆ 需要的资料	结合上面的说明，审计时通常需要以下资料： （1）相关制度、流程文件； （2）评估相关资料。
◆ 常见的问题	审计中普遍存在的问题如下： （1）没有制定相关制度； （2）评估标准不合理； （3）未按规定执行。

Q3. 是否对商户档案进行有效管理？

◆ 为什么要看	商户档案缺乏有效管控不利于对商户的资源进行管理，另外，如果某些商户的经营资质过了有效期而未能被及时发现，将对公司的运营产生一定的影响。

（续）

<table>
<tr><td rowspan="3">◆ 如何去做</td><td>第一步：制度、流程文件的熟悉与梳理
1. 先找规定、标准
关注点包括商户档案包含哪些资料、多久追踪一次等。
2. 需要哪些制度、流程文件
商户档案管理制度 。</td></tr>
<tr><td>第二步：访谈
询问招商相关人员，主要关注以下事项：
（1）是否明确商户档案管理要求；
（2）是否由专人负责管理商户档案；
（3）相关资料多久追踪一次，哪些商户资料需要定期更新。</td></tr>
<tr><td>第三步：测试
1. 如何选样
在时间有限的情况下，可以选择入驻时间较久的商户，以及有特殊资质要求的商户，如餐饮店、药店、培训机构等。
2. 如何检查
主要是从合规性的角度出发，建议关注以下方面：
（1）是否有相关的规定，并按规定执行；
（2）商户档案的归档资料是否明确，是否合理，例如，餐饮商户的归档资料中是否包含卫生许可证；
（3）是否存在资料不完整的情况；
（4）是否存在重要证明资料过期的情况。

【案例：8-15】
根据规定，运营部门需要完善商户档案。审计人员在检查中发现，部分商户的证照过期，部分餐饮商户人员的健康证、卫生许可证过期。

【案例：8-16】
公司虽然制定了商户档案管理相关制度，但是未明确商户档案建立及维护的部门以及更新周期。审计人员在对商户档案进行抽检时发现了部分商户档案缺失的情况。</td></tr>
<tr><td>◆ 需要的资料</td><td>结合上面的说明，审计时通常需要以下资料：
（1）相关制度、流程文件；
（2）商户档案。</td></tr>
<tr><td>◆ 常见的问题</td><td>审计中普遍存在的问题如下：
（1）没有制定相关制度；
（2）制度不够规范、不够合理；
（3）未妥善保存商户档案；
（4）商户档案未定期更新；
（5）商户档案的建立、更新、维护未明确责任人员或部门。</td></tr>
</table>

5. 小结

下面将上述对招商管理实施环节进行审计时需关注的点汇总于表 8-2。

表 8-2　招商管理审计关注点汇总

关注类别	具体关注点
招商政策及方案	Q1. 是否对招商政策的制定、调整、实施进行有效管控 Q2. 是否对招商方案的制定、调整、实施进行有效管控
招商推广管理	Q1. 是否对招商推广方案的制定与实施进行有效管控 Q2. 是否对招商推广过程中的实物礼品进行管控 Q3. 是否对负责宣传推广的供应商的比选进行有效管控 Q4. 是否对招商推广的宣传内容进行有效管控
代理公司管理	Q1. 是否对招商推广的代理公司的选择进行有效管控 Q2. 是否对招商推广的代理公司的考核进行有效管理
商户管理	Q1. 是否对商户的资质进行有效评估 Q2. 是否对商户的履约情况进行有效评估 Q3. 是否对商户档案进行有效管理

（三）租售管理

这里的租售管理主要针对商铺部分销售、部分出租的情况。

Q1. 是否对销售过程进行有效管控？

参照房产销售部分。

Q2. 是否对租售部分在设计时进行合理规划？

◆ 为什么要看	是否对租售的区域进行合理规划，对后期项目的运营效率、管理难度、品牌形象的塑造都会产生一定的影响。 **提示：**哪些商铺自持、哪些商铺销售，这些应在前期设计、规划报批环节就已经确定。
◆ 如何去做	**第一步：制度、流程文件的熟悉与梳理** 1. 先找规定、标准 关注点包括立项可研，设计规划阶段的评估、审批。 2. 需要哪些制度、流程文件 设计规划、立项资料。
	第二步：访谈 询问相关人员，主要关注以下事项：

（续）

	（1）是否有租售同存的项目； （2）管理中存在哪些问题； （3）为什么这样设计。
◆ 如何去做	**第三步：测试** 建议关注以下方面： （1）关注自持部分与销售部分是否完全独立分开，例如，是否分属完全不同的两幢楼，或是在完全独立的区域，相互之间互不干扰和影响； （2）销售协议中是否对已售商铺的管理进行相关的约束，例如，是否要求遵循销售方的管理制度等； （3）目前已售商铺是否对自持部分产生了不利的影响。 **【案例：8-17】** 公司在设计时，将商铺自持与销售部分混放在了A楼里。在运营过程中相关人员发现对已售商铺的管理存在一定难度，例如，业态、门店形象等与公司的规划与要求不符，公司与商户沟通未果。 **【案例：8-18】** 因为受市场环境的影响，公司准备对原商业项目的部分区域实施改造，因为该区域有部分商铺已经销售，公司需要得到这些业主的同意才能进行相应的规划报批，在寻求这些业主的确认时，遇到了阻力。
◆ 需要的资料	结合上面的说明，审计时通常需要以下资料： （1）相关制度、流程文件； （2）立项评估资料； （3）设计规划资料。 **提示：**个人觉得，这部分更多的是需要观察和访谈。
◆ 常见的问题	审计中普遍存在的问题如下： （1）租、售规划设计缺乏充分评估； （2）租、售规划设计不够合理。

Q3. 是否对自持与代管部分进行有效管控？

◆ 为什么要看	有时，开发商会为购买商铺的商户提供代为出租的服务。这里主要针对自持与代管无法完全分开，代管部分的运营对自持部分存在影响的情况。
◆ 如何去做	询问相关人员，哪些商铺是自持和代管混合对外出租的，获取这部分商铺的合同，进行比对，关注如下方面： （1）代管期是否符合公司经营规划目标，如果代管期过短，不利于公司在前期招商运营中塑造自身的形象，热铺需要一定时间的运营； （2）代管商铺是否给予公司足够的权力和时间，否则不利于进行统一运营和管理；

（续）

◆ 如何去做	（3）是否存在代管部分与自持部分混合出租的情况，对于混合出租的，是否存在潜在隐患，例如，代管期与租期的冲突。 **【案例：8-19】** 审计人员在检查中发现，某商户 A 承租了一楼 C1、C2、C3 三间相邻的商铺经营餐饮，经了解，三间商铺原本是设有隔断的，其中两间是已售代管商铺，且分属不同的业主，公司为了顺利招商，将中间的隔断打通，出租给该商户经营餐饮。审计人员检查了相关合同，发现餐饮商户的租期截止日为 2022.12.31，两间已售部分的商铺，公司代管截止时间分别为 2019.12.31 和 2018.12.31。审计人员询问公司的招商人员，如果两间已售部分商铺到期怎么办，对方表示，到时候再和他们谈。
◆ 需要的资料	结合上面的说明，审计时通常需要以下资料： （1）相关制度、流程文件； （2）代管合同、出租合同。
◆ 常见的问题	审计中普遍存在的问题如下： （1）代管期限与出租期限存在冲突； （2）代管协议条款不利于公司的整体经营规划。

Q4. 是否对先租再售部分进行有效管控？

◆ 为什么要看	为了保护公司的利益，通常对于销售的房产都会规定，在款项全部付清后才能将相关的商铺交付业主。先租再售是指意向客户先承租该商铺，承租结束后再购买该商铺，这时就会出现在房款未付清前已经入驻的情况。如果在此过程中缺乏有效的管控，可能会给公司造成损失。
◆ 如何去做	获取先租再售的客户清单。如果对方不肯提供，可以将销售客户名单与销售合同签订前一年的租户名单进行比对，选择名称一样的，关注以下方面： （1）获取相关的租赁合同、购买合同，对比租期与购买合同签订日期是否存在间隔； （2）在租赁合同到期后至房款缴纳完成的这段时间里，是否向该客户收取相应的租金； （3）如果不收取租金，是否有相关的内部审批流程进行控制，该租金减免程序是否符合相关的规定。 **【案例：8-20】** 审计人员在检查销售欠款时发现，购买某商铺的客户在款项未付清前即已入驻，相关人员表示，该客户原来就承租了该商铺。审计人员进一步检查发现商铺租赁合同到期时间为 2017.1.31，新销售合同的签订时间是 2017.3.1，根据合同规定，款项应该在 2017.6.1 前交齐，房款支付完毕后，方可将房屋交付给购买者，截至审计日，对方尚未付清全款。于是，审计人员进一步询问相关人员是否对此期间商铺的使用收取相应的租金，公司相关人员表示没有。

（续）

◆ 如何去做	提示：一般情况下，公司在为产品定价时会设定一个价格体系，不同的权限对应不同的折扣或优惠，在这个案例中，相关人员有可能通过这种方式变相给予了对方优惠或折扣。
◆ 需要的资料	结合上面的说明，审计时通常需要以下资料： （1）相关制度、流程文件； （2）租赁合同、销售合同； （3）房款付清证明、交付证明； （4）房款减免相关支持性资料。
◆ 常见的问题	审计中普遍存在的问题如下： （1）没有制定相关制度； （2）款项未付清便将商铺交付对方使用，且空档期未收取租金； （3）款项减免缺乏相应的控制。

（四）运营管理

Q1. 是否对商户进场进行有效管控？

◆ 为什么要看	对商户进场管理缺乏有效控制，可能导致让不符合规定条件的商户进场，或是因为交接不清，导致后期管理中存在纠纷，从而给公司造成损失。
◆ 如何去做	**第一步：制度、流程文件的熟悉与梳理** 1. 先找规定、标准 关注点包括进场前的要求、进场相关手续等。 2. 需要哪些制度、流程文件 进场管理相关制度、合同。
	第二步：访谈 询问相关人员，主要关注以下事项： （1）进场前需要满足哪些条件； （2）进场时需要办理哪些手续； （3）目前，是否存在进场条件不符合的商户已经进场的情况，例如，保证金未足额支付便已进场； （4）商户是否按合同规定的时间进场，是否存在提前进场的情况。
	第三步：测试 **1. 如何选样** 获取审计期间进场商户清单、欠款商户清单，可以优先从欠款商户清单中选取欠款进场商户的清单。 **2. 如何检查** 建议关注以下方面： （1）是否制定进场管理相关规定； （2）商户进场前是否按规定缴纳相关的保证金、租金等，如果出现不符的情况，原因是什么，是否有相关的管控程序，例如，是否有审批，审批权限是否符合规定；

（续）

◆ 如何去做	（3）是否存在提前进场的情况，原因是什么，可以做相应的统计，允许提前进场的，是否有相应的审批手续，审批权限是否符合相关规定； （4）商户进场时是否办理了相关的书面交接手续，手续是否存在问题。 **【案例：8-21】** 审计人员对欠款租户进行检查，发现部门商户租金尚未按规定支付便已进场，截至审计日，租金欠款已达一个月以上。相关人员表示，为了抢时间，所以让商户提前进场。审计人员再次询问是否有相关的审批手续，相关人员表示向领导进行了口头汇报，经过了领导的同意。 **【案例：8-22】** 公司经营多个项目，审计人员在检查时发现，各项目对进场管理无统一规定。经询问，对方表示公司未制定相关的规定，如何管理完全依赖项目经理的经验。审计人员在对比各项目的管理情况时发现，管理水平参差不齐。 **【案例：8-23】** 审计人员在检查中询问相关运营人员，在商户进场时是否与对方办理相关交接手续，相关人员表示，只是在交接时一起看一下水表、电表的读数。 **【案例：8-24】** 审计人员在对新进场商户的书面交接单进行检查时发现部分交接单缺乏双方签字确认，部分栏目处于空白状态，询问未填写原因，业务人员表示，这个表单不是很实用，但是因为是集团发下来的，所以就没有改。 **【案例：8-25】** 审计人员将合同约定的交付时间与进场交接单的日期进行比对，发现部分商铺实际交付时间早于合同约定的时间。询问相关人员，对方表示，因为工作忙，担心交付不及时，所以提前进行了交付。审计人员进一步统计比对，发现其发生的时间不属于开业前的集中交付期，且发生的期间也不具有集中性。后来证实存在变相给予对方租期优惠的情况。
◆ 需要的资料	结合上面的说明，审计时通常需要以下资料： （1）相关制度、流程文件； （2）新进商户清单； （3）欠款商户清单。
◆ 常见的问题	审计中普遍存在的问题如下： （1）没有制定相关制度； （2）缺乏相关书面交接手续； （3）书面交接单填写不够规范； （4）未按合同规定提前进场。

Q2. 是否对商户装修进行有效管控？

<table>
<tr><td>◆ 为什么要看</td><td>对商户装修缺乏有效管控，除了可能导致装修风格、门店形象与公司的整体规划不符，影响公司形象，还有可能造成安全事故。</td></tr>
<tr><td rowspan="3">◆ 如何去做</td><td>第一步：制度、流程文件的熟悉与梳理
1. 先找规定、标准
关注点包括装修申请、审批现场管控等。
2. 需要哪些制度、流程文件
进场装修相关制度、合同。</td></tr>
<tr><td>第二步：访谈
询问相关人员，主要关注以下事项：
（1）是否明确装修管理制度，执行中是否存在问题；
（2）装修前，需要对方提供哪些资料，审核要求是什么；
（3）谁负责开具装修许可证，装修许可证到期后如何延期；
（4）装修人员是否需要办理相关证件，是否需要进行人员备案；
（5）装修过程中，动火、动电是否需要办理相关手续；
（6）在装修期间，相关人员是否会进行检查，对于不符事项，是否会开具相关的整改通知，是否存在未按期整改的情况；
（7）是否发生过装修事故。</td></tr>
<tr><td>第三步：测试
1. 如何选样
随机选样，如果有安全事故则优先选样。
2. 如何检查
建议关注以下方面：
（1）是否制定相关规定；
（2）是否按规定执行；
（3）装修保证金的收取及退换情况（如有）；
（4）装修申请审批完成时间是否滞后，相关支持性资料是否保存完整；
（5）装修许可证许可期间与装修审批时间是否合规；
（6）装修许可证延期是否符合相关规定；
（7）验收是否及时；
（8）是否对装修进行检查，整改是否按期完成。

【案例：8-26】
审计人员在检查中发现，某商铺装修未按规定提交相应的装修申请就开始装修，完工后也未按规定进行验收。审计人员询问了相关人员，对方表示由于开业时间临近所以就特殊处理，此特殊事项无相关的书面审批且公司也无相关的制度流程。</td></tr>
</table>

（续）

◆ 如何去做	【案例：8-27】 根据规定，商户委派的装修施工单位需要具备相应的资质，并需要将相关的资质证明复印件交于项目备案，方可施工。审计人员在检查中发现，部分商铺的施工单位未提供相应的资质证明资料进行备案，部分商铺施工单位的安全生产许可证过期。
◆ 需要的资料	结合上面的说明，审计时通常需要以下资料： （1）相关制度、流程文件； （2）合同； （3）新进商户清单或装修商户清单； （4）装修相关资料，包括但不限于装修申请、审批、验收等相关支持性资料。
◆ 常见的问题	审计中普遍存在的问题如下： （1）没有制定相关制度； （2）未按规定进行装修许可审核； （3）装修施工早于申请审批； （4）实际施工时间早于装修许可时间； （5）验收不及时。

Q3. 是否对商户开业进行有效管控？

◆ 为什么要看	对商户开业缺乏有效管控，可能会导致有些商户不符合相关规定即开业，从而对安全、项目的运营管理造成不利影响。
◆ 如何去做	**第一步：制度、流程文件的熟悉与梳理** 1. 先找规定、标准 关注点包括开业前的审核要求等。 2. 需要哪些制度、流程文件 开业管理相关制度、合同。
	第二步：访谈 询问运营相关人员，主要关注以下事项： （1）商户开业前是否需要进行相关管控，是否有相关的制度要求； （2）对于开业前的审核，主要审核哪些方面，涉及哪些资料； （3）是否存在不符合规定即开业的情况，原因是什么。
	第三步：测试 1. 如何选样 获取审计期间新进场商户清单，随机选样。如果在巡场或是访谈过程中发现异常可以优先对其进行选样。

（续）

◆ 如何去做	2. 如何检查 建议关注以下方面： （1）是否有明确的制度，制度是否存在问题； （2）是否依制度执行； （3）关注审核相关资料、记录是否妥善保管； （4）是否存在滞后性。 **【案例：8-28】** 根据规定，商户只有在装修验收合格后才可以开业。审计人员在检查中发现，部分已经开业的商户未进行相关的验收。 **【案例：8-29】** 审计人员在检查中发现，部分商户开业时未按规定获取消防验收许可，项目管理部表示，因为消防验收许可近期就能办出来，商户比较急，所以就允许其提前开业。 **【案例：8-30】** 根据规定，商户开业前需提交申请，办理相关的开业审批流程，审批完成后，方可开业。审计人员在检查中发现，部分开业商户未执行该流程。
◆ 需要的资料	结合上面的说明，审计时通常需要以下资料： （1）相关制度、流程文件； （2）开业许可、开业审批相关资料； （3）合同。
◆ 常见的问题	审计中普遍存在的问题如下： （1）没有制定相关制度； （2）未按规定履行相关的开业审批； （3）开业不符合相关规定； （4）开业审批滞后。

Q4. 是否对商户续租进行有效管控？

◆ 为什么要看	对商户续租缺乏有效管控，会影响空铺再次租赁的及时性，从而给公司造成损失。
◆ 如何去做	**第一步：制度、流程文件的熟悉与梳理** 1. 先找规定、标准 关注点包括谁负责追踪、提前多久发提醒函等。 2. 需要哪些制度、流程文件 续租管理相关制度。

（续）

<table>
<tr><td rowspan="2">◆ 如何去做</td><td>**第二步：访谈**
询问运营管理相关人员，主要关注以下事项：
（1）是否由专人负责续租追踪；
（2）一般提前多久与即将到期的商户联系，通过何种方式联系，是否需要获取对方的书面回复；
（3）对于续租商户的管理是否有明确的制度；
（4）目前是否存在已经到期仍继续使用，但未续签合同的情形。</td></tr>
<tr><td>**第三步：测试**
1. 如何选样
获取即将到期需要续租的商户清单，同时获取已经到期仍继续使用的商户清单。
2. 如何检查
建议关注以下方面：
（1）是否由专人负责；
（2）是否建立了相应的追踪台账，台账信息是否完整、准确，更新是否及时；
（3）是否按规定发放书面通知，是否有对方的书面回复确认；
（4）是否存在到期仍继续使用但未续签合同的情形，关注其原因。
提示：在对续租的管理中，除了需要注意时间，还需要注意签约主体是否发生了变化，续租的价格是否与公司新的价格体系相符。</td></tr>
<tr><td>◆ 需要的资料</td><td>结合上面的说明，审计时通常需要以下资料：
（1）相关制度、流程文件；
（2）商户管理台账或是租赁台账；
（3）合同；
（4）续租通知。</td></tr>
<tr><td>◆ 常见的问题</td><td>审计中普遍存在的问题如下：
（1）没有制定相关制度；
（2）未及时签订续租合同。</td></tr>
</table>

Q5. 是否对商户转租进行有效管控？

◆ 为什么要看	对商户转租缺乏相应的管控，可能会因商户私自转租产生纠纷，影响公司的形象，产生舞弊行为。房地产企业通常会在租赁合同中明确禁止转租。
◆ 如何去做	1. 询问相关人员，主要关注以下方面： （1）是否有转租的情形，如何处理； （2）是否因为商户转租给公司的形象、利益造成了损失； （3）是否会安排专人进行检查； （4）对于商户转租行为是否有明确的处理办法。

（续）

◆ 如何去做	2. 获取租户台账、合同，进行巡场检查 这里的主要手段还是巡场检查，当然，如果有纠纷、欠租等异常事件发生，可以通过这些事件追查原因，明确是否因转租引起。 **【案例：8-31】** 检查人员在巡场过程中发现某商铺已经到期，但仍处于经营状态，后通过询问及对营业执照进行比对，发现目前的经营商户非原先与公司签订合同的商户，中间发生了转租。项目运营人员表示对此并不知情。 **提示：**如果公司规定相关人员需要定期巡场，那么出现这样的情况表明巡场检查的执行可能存在问题。
◆ 需要的资料	结合上面的说明，审计时通常需要以下资料： （1）相关制度、流程文件； （2）合同； （3）转租处理的相关资料。
◆ 常见的问题	审计中普遍存在的问题如下： （1）没有相关的制度； （2）未能及时发现转租行为； （3）转租行为发生后未能及时处理。

Q6. 是否对商户变更经营业态进行有效管控？

◆ 为什么要看	对商户变更经营业态缺乏有效管控，会影响项目的整体规划、形象，甚至可能会产生安全隐患，从而给公司造成损失。
◆ 如何去做	**第一步：制度、流程文件的熟悉与梳理** 1. 先找规定、标准 关注点包括是否允许商户变更经营业态、商户变更经营业态的程序、审批等。 2. 需要哪些制度、流程文件 商户经营业态变更管理相关制度。
	第二步：访谈 询问相关人员，主要关注以下事项： （1）是否允许变更经营业态，如果允许，需要经过什么程序； （2）是否存在变更经营业态的情形； （3）是否存在违规变更经营业态的情形，如存在，是否进行相应的处罚； （4）是否针对变更经营业态在合同中进行相应的约定。
	第三步：测试 1. 如何选样 （1）如果有清单或统计资料，可以直接获取，进行全查； （2）如果没有清单或统计资料，可在巡场时进行检查。

（续）

◆ 如何去做	2. 如何检查 建议关注以下方面： （1）是否有变更的情形，关注变更的原因、变更的手续； （2）变更是否符合相关程序； （3）对于违规变更的，是否进行相应的处罚； （4）对于发生变更的情形，如果项目人员没有发现，可能表明项目人员在巡场检查或是履约监控过程中未能有效尽责。
◆ 需要的资料	结合上面的说明，审计时通常需要以下资料： （1）相关制度、流程文件； （2）合同； （3）经营业态变更相关的支持性资料。
◆ 常见的问题	审计中普遍存在的问题如下： （1）没有制定相关制度； （2）未及时发现并处理违规变更行为； （3）未按规定进行相应的变更审批。

Q7. 是否对商户退租、撤场进行有效管控？

◆ 为什么要看	对退租、撤场缺乏有效的管控可能会给公司造成损失。
◆ 如何去做	**第一步：制度、流程文件的熟悉与梳理** 1. 先找规定、标准 关注点包括正常退租、提前退租、撤场办理的手续等。 2. 需要哪些制度、流程文件 退租、撤场管理相关制度、合同。
	第二步：访谈 1. 询问相关人员，主要关注以下事项： （1）撤场如何管理，针对正常的与非正常的撤场，分别是如何处理的； （2）是否有明确的制度； （3）审计期间是否存在撤场异常的情形，例如，未在规定时间撤场，撤场存在纠纷等。 2. 询问法务人员 是否存在撤场纠纷或诉讼案件。
	第三步：测试 1. 如何选样 获取审计期间的撤场清单，重点关注非正常撤场情形，例如，提前退租的、撤场有纠纷的、撤场未按规定时间执行的。 2. 如何检查 建议关注以下方面：

（续）

<table>
<tr><td></td><td>（1）是否有相关的制度；
（2）合同到期未撤场的原因是什么，如何处理；
（3）商户提前退租需要支付违约金的，是否已支付；
（4）撤场时，双方的手续是否符合规定，是否有书面交接确认记录；
（5）保证金是否在撤场手续履行完毕后才进行退还；
（6）在巡场时，特别关注合同已经到期或是显示应该退场的商户。

【案例：8-32】
审计人员在巡场时发现某商户合同已到期，但是商铺中仍然堆满原商户的东西。询问相关人员，对方表示，该商户在合同到期后就没人来过，已经有三个多月了，多次电话联系都无人理会。

【案例：8-33】
根据规定，商户退场时需按规定将商铺恢复原状。审计人员在检查某购物中心时发现部分商户已经完成退场，相关的保证金也全部退还给对方，但其未按规定将租赁的商铺恢复原状。

提示：为什么要恢复原状？因为原商户的装修风格对新商户来说可能并不适用，这时就需要对原装修进行拆除，拆除必然会产生费用，所以涉及费用的承担问题。

【案例：8-34】
根据规定，商户退场时需按规定将商铺恢复原状。审计人员在巡场时发现部分社区商铺在退场时并未将商铺恢复原状。相关人员表示，这些商铺后续都是个体户承租的，很多人喜欢这些带有装修的，因为可以节约装修费用。

提示：这里，我们需要分析是否因为未恢复原状导致公司产生了额外的成本，是否因此导致商铺的再次出租面临困难。
思考：同样都是恢复原状的问题，不同的业态面临的风险可能就不一样。</td></tr>
<tr><td>◆ 如何去做</td><td></td></tr>
<tr><td>◆ 需要的资料</td><td>结合上面的说明，审计时通常需要以下资料：
（1）相关制度、流程文件；
（2）合同；
（3）退场、退租相关支持性资料。</td></tr>
<tr><td>◆ 常见的问题</td><td>审计中普遍存在的问题如下：
（1）没有制定相关制度；
（2）撤场未按规定履行相关手续；
（3）撤场缺乏双方书面交接确认；
（4）提前退租未按规定收取相关违约费用；
（5）合同到期，未按规定及时办理退场。</td></tr>
</table>

Q8. 是否对项目的租赁台账进行有效管控?

◆ 为什么要看	项目租赁台账的维护是否及时、准确、完整，对商户的履约监控、空铺再次招商、回款情况等的管理起着重要作用，如果缺乏有效管控，可能对运营的效率、效益产生不利影响。
◆ 如何去做	**建议重点关注以下方面：** （1）是否安排专人负责租赁台账的维护； （2）租赁台账中的数据是否有人复核或定期对账（业务与财务）； （3）租赁台账的信息是否完整（商户名称、合同时间、租金、面积等）、准确、及时，可以通过抽样的方式检查； （4）通过巡查，检查租赁台账中的商铺信息是否准确。 **【案例：8-35】** 审计人员分别获取了招商部门与运营部门的业务台账，发现双方对于空铺信息的记录存在差异，经询问，双方均根据自己了解的信息进行记录，并未定期进行对账。 **【案例：8-36】** 审计人员在巡场时发现，租赁台账所列的部分空铺正处于装修中，后经查证，业务人员未及时更新租赁台账。
◆ 需要的资料	结合上面的说明，审计时通常需要以下资料： （1）相关制度、流程文件； （2）租赁台账。
◆ 常见的问题	审计中普遍存在的问题如下： （1）没有制定相关制度； （2）租赁台账的维护不够及时、完整、准确。

Q9. 是否对项目的调整改造进行有效管控?

◆ 为什么要看	项目在运营过程中，因市场环境的变化，可能需要进行调整、改造，以获取更多的客流、吸引意向商户的加入。在调整、改造中，如果缺乏有效的管控，可能增加成本、致使正常的运营受损、产生安全等隐患，给公司造成损失。
◆ 如何去做	**第一步：制度、流程文件的熟悉与梳理** 1. 先找规定、标准 关注点包括调整改造计划、预算、评估、审批等。 2. 需要哪些制度、流程文件 调整改造管理相关制度。
	第二步：访谈 询问运营管理相关人员，主要关注以下事项： （1）审计期间是否存在调整改造项目；

（续）

◆ 如何去做	（2）对调整改造项目的管理有什么要求，如何管理； （3）目前调整改造过程中存在哪些问题； （4）调整改造项目是否存在超预算或是计划外的情形。
	第三步：测试 1. 如何选样 尽量全查。 2. 如何检查 建议关注以下方面： （1）是否有相关的制度，是否依制度执行； （2）检查调整改造项目的计划、预算管理； （3）检查调整改造项目的评估、审批流程； （4）检查调整改造项目相关的采购环节； （5）检查调整改造项目的验收成效； （6）调整改造项目需要报批报建的，是否按规定完成； （7）调整改造过程中是否存在问题，如进度受阻、超预算、产生纠纷等，应关注原因及解决措施。
◆ 需要的资料	结合上面的说明，审计时通常需要以下资料： （1）相关制度、流程文件； （2）调整改造相关的评估、审批资料； （3）调整改造实施中的管控资料； （4）调整改造供应商的采购相关资料。
◆ 常见的问题	审计中普遍存在的问题如下： （1）没有制定相关制度； （2）调整改造缺乏相应的管控； （3）调整改造验收工作不够规范； （4）调整改造供应商的选择不够规范。

（五）租金管理

Q1. 是否对定价体系进行有效管控？

◆ 为什么要看	对定价体系的制定、评估、更新缺乏有效管控会给公司造成损失。 一般来说，招商政策内容中包含定价体系部分，因其重要性，这里进行专门的说明。
◆ 如何去做	**第一步：制度、流程文件的熟悉与梳理** 1. 先找规定、标准 关注点包括定价体系的制定、评估、更新、审批等。 2. 需要哪些制度、流程文件 定价体系管理相关制度。

（续）

<table>
<tr><td rowspan="2">◆ 如何去做</td><td>**第二步：访谈**
询问招商相关人员，主要关注以下事项：
（1）公司是否有明确的定价体系；
（2）定价体系是否经过审批；
（3）定价是否定期进行评估及更新；
（4）目前的定价体系多久评估、更新一次。</td></tr>
<tr><td>**第三步：测试**
1. 如何选样
全部检查。
2. 如何检查
建议关注以下方面：
（1）是否有相关的制度；
（2）定价体系是否经过审批；
（3）定价体系是否需要定期评估；
（4）现有定价体系是否存在长期不评估的情况。

【案例：8-37】
公司制度中规定，需要对租金价格进行定期评估，但是对于定期是多久未进行明确。审计人员询问了相关人员，被告知是三年。审计人员随后对公司现有项目的租金价格进行了检查，发现很多项目的价格是三年前制定的，最长的为五年前的价格。

【案例：8-38】
审计人员询问相关人员定价体系是否经过审批，被告知定价体系是会上讨论确定的，是领导口头认可的，没有进行审批。

【案例：8-39】
审计人员在检查中发现，公司未对商铺设定“一铺一价”，只是根据不同的业态设定价格，在与商户的谈判中确定具体某个商铺的价格。进一步检查发现，商铺的租赁成交价几乎都是各业态的最低价。

提示：价格的影响因素除了业态外，还有楼层、位置、面积等，所以仅以业态作为定价基础不够合理，且存在舞弊的空间。

【案例：8-40】
审计人员询问相关人员发现，在招商的时候公司制定了底价，而在对外报价的时候也都是按底价报的。这表明公司对报价策略缺乏相关的规定，其要么是项目本身有问题，要么是管理人员缺乏主观能动性。这会对项目运营收益产生不利的影响。</td></tr>
</table>

（续）

◆ 如何去做	**【案例：8-41】** 根据公司规定，突破底价的租赁需要审批至公司总经理。审计人员对租赁成交单价进行比对，未发现异常，但是发现某些商户的免租期较长或者装修期较长，后经证实，招商人员通过此种方式变相给商户折扣。 **思考：**对于一些比较抢手的商铺，如果也是以底价成交的，那么审计人员应检查是否存在舞弊的可能。如何能保证租金的价格公开、透明，同时对公司最有利，这是一个值得管理人员和审计人员思考的问题。
◆ 需要的资料	结合上面的说明，审计时通常需要以下资料： （1）相关制度、流程文件； （2）经审批的租金价格体系表； （3）租赁台账。
◆ 常见的问题	审计中普遍存在的问题如下： （1）定价体系不合理； （2）定价体系未经过审批； （3）定价体系未及时更新； （4）报价方式不合理。

Q2. 是否对租金的收缴进行有效管控？

◆ 为什么要看	租金的收缴是否及时、足额对公司现金流、收益起着非常重要的作用，如果缺乏有效管控，会给企业造成损失。
◆ 如何去做	**第一步：制度、流程文件的熟悉与梳理** 1. 先找规定、标准 关注点包括收缴率考核要求、催缴规定等。 2. 需要哪些制度、流程文件 租金收缴管理相关制度。
	第二步：访谈 1. 询问运营人员，主要关注以下事项： （1）目前是否有欠款的情况，欠款时间多长，原因是什么，采取了哪些措施； （2）是否有明确的催缴制度； （3）是否有延期付款的商户，延期付款是否需要审批，是否有相关的制度； （4）是否存在欠款的诉讼事项，进展如何； （5）收缴率是如何进行考核的，是否有人对相关数据进行复核； （6）计算收缴率时，是否对特殊事项进行剔除，剔除是否有相关的规定或经过相应的审批程序； （7）是否存在租金延期的情况，延期是否需要经过相应的审批程序。

（续）

◆ 如何去做	2. 询问财务人员 （1）目前欠款情况如何，获取欠款报告或台账。 （2）如何统计收缴率，是否对应收数据、实收数据进行审核，会剔除哪些数据。 3. 询问法务人员 （1）审计期间是否发生与欠租相关的诉讼事件，包括结案案件和准备起诉的案件，获取基本情况信息及进展。 （2）诉讼前是否需要经过相应的评估。 **第三步：测试** 获取欠租的台账或记录，进行全查，关注以下方面。 1. 欠租、催缴管理 （1）欠租的时间，欠租产生的原因，反推管理上存在的风险。 （2）欠租台账信息是否完整、准确、及时。 （3）是否建立了明确的催缴机制；根据欠款台账，检查催缴是否按规定执行。 **【案例：8-42】** 审计人员在检查中发现，部分商户租金欠款超过三个月，询问相关人员，对方表示和商户联系过，催了很多次，商户在外地，过段时间回来付。审计人员询问是否有催款记录，对方表示都是电话沟通的，没有记录，公司也没有相关的催缴制度。 **【案例：8-43】** 公司规定，每月 20 日前仍未缴纳欠款的，应向对方发送催款联系单。审计人员对欠款商户的催款联系单进行了检查，发现发给对方的催款联系单无对方的签收记录。 **提示：**最好要求合同签订人员或是对方指定的人员对催款联系单进行签收。 2. 延期管理 （1）是否有明确的延期管理制度，例如，是否可以延期，可以延期几次，是否需要进行评估，需要审批到哪个层级。 （2）是否进行相应的审批，权限是否合规。 （3）延期协议签订后，履行情况如何，是否存在延期后仍未履约的情形。 **【案例：8-44】** 审计人员在审计中发现，某商户欠款达半年之久，运营人员表示，已与对方谈妥，对方表示半年内一定会补足欠款金额。审计人员询问，对于延期付款，是否签订了相关的协议，是否经过相应的审批，被告知没有。 3. 收缴率管理 收缴率通常是房地产企业的一个重要考核指标，收缴率的计算规则是否清楚明白，数据是否准确对结果会有很大的影响。审计人员可以优先抽取欠租、存在诉讼纠纷的商户，建议关注以下方面：

（续）

◆ 如何去做	（1）计算规则是否明确，例如，哪些情况可以剔除，哪些不可以，在剔除时如何进行管控等； （2）数据的统计是否准确、及时，数据是否由专人进行复核。 **【案例：8-45】** 审计人员在检查中发现，合同应收数据由业务部门提供，财务部门负责录入收款数据，对应收数据不再进行审核。审计人员将原始合同与应收数据进行抽样比对，发现部分应收数据与合同不符。 **【案例：8-46】** 审计人员在对集团下属公司进行审计时发现，该公司某商业项目的收缴率为100%，但是在检查时发现存在欠款商户，且部分商户欠款时间长、金额大。询问相关人员，对方表示，在计算收缴率时已经把这些商户剔除。审计人员追问，这种剔除是否经过相应的审批，是否经过集团同意，对方表示没有，只是和公司总经理口头沟通过。 **提示：**如果集团对下属公司进行考核时未明确收缴率考核指标“剔除”的管控方法，下属公司在进行统计时可能会为了完成收缴率指标进行人为调节。 4. 诉讼管理 （1）诉讼是否流于形式，成为免责的工具 **【案例：8-47】** 审计人员对结案的事件进行了梳理，发现有大部分诉讼案件虽然胜诉，但是因难以执行而无法收回租金。同时，公司还额外支付了起诉费用、律师费用，并且因为诉讼延长了商铺收回再次出租的时间。 **思考：**诉讼是否有意义，成本效益是否平衡。 （2）是否通过诉讼提高了收缴率 **【案例：8-48】** 审计人员在检查收缴率时发现，相关人员并未将诉讼商户统计在内。询问相关人员，对方表示只要是诉讼商户都不会进行统计；审计人员再次询问这样的做法是否有依据，是否有相关的书面审批，对方表示没有。
◆ 需要的资料	结合上面的说明，审计时通常需要以下资料： （1）相关制度、流程文件； （2）收缴台账、欠款台账； （3）延期付款商户及相关审批资料； （4）催缴记录； （5）诉讼台账及诉讼结案执行结果。

（续）

◆ 常见的问题	审计中普遍存在的问题如下： （1）没有相关制度； （2）未按规定催缴； （3）催缴无记录； （4）催缴无签收或签收人存在问题； （5）延期无审批； （6）诉讼成为免责工具。

Q3. 是否对抽成商户的销售数据进行有效管控？

◆ 为什么要看	一般来说，房地产企业根据商户的销售额比例收取租金，有的则按照固定金额与抽成金额孰高的原则收取租金。对抽成商户销售额的真实性缺乏有效管控，可能会给公司造成损失。 **提示：**对于租金，是选择抽成还是选择固定金额，是否有明确规定，如何评估？并不是抽成的模式就好。选择抽成通常是为了获取最大化收益。对于抽成有两个主要的问题需要注意，包括是否能够有效地获取销售额；抽成商户的管理难度如何，对于时间、精力等成本的付出是否能够获取相应的收益。
◆ 如何去做	**第一步：制度、流程文件的熟悉与梳理** 1. 先找规定、标准 关注点包括检查的方法、频率，差异的处理等。 2. 需要哪些制度、流程文件 抽成商户稽核相关制度。
	第二步：访谈 询问相关人员，主要关注以下事项： （1）是否有抽成商户； （2）如何保证抽成商户销售额的准确性； （3）是否进行稽核检查，采用什么方式进行，检查频率如何，差异如何处理，是否对瞒报的商户进行惩罚； （4）目前是否发现有瞒报的商户，是如何处理的； （5）是否有制度，执行是否有差异，制度是否存在不适性； （6）数据获取存在哪些问题，是否有解决方案。
	第三步：测试 获取抽成商户清单，检查相关记录以及对有问题商户的处理情况，了解检查的方法，关注以下方面： （1）是否建立相关制度； （2）检查方法、频率、覆盖率是否科学、合理； （3）差异如何处理，处理过程中是否存在问题； （4）数据获取是否存在难度，是否有相应的解决方案。

（续）

◆ 如何去做	**注意：**有的公司会要求将商户数据输入公司的系统中，方便随时抓取数据，但是有些强势商户可能会拒绝这种要求，此时一般会用商家盖章月度报表进行替代。 **【案例：8-49】** 审计人员在检查中询问相关人员，如何对抽成商户进行检查，对方表示由商户提供日报、月报，项目人员根据对方上报的日报数据进行统计，如果日报按月统计的结果，与对方上报的月报数据存在差异，会要求对方提供解释。审计人员进一步询问，如何确保对方提供的日报数据是准确的，项目人员未能给出回复。 **【案例：8-50】** 审计人员在检查中询问相关人员，如何确定商户的销售数据，项目人员表示商户会每月提供销售月报。审计人员进一步询问，对于提供的月报是如何确保真实性的，项目人员表示商户需要盖章。审计人员随后又检查了商户提供的报表，发现部分报表并未盖章，且有部分数据是手工填写的。 **【案例：8-51】** 根据规定，项目人员需要对商户的销售数据进行稽核。审计人员检查了稽核报告，发现存在例外事项，且某商户发生瞒报事件不止一次，于是询问项目人员对此采取了哪些措施，项目人员表示，只是让对方改正，保证以后不要再犯，并未进行任何处罚。 **【案例：8-52】** 根据制度规定，项目人员需对抽成商户进行定期稽核，但是未规定稽核的频率、稽核的数量。审计人员在进一步询问相关人员实际执行情况后，对方表示目前采取轮换抽查的方式。随后，审计人员根据对方抽查的数量、频率以及现有商户的数量进行比对，发现无法在一年的周期中做到全覆盖。 **【案例：8-53】** 项目管理部为了提高对抽成商户的管控，要求商户安装数据采集工具，以方便实时抓取商户的销售数据，并且为此采购和安装了专门的软件和硬件设备。审计人员在检查中发现，部分抽成商户自行拆除了相关的硬件设备或是卸载了相关的软件。由于未能在前期与商户签订相关的协议，面对此种情形项目人员也无法进行相应的处罚，同时项目管理部也未安排专人对此数据采集工作进行监控，使得该项控制流于形式。 **【案例：8-54】** 根据规定，公司需要安排专人对项目进行稽核，并每月报送分析报告。审计人员询问相关人员是否执行，对方表示，每个月都要向领导汇报。审计人员随即要求对方提供审计期间涉及的所有资料。在对报告进行检查后发现，其中有三个月项目人员并未按规定进行稽核工作，在已提供的报告中部分数据存在明显差错，且部分稽核中发现的问题也无后续的处理措施。针对此种情况，审计人员与相关人员进行了再次沟通，对方表示，人员有限，确实做得不到位。

（续）

◆ 需要的资料	结合上面的说明，审计时通常需要以下资料： （1）相关制度、流程文件； （2）租赁合同； （3）稽核报告及相关支持性资料。
◆ 常见的问题	审计中普遍存在的问题如下： （1）没有制定相关制度； （2）稽核方法、频率不科学、不合理； （3）稽核流于形式； （4）对稽核中发现的问题未进行相应处罚； （5）租赁合同对稽核的权力缺乏应有的保护。

Q4. 是否对商户的租金减免进行有效管控？

◆ 为什么要看	对租金减免缺乏有效的管控可能导致发生不适当的减免，或是缺乏履约能力的商户继续经营，从而给公司造成损失，甚至产生舞弊。
◆ 如何去做	**第一步：制度、流程文件的熟悉与梳理** 1. 先找规定、标准 关注点包括租金减免的标准、评估、审批。 2. 需要哪些制度、流程文件 租金减免相关制度。
	第二步：访谈 询问相关人员，主要关注以下事项： （1）是否发生了租金减免； （2）租金减免的程序是如何实施的，标准与审批权限是如何规定的； （3）租金减免率是否作为招商人员的考核指标，对招商人员的绩效是否有影响； （4）租金减免是否作为商户履约能力的评估指标之一，对与商户继续合作或续约是否有影响。
	第三步：测试 1. 如何选样 全查。 2. 如何检查 建议关注以下方面。 （1）租金减免的原因。 （2）租金减免的标准是否明确、清晰，减免的商户是否符合相应的标准。 （3）租金减免是否按规定进行审批。

（续）

<table>
<tr><td>◆ 如何去做</td><td>（4）哪些是经常发生租金减免的商户，对于此类商户，为什么继续合作，是否对此类商户进行了标记，避免在以后的招商中再次选择。
（5）是否将租金减免作为商户履约能力的考核指标之一。
思考：如果某一商户经常发生租金减免，但公司仍然与其合作，其原因是什么，目的是什么。
（6）对租金减免如何进行考核，如果减免金额超标，是否对相应人员进行处罚。

【案例：8-55】
审计人员在获取了租金减免商户的审批资料后发现，租金减免的标准为“因经营状况不佳，可对租赁面积在1000平方米及以上的商户进行租金减免”。审计人员在检查中发现，存在不符合面积的减免商户——某减免商户的租赁面积只有600平方米，但仍对其进行了减免。

【案例：8-56】
审计人员在检查中发现，公司的减免报告列示，公司可对经营不善，中高端、大型商户进行租金减免，但是并未提供减免商户经营不善的证明，对于中高端、大型商户也没有明确的定义。审计人员询问相关人员对此如何判断，对方表示凭经验。

思考：如果集团对下属公司有收缴率考核的要求，但是对减免率或减免额度无相关的要求，下属公司可能通过减免租金的方式来达成收缴率。</td></tr>
<tr><td>◆ 需要的资料</td><td>结合上面的说明，审计时通常需要以下资料：
（1）相关制度、流程文件；
（2）租金减免清单及相关的支持性资料。</td></tr>
<tr><td>◆ 常见的问题</td><td>审计中普遍存在的问题如下：
（1）没有制定相关制度；
（2）租金减免标准不明确、不量化；
（3）租金减免未按规定审批；
（4）与经常性的租金减免商户继续合作且无合理原因；
（5）租金减免未作为商户履约能力的评估指标。</td></tr>
</table>

（六）物业管理

1. 外包管理

很多公司在物业管理上会将保安、保洁等服务进行外包。

Q1. 是否对外包服务供应商的选择进行有效管控？

本部分可参照采购模块。这里重点介绍一下，如果一家公司有很多项目，是分项目进行采购还是集中采购，需要根据具体的情况来定。集中采购更容易获得成本优势，但是也有可能造成一家独大的局面，不利于各供应商相互竞争和制约。

Q2. 是否对外包单位服务的考核进行有效管控？

本部分可以参照代理公司管理的控制点，重点就是，确认是否在合同中约定考核要求，明确考核周期、考核标准、处罚办法，对考核标准的设计是否科学、合理，是否按规定严格执行。

2. 物管费管理

Q1. 是否对定价体系进行有效管控？

本部分参照租金部分内容，其原理一样，重点检查制定、评估、更新、审批等环节的控制。

Q2. 是否对物管费收缴进行有效管控？

本部分参照租金的管理部分，原理一样，重点检查物业费的收取是否及时、是否存在欠款，以及对催缴的管理等。

（七）客诉管理

Q. 是否对客诉进行有效管控？

◆ 为什么要看	对客诉缺乏有效管控会对公司的形象、项目的正常运营产生不利影响。
◆ 如何去做	**第一步：制度、流程文件的熟悉与梳理** 1. 先找规定、标准 关注点包括接诉要求、记录要求、处理要求、回复要求等。 2. 需要哪些制度、流程文件 客诉相关管理制度。
	第二步：访谈 询问客服相关人员，主要关注以下事项： （1）是否有相关的制度； （2）客诉的渠道有哪些； （3）在客诉处理中存在哪些问题； （4）是否存在长期未处理事项，是否由专人跟踪客诉处理进度； （5）客诉问题是否具有集中性。
	第三步：测试 1. 获取客诉记录，关注以下方面： （1）是否建立客诉档案； （2）是否存在长期未处理的客诉，原因是什么； （3）客诉问题集中在哪些方面，反推至管理上存在的问题； （4）对客诉的处理是否符合相关规定。 2. 观察 （1）客诉渠道是否通畅，是否明确。 （2）假扮商户或顾客进行投诉，观察相关人员的态度、礼仪等是否符合相关规定。

（续）

◆ 如何去做	【案例：8-57】 审计人员经过多天的观察，发现客诉台长期没有人员在岗，现场供记录投诉的本子随意摆放，且未提供笔。审计人员翻看现场的投诉记录本，发现记录凌乱，甚至有的页面被乱涂乱画。审计人员询问相关人员，对方表示，因人员紧张，客服人员临时被调到其他岗位，所以这里暂时没有人。 3. 询问 审计人员在巡场时，可以询问商家对客服有什么意见或建议。
◆ 需要的资料	结合上面的说明，审计时通常需要以下资料： （1）相关制度、流程文件； （2）客诉记录及相关的支持性资料。
◆ 常见的问题	审计中普遍存在的问题如下： （1）没有制定相关制度； （2）客诉处理不及时、不规范； （3）客诉档案未妥善保管； （4）客诉渠道不通畅。

（八）维护管理

主要针对设备设施的维修、维保管理。

Q1. 是否对项目维修、维保进行有效管控？

◆ 为什么要看	对项目维修、维保缺乏有效管控会对项目的正常运营、公司形象、成本管控产生不利影响。
◆ 如何去做	**第一步：制度、流程文件的熟悉与梳理** 1. 先找规定、标准 关注点包括项目维修、维保申请、实施、验收、结算等。 2. 需要哪些制度、流程文件 维修、维保相关管理制度。
	第二步：访谈 询问相关人员，主要关注以下事项： （1）是否制定年度维修计划、维保计划； （2）日常维修如何管控，如申请、实施、验收、结算等； （3）日常维保如何实施，是否由专人负责，是否按规定实施，实际执行与计划是否存在差异，原因是什么； （4）是否存在维修不及时、维修超预算的情况； （5）目前在维修、维保管理中存在哪些问题。

（续）

◆ 如何去做	**第三步：测试** 获取审计期间维修项目、维保项目的清单及相关支持性资料，以及年度维修、维保计划及执行情况分析报告，建议关注以下方面： （1）计划外的维修项目是否符合相关的程序； （2）是否对设备设施建立质保期追踪台账，是否有程序对质保期限进行判断，是否存在质保期内应由原承包商承担的费用由公司支付的情形； （3）项目维修的验收与结算是否及时、合规； （4）项目维保是否按规定执行，是否存在维保不当的情况，检查维保记录。
◆ 需要的资料	结合上面的说明，审计时通常需要以下资料： （1）相关制度、流程文件； （2）项目维修、维保合同； （3）计划与执行情况分析报告。
◆ 常见的问题	审计中普遍存在的问题如下： （1）没有制定相关制度； （2）质保期内应由原承包商承担的费用，由公司承担了； （3）验收、结算不及时或不规范； （4）项目维保未按规定执行； （5）项目维保无记录。

Q2. 是否对维修、维保供应商的选择进行有效管控？

本部分可参考采购部分内容。对项目维修、维保供应商的选择，存在按项目分开选择还是集中选择的问题；另外，对于维修，可能存在单笔金额不大，但是年度累积发生金额较大的情况。

Q3. 是否对仓库物资进行有效管控？

◆ 为什么要看	因项目维修、维保的需要，房地产企业会采购一些物资，对此部分物资缺乏有效管控可能会给企业造成损失。
◆ 如何去做	**第一步：制度、流程文件的熟悉与梳理** 1. 先找规定、标准 关注点包括仓库物资的验收、领用、盘点、保管等。 2. 需要哪些制度、流程文件 仓库物资管理相关制度。
	第二步：访谈 询问相关人员，主要关注以下事项： （1）是否有仓库，仓库由谁负责管理； （2）物资验收、领用如何执行，需要哪些手续；

（续）

<table>
<tr><td rowspan="2">◆ 如何去做</td><td>（3）是否进行定期盘点，如果出现差异将如何处理。</td></tr>
<tr><td>第三步：测试
获取仓库物资台账，建议关注以下方面：
（1）物资入库、领用记录是否符合相关规定；
（2）库位卡上记录的数量与实物是否一致；
（3）是否按规定定期盘点；
（4）实物盘点与物资台账是否存在差异，差异如何处理；
（5）观察仓库是否可以随意进出，是否存在安全隐患。</td></tr>
<tr><td>◆ 需要的资料</td><td>结合上面的说明，审计时通常需要以下资料：
（1）相关制度、流程文件；
（2）出入库记录；
（3）盘点表；
（4）台账。</td></tr>
<tr><td>◆ 常见的问题</td><td>审计中普遍存在的问题如下：
（1）账实不符；
（2）领用手续不符合规定；
（3）仓库管理存在安全隐患。</td></tr>
</table>

（九）安全管理

Q. 是否对安全管理建立有效管控？

<table>
<tr><td>◆ 为什么要看</td><td>如果对安全缺乏有效管控，一旦发生事故，将会对公司的形象、项目的正常运营产生不利影响，同时给公司造成损失。</td></tr>
<tr><td rowspan="2">◆ 如何去做</td><td>第一步：制度、流程文件的熟悉与梳理
1. 先找规定、标准
关注点包括安全培训、安全检查、整改措施、处罚措施等。
2. 需要哪些制度、流程文件
安全管理相关制度。</td></tr>
<tr><td>第二步：访谈
询问相关人员，主要关注以下事项：
（1）有哪些与安全相关的管控办法，是否有明确的制度；
（2）是否需要进行安全培训，是否定期开展消防演习；
（3）是否进行安全检查，是否有相应的检查模板或标准；
（4）对于安全检查中存在的问题，是否由专人负责追踪整改；
（5）对于限期不整改的安全问题是否对责任人进行相应的处罚；</td></tr>
</table>

（续）

	（6）目前，安全检查中尚未整改的事项有哪些，原因是什么； （7）是否发生了安全事故； （8）是否购买了必要的保险。
◆ 如何去做	**第三步：测试** （1）安全培训、消防演习是否按规定执行。 （2）消防设施是否处于正常运作状态。 （3）是否依照公司相关制度、合同规定、消防要求进行合规性检查。 （4）在巡场时，关注是否存在安全隐患，例如，消防器材丢失、消防通道被堵塞等。 （5）对项目巡查中发现的问题是否限期整改，需要处罚的是否进行处罚。 （6）是否购买了必要的保险，例如，财产一切险、公众责任险、营业中断险等，保险是否在有效期内；是否发生过索赔，索赔的原因是什么，可追查至管理上的缺失；索赔是否失败过，失败的原因是什么等。
◆ 需要的资料	结合上面的说明，审计时通常需要以下资料： （1）相关制度、流程文件； （2）合同规定； （3）安全巡查报告； （4）保险索赔相关资料。
◆ 常见的问题	审计中普遍存在的问题如下： （1）安全检查未按规定执行； （2）整改未按规定执行。

第三节　本章总结及思路分析

一、本章总结

商业地产的运营管理，简单来说就是通过前期有效的策划定位，为后期的招商运营奠定成功的基础；在招商中，通过对招商政策、方案、宣传推广、人员等的安排，将商铺或租、或售给具备履约能力的客户，同时保证能够及时、足额地收回钱款。在运营管理上，相关人员要负责对商户的履约情况进行监控；对于项目自身的硬件，要确保设备设施的正常运作、项目的安全不出问题等。在对此业务模块进行审计时，审计人员同样需要去现场，不可偷懒。

二、商业地产招商运营管理审计的总体思路

表 8-3 整理了商业地产招商运营管理审计的总体思路。

表 8-3 商业地产招商运营管理审计总体总路

关注模板	思路分析
建立总体框架	初步了解公司现有项目的基本情况
项目前期管理	项目定位策划的评估、决策
项目招商运营管理	目标绩效管理：制定、执行
	招商管理：政策、方案
	租售管理：设计是否合理、混合出租、先租再售
	运营管理：进场、装修、开业、续租、转租、业态变更、退租撤场、调整改造
	租金管理：定价、收款、减免
	物业管理：定价、收款、减免、外包管理
	客诉管理：规范、及时、档案保管
	维护管理：维修、维保
	安全管理：检查、整改、安全要求、培训

第九章　人事管理审计

第一节　进场前的准备

一、整体框架

本章主要围绕人事管理中常见的业务模块进行介绍，包括人力总体规划、人员的变动（招聘、入职、离职、调岗）、薪酬福利、人员合同管理、档案管理、人员培训。

二、资料收集

在准备资料清单前，建议先对被审计单位人事管理涉及的具体业务进行初步的了解，以下的清单是根据本章涉及的业务来准备的，实际操作中可能会有偏差，具体如表 9-1 所示。

表 9-1　人事审计资料清单

需准备的资料清单
1. 年度人力规划及执行情况分析（如有）
2. 组织架构图、批准的人力编制清单
3. 审计期间人员变动清单（新进、调岗、晋升、降级、离职等）
4. 福利标准（薪资因保密性较高，一般不易在审前获取）
5. 人员清单
6. 猎头费用支付清单（如有，也可以从财务账中导出）
7. 审计期间培训计划及执行情况
8. 培训费用支付明细（也可以从财务账中获取）

第二节　具体审计实施

一、人力规划管理

（一）规划的制定与执行

Q1. 人力规划的制定与调整是否合规？

◆ 为什么要看	人力规划包括人力的编制、人员岗位的设置、预算等，对企业来说，人力规划是根据企业经营管理、业务发展的需要来制定的。提前对人力资源进行优先部署，有助于提升人力资源管理与使用的效率、效益。
◆ 如何去做	**第一步：制度、流程文件的熟悉与梳理** 1. 先找规定、标准 关注点包括人力规划的编制、修改、执行等相关规定。 2. 需要哪些制度、流程文件 人事管理制度。
	第二步：访谈 1. 访谈谁 人事管理相关人员。 2. 访谈哪些内容 是否需要制定人力规划，如何制定，对于发生的调整是如何进行管控的，如果发生调整是否需要审批。
	第三步：测试 获取与审计期间相关的年度人力规划及相应的审批资料，检查以下方面： （1）是否按规定编制（也有可能根本没有编制）； （2）如有，关注审批是否符合规定，如审批权限和审批的及时性； （3）编制人力规划需要企业各部门参与的，是否能提供相应的证明资料，其目的是证明需求部门确实参与，以保证规划的准确度，尤其是涉及岗位需求、人员编制的情况； （4）对于发生调整的，检查调整是否按规定进行审批。
◆ 需要的资料	结合上面的说明，审计时通常需要以下资料： （1）相关制度、流程文件； （2）审批的年度人力规划及相应的审批资料； （3）人力规划发生调整的资料及相应的审批资料。
◆ 常见的问题	审计中普遍存在的问题如下： （1）未制定年度人力规划； （2）人力规划审批滞后； （3）人力规划发生调整时未进行相关的审批。

Q2. 是否定期对人力规划的执行情况进行分析？

<table>
<tr><td rowspan="4">◆ 为什么要看</td><td>及时分析与总结有助于对规划的合理性进行修正，确保规划行之有效。</td></tr>
<tr><td>第一步：制度、流程文件的熟悉与梳理
1. 先找规定、标准
关注点如是否需要分析、是否需要形成分析报告、是否需要上报等。
2. 需要哪些制度、流程文件
人事管理制度。</td></tr>
<tr><td>第二步：访谈
询问人事相关人员，人事制度实际是如何执行的，是否定期对执行情况进行分析，一般差异发生在什么地方，原因是什么。</td></tr>
<tr><td>第三步：测试
获取与审计期间相关的规划执行情况报告，关注以下方面：
（1）是否进行定期的分析与修订；
（2）存在差异的原因是什么，是否具有普遍性、代表性等。</td></tr>
<tr><td>◆ 需要的资料</td><td>结合上面的说明，审计时通常需要以下资料：
（1）相关制度；
（2）人力规划与实际执行对比报告。</td></tr>
<tr><td>◆ 常见的问题</td><td>审计中普遍存在的问题如下：
（1）未进行执行情况的分析；
（2）规划制定得不够合理，差异较大。</td></tr>
</table>

（二）小结

下面将上述人力资源规划管理审计时需关注的点汇总于表 9-2。

表 9-2　人力规划关注点汇总

关注类别	具体关注点
人力资源规划管理	Q1. 人力规划的制定与调整是否合规
	Q2. 是否定期对人力规划的执行情况进行分析

二、人员变动管理

（一）招聘管理

Q1. 人员招聘是否符合规定，资料是否保存完整？

◆ 为什么要看	人员的招聘控制是为了保证企业招聘的人员能满足企业的人力规划需要和企业的经营管理需要。

（续）

<table>
<tr><td rowspan="3">◆ 如何去做</td><td>第一步：制度、流程文件的熟悉与梳理
1. 先找规定、标准
关注点包括人员的需求申请及审批、面试规定、人员确定的审批等。
2. 需要哪些制度、流程文件
人事管理制度。</td></tr>
<tr><td>第二步：访谈
1. 访谈人事管理相关人员
（1）目前公司允许的招聘形式有哪些，如内部选聘、外部招聘（企业自主招聘、通过猎头进行招聘）等，其中企业常用的有哪些；
（2）现有人力是否存在超编的情况，将批准的人力编制与实际的人力编制情况进行对比，检查是否存在超编的情况；
（3）是否存在岗位长期空缺的情况，原因是什么；
（4）实际执行中人员的招聘是如何执行的，如人力需求的提出、审批，面试的安排，人员确定的审批等；
（5）人力编制外的人员招聘如何执行，审计期间是否发生过；
（6）人员招聘的渠道选择有什么规定，例如，有的公司规定优先进行内部招聘，当内部人才不能满足需求时，再从外部招聘。
2. 访谈人力需求部门相关人员
（1）产生人力需求时，需要如何操作，需要准备哪些资料，如何审批等；
（2）是否存在招聘周期长或一直无法招到人的情况，原因是什么；
（3）在招聘过程中，人员需求部门与人事部门会有哪些合作，如简单的筛选、面试等；
（4）目前是否存在人员编制不满的情况，或是人员编制已满，但实际工作人员不足的情况，是否有相关的处理措施。
可以对人事部门与人员需求部门分别进行访谈，以对答案进行交叉验证。</td></tr>
<tr><td>第三步：测试
获取审计期间的招聘名单及相应的支持性资料，关注以下方面：
（1）各部门人员是否在企业的人力编制内，公司现有的人员是否存在超编的情况；
（2）人力编制或预算外的人员招聘是否按规定进行相应的审批；
（3）人员招聘的程序是否符合公司规定，例如，岗位、编制、级别、薪资福利的审批是否符合规定；在对集团下属公司进行审计时，关注下属公司的操作是否与集团的规定相违背，如该上报集团的未上报；
（4）人员招聘过程相关的支持性资料是否保存完整，是否有资料缺失的情况，例如，需求申请审批表、面试记录、确定录用的资料缺失等；
（5）招聘的人员与公司规定是否相符，例如，公司规定，招聘的人员的最低学历是本科，审计人员在审计中发现，某新进员工为大专学历；</td></tr>
</table>

（续）

◆ 如何去做	（6）是否存在需求与招聘倒置的情况，即人员已经招聘或已入职再后补需求手续的情况，注意资料的审批时间； （7）是否存在现有编制不能满足实际人力需求的情况，公司是否采取了相应的措施，原因是什么； （8）是否存在需求岗位长期招不到人的情况，公司是否采取了相应的措施，原因是什么，还可以延伸考虑，是否因此对企业的运营造成了影响。
◆ 需要的资料	结合上面的说明，审计时通常需要以下资料： （1）审批的人力编制、组织架构； （2）现有的人力清单； （3）制度、审批权限相关规定； （4）审计期间招聘人员清单及相关的支持性资料。
◆ 常见的问题	审计中普遍存在的问题如下： （1）人员存在超编的情况； （2）招聘手续不符合规定； （3）招聘的人员资质不符合规定； （4）招聘的支持性资料保存不完整。

Q2. 猎头机构的选用与付款是否合规、合理？

◆ 为什么要看	这里主要从是否需要选择猎头机构及猎头的费用支付来进行检查，防止企业承担不必要的费用，或是部分人员假借猎头的名义，侵害公司利益。
◆ 如何去做	**第一步：制度、流程文件的熟悉与梳理** 1. 先找规定、标准 （1）制度：允许通过猎头招聘的条件、猎头费用的支付规定、审批，猎头公司选用相关制度等。 （2）合同：对于付款条件是如何约束的，注意付款节点、服务保证期等的约定。例如，合同规定，“人员入职，通过试用期，付 20%，满半年付 30%，满一年付余下 50%。”“服务保证期为 ×× 个月，如被推荐的候选人在服务保证期内解除劳动合同，猎头公司应在客户提出书面要求后重新寻找并推荐其他候选人，直到客户满意为止。” 2. 需要哪些制度、流程文件 人事管理制度、猎头合同、采购相关制度（关于猎头公司的选用）。
	第二步：访谈 1. 访谈人事管理人员 （1）是否采用猎头的形式进行人员招聘，在什么情况下会启用猎头。 （2）对于猎头费用的支付是否有明确的规定。 （3）是否需要被招聘人员书面确认自己是通过猎头招聘进入公司的。

（续）

<table>
<tr><td></td><td>（4）审计期间是否发生服务保证期未满人员离职的情况，后续是如何处理的。
（5）目前合作的猎头公司有哪些，与哪家发生的业务较多，是否存在明显偏好。
（6）各家猎头公司的收费标准是否存在差异。
2. 可以通过非正式性的人员抽样“聊天”进行验证。</td></tr>
<tr><td>◆ 如何去做</td><td>第三步：测试
可以采取穿行测试与抽样测试相结合的方式，这里重点介绍抽样测试。
1. 如何选样
建议全查，如果业务量很大可以进行抽样，优先选择以下样本：
（1）所招聘的人员级别不高，且专业性要求不强的样本；
（2）服务保证期未满，发生人员离职的样本。
2. 如何检查
获取审计期间发生猎头招聘的清单及相关的费用支付清单。
（1）全局分析。将审计期间发生的猎头招聘样本进行汇总，做如下分析：
a. 猎头招聘的人数占全年招聘人数的百分比；
b. 猎头招聘主要集中在哪些岗位、哪些期间，是否具有普遍性；
c. 猎头公司的选择是否具有集中性，如集中在某一家。一般情况下，企业会与若干家猎头机构合作，注意收费标准，对于企业有明显倾向的选用单位，将其收费与其他家进行比较，看其是否明显偏高。可以参考采购审计中供应商选择的模块。
注：该步的目的是评估猎头业务的发生是否合理。
（2）细节测试。建议关注以下方面：
a. 发生猎头招聘的岗位是否符合公司的规定；
b. 合同中是否约定了相应的服务保证期、分期付款条款。注意，对于规定人员入职后即付清全款的合同，是不利于保护企业的；
c. 对于合同中约定，“服务保证期未满发生离职的，猎头需要继续免费为企业招聘合适人员，否则，猎头公司需退回企业所支付的款项”，审计人员在审计时要注意，猎头公司后续是否按规定为企业免费进行人员的招聘，或是将相应的款项退回；
d. 实际付款是否按约定支付；
e. 是否要求被猎头招聘的人员对猎头提供的服务进行确认（这里的控制是从验收的角度来考虑的，防止人事与猎头勾结，假借支付猎头费用侵占公司的利益）。</td></tr>
<tr><td>◆ 需要的资料</td><td>结合上面的说明，审计时通常需要以下资料：
（1）相关制度、流程文件；
（2）合同清单、合同及相关支持性资料；
（3）猎头招聘人员清单；
（4）离职人员清单。</td></tr>
</table>

（续）

◆ 常见的问题	审计中普遍存在的问题如下： （1）无相关制度或有制度，但制度规定不完善； （2）猎头合同的付款条款对公司不利； （3）对于服务承诺期未满发生人员离职的，企业未按规定进行后续处理。

Q3. 是否要求员工在入职时签订保密协议？

◆ 为什么要看	这里主要是从企业信息保密的角度，以及在发生信息泄露时，能够从法律的角度为企业提供保护。有的公司为了方便会让所有在职员工签订保密协议，有的公司只要求关键岗位的人员签署。
◆ 如何去做	**第一步：制度、流程文件的熟悉与梳理** 1. 先找规定、标准 关注点包括是否需要签订保密协议；如果需要，是针对全体人员还是部分人员；签订流程及模板等。 2. 需要哪些制度、流程文件 人事管理制度。
	第二步：访谈 （1）询问人事管理人员，是否要求员工签订保密协议，是如何施行的。 （2）询问相关员工是否签订了相关协议，是什么时候签的。
	第三步：测试 可以采取穿行测试与抽样测试相结合的方式，这里重点介绍抽样测试。 1. 如何选样 获取审计期间的员工名单，进行抽查，选样时建议做如下考虑： （1）对于每年都会进行定期审计的情况，只需检查审计期间即可； （2）对于首次审计的，建议选择较早期间的样本； （3）关注保密协议实施前入职的员工是否进行了补签； （4）重点关注敏感岗位、关键岗位。 2. 如何检查 （1）保密协议是否包括了在职期与离职期。 （2）是否按规定签署，包括签订的时间。 （3）资料是否妥善保管。
◆ 常见的问题	审计中普遍存在的问题如下： （1）无相关制度，或有制度但制度规定不完善； （2）未对关键岗位设置签订保密协议的规定； （3）未按规定签订保密协议； （4）保密协议未能妥善保管。

Q4. 人员转正是否符合相关规定？

<table>
<tr><td>◆ 为什么要看</td><td>保证正式录用的人员符合公司的需求。</td></tr>
<tr><td rowspan="3">◆ 如何去做</td><td>第一步：制度、流程文件的熟悉与梳理
1. 先找规定、标准
关注点包括人员转正的手续、考核、审批等。
2. 需要哪些制度、流程文件
人事管理制度。</td></tr>
<tr><td>第二步：访谈
（1）询问人事相关人员，实际工作中转正是如何执行的，是否存在试用期延长的情况，原因是什么。
（2）询问在职员工转正是如何进行的。</td></tr>
<tr><td>第三步：测试
可以采取穿行测试与抽样测试相结合的方式，这里重点介绍抽样测试。
1. 如何选样
获取审计期间转正人员清单，并进行随机抽取；如遇特殊事件则必抽，如转正期延长的。
2. 如何检查
主要从合规的角度进行检查，关注以下方面：
（1）试用期是否符合规定；
（2）转正的手续是否符合规定；
（3）是否存在资料丢失的情况；
（4）是否存在该转正未转正的情况，主要针对因为人事工作疏忽造成的情形；
（5）对于延期转正的，原因是什么。</td></tr>
<tr><td>◆ 需要的资料</td><td>结合上面的说明，审计时通常需要以下资料：
（1）相关制度、流程文件；
（2）审计期间转正人员清单及相应的支持性资料；
（3）审计期间未在正常期间转正的人员清单。</td></tr>
<tr><td>◆ 常见的问题</td><td>审计中普遍存在的问题如下：
（1）无相关制度，或有制度但制度规定不完善；
（2）转正手续未按规定办理；
（3）办理的相关资料未能妥善保管。</td></tr>
</table>

（二）人员岗位、职级变动与轮岗管理

Q1. 人员岗位、职级发生变动是否按规定执行？

<table>
<tr><td>◆ 为什么要看</td><td>人员岗位的变动不是随意而为的，此处的控制是为了保证变动是有章可循、依章办理的，否则会给企业的管理造成混乱甚至产生损失。</td></tr>
<tr><td rowspan="3">◆ 如何去做</td><td>第一步：制度、流程文件的熟悉与梳理
1. 先找规定、标准
关注点包括人员的调岗、晋升、降级需要履行什么流程，如何审批。
2. 需要哪些制度、流程文件
人事管理制度。</td></tr>
<tr><td>第二步：访谈
询问人事相关人员，关注以下事项：
（1）人员岗位、职级的变动实际是如何执行的，是否与制度、流程的规定一致，现有的制度、流程是否存在不适用的情况；
（2）审计期间是否发生了人员的变动。</td></tr>
<tr><td>第三步：测试
可以采取穿行测试与抽样测试相结合的方式，这里重点介绍抽样测试。
1. 如何选样
获取审计期间人员变动的清单，在人力有限的情况下，建议重点关注与人员薪资、福利或级别相关的变动。
2. 如何检查
主要是合规性检查，下面分别从调岗、晋升、降级等方面进行说明。
（1）人员发生调岗的，建议关注以下方面：
a. 是否按规定进行审批；
b. 是否有调入、调出部门的确认；
c. 调岗人员的工作交接记录是否齐全；
d. 相应系统权限的变更是否及时；
e. 如涉及集团内公司间的调动，还应关注借款是否还清，配备的资产是否交回，如计算机等。
（2）人员发生晋升的，建议关注以下方面：
a. 是否按规定进行审批；
b. 审批是否存在滞后的情形；
c. 发生薪资、福利调整的是否与审批中确定生效的时间、调整的标准一致。
提示：人员的晋升往往会导致人员薪资、福利的变动，直接影响企业的人力成本，应重点关注。
（3）人员发生降级的，建议关注以下方面：
a. 原因是什么；
b. 是否按规定进行审批；
c. 发生薪资、福利调整的是否与审批中确定生效的时间、调整的标准一致。</td></tr>
</table>

（续）

◆ 需要的资料	结合上面的说明，审计时通常需要以下资料： （1）相关制度、流程文件； （2）审计期间发生变动的清单及相应的支持性资料。
◆ 常见的问题	审计中普遍存在的问题如下： （1）无相关制度，或有制度但制度规定不完善； （2）调岗时，缺乏工作交接记录，相应的系统权限未及时变更； （3）人员调岗的审批手续不符合规定，审批滞后。

Q2. 是否建立轮岗制度，并按规定执行？

◆ 为什么要看	从控制的角度来看，适当的轮岗有助于加强人员间的监督，及时发现和减少舞弊现象的发生。常见的如部门负责人间的轮岗、业务人员间的轮岗（采购、财务等）。
◆ 如何去做	**第一步：制度、流程文件的熟悉与梳理** 1. 先找规定、标准 关注点包括轮岗的岗位、轮岗的周期、涉及的程序等。 2. 需要哪些制度、流程文件 人事管理制度。
	第二步：访谈 询问人事相关人员，主要关注如下方面： （1）是否有轮岗的相关规定，是否按规定执行，未能按规定执行的原因是什么； （2）审计期间是否发生过人员轮岗的情况，是否存在未按规定进行轮岗的情况。
	第三步：测试 一般情况下，轮岗都发生在比较敏感的岗位，不会太频繁，因此，建议获取审计期间发生轮岗的清单及根据规定符合轮岗条件的名单，主要从合规的角度来审查，关注以下方面： （1）企业是否制定轮岗的制度、流程； （2）轮岗的手续是否合规，例如，该公示的公示、该集体审批的要集体审批等； （3）应该轮岗但实际未执行的，建议询问原因，尤其是下属公司负责人按规定应定期轮岗而实际未轮岗的情形。 **小贴士** 从实际的效果来看，轮岗的管理是一门学问，需要综合考虑多种因素。轮岗控制得好，有助于提升企业的管理效率、效益，但如果控制得不好，会提高企业的管理成本。轮岗本身是一种好的管控办法，但是实际执行起来会有很多问题，在审计时，可以考虑从改善性建议的角度去提，不应强求。当然，如果企业中审计的权威性足够或是企业文化中对于轮岗的规定属于强制性的，另当别论。

（续）

◆ 需要的资料	结合上面的说明，审计时通常需要以下资料： （1）相关制度、流程文件； （2）审计期间发生人员轮岗的人员清单及相应的支持性资料； （3）审计期间到期未轮岗人员的清单。
◆ 常见的问题	审计中普遍存在的问题如下： （1）无相关制度，或有制度但制度规定不完善； （2）未按规定进行轮岗。

（三）人员离职管理

Q. 人员发生离职时，是否按规定办理相关手续？

◆ 为什么要看	对人员离职缺乏相应的管控，可能会影响公司正常的工作效率，甚至给公司造成损失。
◆ 如何去做	**第一步：制度、流程文件的熟悉与梳理** 1. 先找规定、标准 关注点包括人员离职时需办理哪些手续等。 2. 需要哪些制度、流程文件 人事管理制度。
	第二步：访谈 询问人事相关人员，关注以下事项： （1）人员的离职情况怎样，是否具有普遍性，离职率是否异常，集中在哪个部门、哪个岗位、哪个时间段； （2）人员离职时，需要执行什么程序； （3）是否存在手续未办理人员已离职的情况； （4）审计期间是否发生人员离职的情况； （5）是否存在公司与离职人员产生纠纷的情况，原因是什么，处理进展如何。
	第三步：测试 可以采取穿行测试与抽样测试相结合的方式，这里重点介绍抽样测试。 1. 如何选样 获取审计期间离职人员的清单，如果不多，建议全查。下面介绍几种方法： （1）可以对截至审计日，员工借款有余额的清单，检查欠款人员里是否存在已离职的人员； （2）获取系统账户名单，落实人员，查看是否存在已离职的人员。 2. 如何检查 主要是合规性检查，建议关注以下方面： （1）离职相关制度、流程是否明确； （2）离职手续是否按规定办理，相关资料是否完整；

（续）

<table>
<tr><td>◆ 如何去做</td><td>（3）离职清单是否签署完毕，实际控制是否落实，离职的控制一般包括人员借款是否还清；公司资产是否归还，比如笔记本、钥匙等；系统账户是否注销，如门禁系统 / 门禁卡、业务系统账号等，对于系统账户、权限，建议进入系统进行相应的测试，以防止出现控制流于形式的情况；工作是否交接，是否已填写工作交接清单；
（4）是否存在手续未办理完毕即离职的情况；
（5）薪资、福利等是否结算清楚。

【案例：9-1】
审计人员在对员工借款进行审计时，发现有一笔两万元的员工借款未归还，该员工已于两个月前离职，审计人员就此事询问了财务人员，财务人员表示正在催。后来，审计人员直接与该离职人员联系，对方表示在离职后不久，即将现金交给了财务经理。于是，审计人员再次询问财务经理，财务经理表示确实收到，但忘记给出纳了。</td></tr>
<tr><td>◆ 需要的资料</td><td>结合上面的说明，审计时通常需要以下资料：
（1）制度、流程文件；
（2）审计期间发生人员离职的清单及相应的资料；
（3）系统测试截图。</td></tr>
<tr><td>◆ 常见的问题</td><td>审计中普遍存在的问题如下：
（1）人员离职手续未办理完毕即已离职；
（2）人员离职时，相关系统账户未及时注销；
（3）人员离职时，借款未及时结清，资产未交回；
（4）人员离职时，没有进行工作交接。</td></tr>
</table>

（四）小结

下面将人事变动管理审计中需关注的点汇总于表 9-3。

表 9-3　人员变动审计关注点汇总

关注类别	具体关注点
人员招聘管理	Q1. 人员招聘是否符合规定，资料是否保存完整
	Q2. 猎头机构的选用与付款是否合规、合理
	Q3. 是否要求员工在入职时签订保密协议
	Q4. 人员转正是否符合相关规定
岗位、职级变动与轮岗	Q1. 人员岗位、职级发生变动是否按规定执行
	Q2. 是否建立轮岗制度，并按规定执行
人员离职	Q. 人员发生离职时，是否按规定办理相关手续

三、薪酬福利管理

（一）体系的建立与执行

Q1. 是否有明确的薪酬、福利管理体系？

◆ 为什么要看	薪酬、福利管理体系明确，有助于企业进行人员薪酬、福利管理，也可以为人员招聘提供一定的选择范围，同时也在一定程度上对以权谋私的情形进行了控制。
◆ 如何去做	**第一步：制度、流程文件的熟悉与梳理** 1. 先找规定、标准 关注点包括薪酬、福利管理体系的建立、调整、审批等。 2. 需要哪些制度、流程文件 人事管理制度。
	第二步：访谈 询问人事相关人员，关注以下方面： （1）企业是否有明确的薪酬、福利管理体系，是否经过审批； （2）对建立的体系是否定期复核、修订。
	第三步：测试 可以关注以下方面： （1）是否有薪酬、福利管理体系； （2）如果有薪酬、福利管理体系，是否按规定进行审批； （3）是否对薪酬、福利管理体系定期进行复核、修订。 **提示：**审计人员在检查时，可以优先关注外派员工的福利是如何规定的，如外派补贴、住房标准、交通等。
◆ 需要的资料	结合上面的说明，审计时通常需要以下资料： （1）相关制度、流程文件； （2）现有的薪酬体系及相应的审批资料； （3）薪酬体系发生变动的审批资料； （4）定期复核的证明资料。
◆ 常见的问题	审计中普遍存在的问题如下： （1）无相关制度，或有制度但制度规定不完善； （2）没有明确的薪酬体系； （3）薪酬体系建立或变动时未经过书面审批； （4）薪酬体系未能定期进行复核与修订。

Q2. 人员薪酬福利的评定、调整与发放是否按规定执行？

<table>
<tr><td>◆ 为什么要看</td><td>如缺乏有效的管理，尤其存在有失公允的情况，可能会打击员工的积极性，不利于维护公司的凝聚力，甚至会给公司造成损失。</td></tr>
<tr><td rowspan="3">◆ 如何去做</td><td>第一步：制度、流程文件的熟悉与梳理
1. 先找规定、标准
关注点包括薪酬福利的评定、调整与发放标准、审批等。
2. 需要哪些制度、流程文件
人事管理制度。</td></tr>
<tr><td>第二步：访谈
1. 询问人事相关人员：
（1）现阶段人员薪酬福利的评定与调整是如何执行的，审计期间是否发生评定与调整的情况；
（2）薪酬福利的发放是如何执行的，需要哪些审批等。
2. 询问财务人员薪酬福利的发放依据是什么，需要哪些人审批，数据由谁提供。</td></tr>
<tr><td>第三步：测试
可以采取穿行测试与抽样测试相结合的方式，这里重点介绍抽样测试。
1. 如何选样
获取审计期间发生的人员薪酬福利评定、调整、发放的样本。可以随机抽样，建议优先考虑以下事项：
（1）先对月度的薪酬发放情况进行趋势分析，对于月度变化异常的，可以优先检查；
（2）对于发生调整的情况建议全查，尤其是调高的情况。
2. 如何检查
主要还是进行合规性检查。
（1）关于薪酬福利评定、调整，建议关注以下方面：
a. 是否按规定进行审批；
b. 评定、调整的时间与实际执行的时间相比，是否存在滞后。
c. 实际发生的薪酬福利是否与审批确定的一致。
（2）关于薪酬福利的发放，建议关注以下方面：
a. 是否按规定进行审批；
b. 发放现金或实物时（最常见的是购物卡），是否要求签收确认；
c. 发放是否超标，尤其是福利，审计人员在这里需要搞清楚财务通过哪些科目做账，有的时候其并不一定通过“应付职工薪酬——工资 / 福利”进行列支，实际工作中，有些企业会通过“办公费、交通费、通信费”等科目进行列支，审计人员在审计时，要对财务账进行分析；
d. 获取离职人员清单及离职相关资料，检查离职人员的薪资结算是否正确，离职后是否仍然支付薪资或福利；</td></tr>
</table>

（续）

<table>
<tr><td></td><td>f. 获取新进人员的清单及相应的定薪资料，检查薪资发放的时间、金额是否正确。</td></tr>
<tr><td>◆ 如何去做</td><td>

【案例：9-2】

在对A公司进行审计时，审计人员对薪酬发放前的复核进行了审计，对话如下。
审计人员：你们每月是否对薪酬发放进行复核？
人事人员：我们会做。
审计人员：是书面审批吗？
人事人员：不是。
审计人员：那具体通过什么形式？
人事人员：我负责把表格做好，然后通过QQ发给领导，领导确认后，会告诉我。
审计人员：有什么记录？
人事人员：没有，一般就是口头确认。

【案例：9-3】

在对某集团下属子公司进行审计时，审计人员对薪酬发放前的复核进行了审计，对话如下。
审计人员：你们每个月会复核薪酬吗？
人事人员：我们会做。
审计人员：怎么做的？
人事人员：我每月做完会给我们子公司的总经理看一下，他如果认为没有问题就发了。
审计人员：总经理会签字吗？
人事人员：不会，他口头确认。
审计人员：我看规定，好像需要发给集团的人事进行审核？
人事人员：是的，但我之前发过一次，集团也不给我回复，后来就没再发。

【案例：9-4】

某集团规定，下属公司的员工福利发放需要经集团总部批准，审计人员在对下属公司进行审计时，要求子公司人事人员提供相应的审批表，对方表示，发给集团后没有得到书面回复，然后也没追问，现在就照此执行。

【案例：9-5】

审计人员在对某集团子公司进行审计时，发现人事部门负责人的薪酬发生了调整，在原基础上每月增加了1000元。审计人员要求相关人员提供相关的审批资料，对方提供了一份由该子公司总经理审批的文件，但是根据规定应审批到集团总经理，审计人员进一步询问有没有集团的审批文件，对方表示不知道需要审批到集团总经理。
</td></tr>
<tr><td>◆ 需要的资料</td><td>结合上面的说明，审计时通常需要以下资料：
（1）相关制度、流程文件；
（2）审批的薪酬福利标准；
（3）薪酬福利支付财务凭证及相关的审批表；
（4）实物发放的签收记录。</td></tr>
</table>

（续）

◆ 常见的问题	审计中普遍存在的问题如下： （1）薪酬调整未经过书面审批； （2）缺乏明确的福利发放标准； （3）发放实物福利或现金时无签收记录； （4）发放的福利通过其他科目列支，如办公费、交通费等。

（二）考勤与加班管理

Q1. 人员考勤管理是否符合规定？

◆ 为什么要看	考勤记录的准确与否直接决定了人员的薪酬计算是否正确。对于不需要记录考勤的公司，可以忽略这个部分。 **【案例：9-6】** 某公司规定，公司员工采用不定时上班制，不需要记录考勤。审计人员在审计时发现该公司的人员上下班不用记录考勤这一情况后，在报告中将此作为问题提出，要求对方公司记录考勤。然后双方就发生了如下对话。 审计人员：我发现你们员工上班都不用记录考勤，我建议你们以后应该记录考勤。 人事人员：为什么？ 审计人员：不记录考勤不利于人员的管理。 人事人员：我们这里一共十几个人，谁出去都会在公告栏上注明，因为我们公司的业务特点，所以上下班时间不固定，员工也没有加班费。 **思考**：如果你是审计人员，你怎么做？你会将其视为问题吗？
◆ 如何去做	**第一步：制度、流程文件的熟悉与梳理** 1. 先找规定、标准 关注点包括需不需要考勤、如何统计、发生例外情况如何处理等。 2. 需要哪些制度、流程文件 人事管理制度。
	第二步：访谈 询问人事目前考勤管理情况，主要关注以下方面： （1）是否需要记录考勤； （2）通过什么方式记录考勤，经常不在公司的人员是如何进行考勤的； （3）谁可以修改考勤系统，例如，时间、方式（有的考勤机除了刷指纹，还可以输入数字或是刷卡）； （4）是否有专人统计考勤，考勤出现异常情况时应如何处理； （5）是否有人对代打卡进行检查，如门卫监督员工不得出现代打卡的情况。
	第三步：测试 1. 观察 员工上班是否打卡，对于要求不得代打卡的公司，是否安排专人在考勤机边上进行检查。在条件允许的情况下，可以同时拿两张考勤卡去刷卡机上刷，进行测试。

（续）

◆ 如何去做	对于考勤，是否只有一种方式，还是有两种以上的方式。注意，从考勤方式来说，刷卡、输入工号这种方式的代打卡概率相对较高。 2. 测试 （1）如何选样 可以随机选样。 （2）如何检查 a. 考勤系统是否可以随意进入。 **【案例：9-7】** 在对某公司进行考勤审计时，审计人员发现装考勤系统的计算机放在前台，审计人员进行测试后发现，该系统没有设置相应的密码，任何接触该计算机的人都可以随意进入，且进入的权限显示是管理员权限。 b. 是否按月保留考勤记录。
◆ 需要的资料	结合上面的说明，审计时通常需要以下资料： （1）相关制度、流程文件； （2）考勤记录、人员花名册、离职人员清单； （3）考勤异常记录及相应的处理资料。
◆ 常见的问题	审计中普遍存在的问题如下： （1）考勤系统无人管理，未设定安全措施； （2）考勤流于形式； （3）考勤差异的处理与规定不符。

Q2. 加班管理是否按规定执行？

◆ 为什么要看	对于有加班费的公司来说，对加班缺乏有效管理可能会导致虚报加班费。
◆ 如何去做	**第一步：制度、流程文件的熟悉与梳理** 1. 先找规定、标准 关注点包括是否需要提前申请加班审批、对加班是如何规定的等。 2. 需要哪些制度、流程文件 人事管理制度。 **第二步：访谈** 询问人事目前考勤管理情况，主要关注以下方面： （1）是否有加班费； （2）加班费的申请需要哪些程序，如加班申请、加班确认等； （3）是否有专人对加班费进行统计。 **第三步：测试** 可以采取穿行测试与抽样测试相结合的方式，这里重点介绍抽样测试。

（续）

◆ 如何去做	1. 如何选样 获取审计期间的加班费清单，除随机抽样外，建议先将加班数据做一下分析，按月度、部门、人员看一下整体的趋势，检查是否有存在异常的区域。 2. 如何检查 主要是合规检查，按制度规定来复核即可，检查程序、流程是否齐全，计算是否正确等。**注意：**加班费有的时候可能会成为变相发福利的手段。
◆ 需要的资料	结合上面的说明，审计时通常需要以下资料： （1）相关制度、流程文件； （2）加班费用清单及相关的支持性资料。
◆ 常见的问题	审计中普遍存在的问题如下： （1）加班手续不符合规定； （2）加班费计算错误。

（三）考核管理

Q. 绩效考核是否有效执行？

◆ 为什么要看	绩效考核是对员工工作效率、效益的监督和激励，直接决定了员工的奖金、升迁。如果流于形式将会起到反作用，不利于企业运营效率的提高、经营效益的提升。
◆ 如何去做	**第一步：制度、流程文件的熟悉与梳理** 1. 先找规定、标准 关注点包括考核目标的制定与调整，考核结果与员工的利益如何挂钩等。 2. 需要哪些制度、流程文件 人事管理制度。
	第二步：访谈 1. 访谈谁 人事管理相关人员。 2. 访谈哪些内容 （1）询问人事 目前是否对员工进行绩效考核，如有，关注以下方面： a. 通过什么形式开展； b. 考核结果是否会影响员工的利益； c. 定下的年度绩效指标是否可以调整，如发生调整，需要履行什么程序，是否发生过调整的情况。 （2）询问员工 a. 是否需要签署年度绩效考核协议； b. 考核指标是如何确定的，定下的指标是否可以调整，如发生调整，需要履行什么程序；

（续）

◆ 如何去做	c. 考核结果是否与员工利益相关。 **注**：有的公司虽然有考核，但是考核是考核，与员工的利益没有任何关系。
	第三步：测试 这里的检查主要针对合规性、合理性。获取在职员工清单，随机选择样本，建议关注以下方面： （1）是否按规定与员工签订考核责任书； （2）考核责任书中设定的指标是否合理，是否与员工进行过讨论，是否符合员工的岗位性质； （3）指标是否可以量化，是否可以落实到具体事件上； （4）考核指标发生调整是否履行规定的审批程序； （5）考核结果是否要求员工进行确认； （6）是否根据考核的结果对人员进行相应的奖惩处理； （7）考核的资料是否妥善保管。
◆ 需要的资料	结合上面的说明，审计时通常需要以下资料： （1）制度、流程文件； （2）在职员工花名册及绩效考核资料； （3）奖惩记录。
◆ 常见的问题	审计中普遍存在的问题如下： （1）绩效考核形同虚设，考核与奖惩或绩效没有任何关系； （2）指标的设定流于形式，如同质化严重、缺乏量化指标； （3）绩效指标设定不合理； （4）考核指标的调整缺乏相应的控制。

（四）员工培训管理

Q1. 是否制定员工培训计划？

◆ 为什么要看	培训计划的制定有助于企业更好地了解员工在工作中的需要，提高员工的专业知识和能力，同时，类似团队建设的培训可以有意识地增加员工的凝聚力，提升对企业的认同感。培训计划的制定有助于提升企业培训的针对性，避免培训的盲目性、浪费公司的资源，同时有助于控制培训成本，在培训机构的选择上，也能够有充分的时间，避免出现价高质次或是无法满足培训要求的情况。
◆ 如何去做	**第一步：制度、流程文件的熟悉与梳理** 1. 先找规定、标准 关注点包括培训计划的制定、审批等。 2. 需要哪些制度、流程文件 人事管理制度。
	第二步：访谈 （1）询问人事相关人员，主要关注以下事项：

（续）

◆ 如何去做	a. 是否由专人负责员工培训的计划管理； b. 是否需要制定年度培训计划，哪些人参与制定，培训计划需要审批到哪个层级； c. 计划外的培训是如何处理的。 （2）询问其他部门的员工，人事部门是否会向他们征集培训需求。
	第三步：测试 建议关注以下方面： （1）是否制定培训计划； （2）制定的计划是否按规定审批； （3）制定的计划是否可以进行调整，如可以，是否需要进行审批； （4）计划的制定过程是否合理。例如，人事部门是否会在制定计划前征求员工的意见，这样才能做到有的放矢，尤其是涉及专业性的培训项目。
◆ 需要的资料	结合上面的说明，审计时通常需要以下资料： （1）相关制度、流程文件； （2）培训计划及相关的审批资料； （3）征集培训需求的证明资料。
◆ 常见的问题	审计中普遍存在的问题如下： （1）没有制定培训计划的相关制度； （2）未按规定制定培训计划； （3）培训计划的制定未征求员工的意见。

Q2. 是否对计划的执行情况进行跟踪和分析？

◆ 为什么要看	对计划的执行情况进行跟踪和分析是为了避免计划流于形式，最终变成计划是计划，执行是执行。对计划的执行情况进行有效的跟踪和分析，有助于将培训计划落地，保证培训目的的实现。
◆ 如何去做	**第一步：制度、流程文件的熟悉与梳理** 1. 先找规定、标准 关注点包括计划的执行与追踪、计划的调整等。 2. 需要哪些制度、流程文件 人事管理制度。
	第二步：访谈 询问人事管理人员： （1）是否有人负责计划的执行追踪及分析； （2）对于计划执行中存在的问题是否及时进行解决，对于需要调整的，是否进行审批； （3）是否对培训的效果进行评估（这个实际执行起来可能比较难）。

（续）

◆ 如何去做	**第三步：测试** （1）对比计划与实际执行情况，检查是否存在较大差异，询问原因。 （2）计划发生调整时，是否需要进行相应的审批。 （3）是否对计划的培训效果进行评估。
◆ 需要的资料	结合上面的说明，审计时通常需要以下资料： （1）相关制度、流程文件； （2）培训计划及执行情况资料； （3）培训效果的评估资料。
◆ 常见的问题	审计中普遍存在的问题如下： （1）计划与执行存在较大差异； （2）计划的调整缺乏相应的控制； （3）未对培训效果进行评估。

Q3. 是否对培训机构的选择与服务进行评估？

这里可以延伸至采购部分，参照采购模块的供应商选择与供应商评估，其原理是一样的。

Q4. 员工培训报销是否符合规定？

◆ 为什么要看	这里涉及两个问题，员工培训制度是否明确、是否透明，如果缺乏公正、透明的规则，容易损伤员工的积极性，另外，报销的不合规易给企业造成损失。
◆ 如何去做	**第一步：制度、流程文件的熟悉与梳理** 1. 先找规定、标准 关注点包括培训条件、金额标准、培训范围、员工的承诺等。 2. 需要哪些制度、流程文件 人事管理制度、财务报销制度。
	第二步：访谈 1. 询问人事相关人员 （1）是否向员工明确相应的培训制度及相关规定，让员工清晰地知道哪些可以报销，哪些不可以； （2）如果出现计划外培训的情况，如何处理，是否明确处理机制，在审计期间是否出现过计划外培训的情形，获取清单及相关支持性资料。 2. 询问非人事员工（随机） （1）是否知道企业的培训规定，是否知道自己享有哪些培训权利和义务； （2）当有培训需求时，是否知道如何处理；是否存在提出的培训需求被拒绝的情况，原因是什么； （3）是否申请过计划外的培训，公司是如何处理的； （4）询问财务人员，在进行培训费用审核时是否清楚地知道需要审核哪些项目。

（续）

◆ 如何去做	**第三步：测试** 基本原理可以参考财务的付款与费用报销部分，这里针对培训费用做一个说明。 （1）注意合规性。 a. 培训的项目是否合规，是否在企业允许的范围内。这里需要注意，下属公司的规定不得违反集团的规定。例如，集团规定，学历培训费用不能报销，下属公司不得设置为可以报销。 b. 金额是否合规，即报销的金额不得超过规定的上限。 c. 对于有年限要求的，是否按规定签订相应协议。例如，公司规定 5 万元以上的培训需与员工签订为公司服务满两年的协议，如在培训后两年内离职，员工需将培训费退还公司。 d. 对培训结果有要求的，是否符合规定。例如，公司规定，员工通过的考试科目可以报销相应的培训费和报名费，报销时需要员工提供成绩单。 e. 计划外的培训是否按规定进行审批。 f. 需要提供培训证明的资料，是否提供。 （2）注意时间的先后。如报销时需先提供相关的合格证，审计人员在检查时应关注合格证的发放时间是否晚于费用的报销时间。 （3）签订工作期限协议的，在未达到规定期限离职的，相关培训费用是否按比例扣回。
◆ 需要的资料	结合上面的说明，审计时通常需要以下资料： （1）相关制度、流程文件； （2）员工培训计划； （3）员工培训报销记录（可以从财务账中获取）及相应的报销凭证。
◆ 常见的问题	审计中普遍存在的问题如下： （1）无相关制度，或有制度但制度规定不完善； （2）培训规定不清晰，员工不清楚自己能参加什么培训； （3）培训费报销与规定不符。

（五）员工宿舍管理

Q. 是否对员工宿舍进行有效管控？

◆ 为什么要看	员工宿舍缺乏有效管理可能导致员工受到不公平待遇，或是给公司的租房成本造成损失。
◆ 如何去做	**第一步：制度、流程文件的熟悉与梳理** 1. 先找规定、标准 关注点包括员工宿舍申请的条件、审批、标准等。 2. 需要哪些制度、流程文件 宿舍管理相关制度。

（续）

<table>
<tr><td rowspan="2">◆ 如何去做</td><td>第二步：访谈
询问人事相关人员，主要关注以下事项：
（1）是否有明确的宿舍管理制度，是否将其明确告知员工；
（2）宿舍申请条件、审批；
（3）宿舍申请标准是否清楚；
（4）如果不住公司宿舍，是否提供相应的补贴，标准是什么；
（5）将租来的房子作为宿舍的，是否由专人跟踪变动情况，如人员变动、房租到期等；
（6）目前是否有空房，空置多长时间，原因是什么。</td></tr>
<tr><td>第三步：测试
主要是合规性检查：
（1）申请条件、住房标准是否明确、清晰；
（2）是否有超标的情况；
（3）相关人员是否符合条件；
（4）是否存在长期空置的房屋。

【案例：9-8】
审计人员在检查中发现，某项目经理已经调回总部，但公司仍保留其宿舍，且据了解，该宿舍处于空置状态，合同还有一年到期。

【案例：9-9】
审计人员在检查中发现，某外地公司项目经理去外地公司时一直都住在酒店，费用为600元/晚，一个月的酒店住宿费用为18000元；而目前，公司给派遣外地员工租的房子费用标准为2000元/月。审计人员发现，公司对此并无明确规定，集团对外派人员的住宿也无规定。</td></tr>
<tr><td>◆ 需要的资料</td><td>结合上面的说明，审计时通常需要以下资料：
（1）相关制度、流程文件；
（2）住宿申请及审批；
（3）租房合同。</td></tr>
<tr><td>◆ 常见的问题</td><td>审计中普遍存在的问题如下：
（1）无相关制度，或有制度但制度规定不完善；
（2）宿舍长期空置；
（3）人员变动时，宿舍未及时进行处理。</td></tr>
</table>

（六）小结

下面将薪酬福利管理审计中需要关注的点汇总于表9-4。

表 9-4　薪酬福利审计关注点汇总

关注类别	具体关注点
◆ 薪酬福利体系管理	Q1. 是否有明确的薪酬、福利管理体系
	Q2. 人员薪酬福利的评定、调整与发放是否按规定执行
◆ 考勤与加班管理	Q1. 人员考勤管理是否符合规定
	Q2. 加班管理是否按规定执行
◆ 考核管理	Q. 绩效考核是否有效执行
◆ 员工培训管理	Q1. 是否制定员工培训计划
	Q2. 是否对计划的执行情况进行跟踪和分析
	Q3. 是否对培训机构的选择与服务进行评估
	Q4. 员工培训报销是否符合规定
◆ 员工宿舍管理	Q. 是否对员工宿舍进行有效管控

四、合同与档案管理

Q1. 员工合同的签订、续约是否符合规定？

◆ 为什么要看	对合同的签订、续约管理缺乏有效的控制可能会给企业造成法律纠纷。
◆ 如何去做	**第一步：制度、流程文件的熟悉与梳理** 1. 先找规定、标准 关注点包括合同的审批如何规定、提前多久续约、续约的审批流程等。 2. 需要哪些制度、流程文件 人事管理制度。
	第二步：访谈 1. 询问人事 （1）对于合同的签订、续约是如何执行的，与制度规定是否有差异，原因是什么。 （2）是否由具体的人员负责。 （3）是否建立合同台账，对人员合同到期时间进行跟踪。 （4）审计期间是否发生人事合同新签、续约的情况。 2. 询问员工 （1）入职后多久签订合同，签合同前有哪些评估程序。 （2）合同到期前多久人事会发续签通知。
	第三步：测试 可以采取穿行测试与抽样测试相结合的方式，这里重点介绍抽样测试。 1. 如何选样 获取审计期间人员新签、续签、解约清单，以及人员入职清单、在职人员清单（需能体现人员的合同期间），除随机外，建议从以下方面入手： （1）将审计期间入职人员的清单与新签人员的清单进行对比，如出现差异，则优先选样；

（续）

<table>
<tr><td>◆ 如何去做</td><td>（2）对在职人员清单或劳动合同台账进行筛选，注意已经到期和即将到期符合发续约通知的样本，并要求人事人员提供相应的证明资料。
2. 如何检查
（1）新签
是否按规定进行审批，是否存在审批严重滞后的情况，与审批相关的资料是否妥善保管。
（2）续签
续签通知或征询函是否按规定及时发送给相关人员；续签是否需要进行相应的审批，审批人员是否包括该员工的部门负责人、分管领导（如有），以及人事相关人员、总经理。续签审批中，是否包含了年限、岗位、薪酬等关键信息；相关资料是否妥善保管。

【案例：9-10】
根据企业的制度规定，在人员合同到期前一个月，人事部门会发送征询函给员工及该员工的部门负责人，以确定是否需要续签。审计人员抽取了一个月内即将到期的员工名单，并要求人事提供相关的征询函，被告知一般都是以口头形式与相关人员进行确认的。

【案例：9-11】
审计人员对征询函进行了检查，发现征询函中关于员工在续约后的薪酬栏为空白。审计人员询问了人事，人事表示，该栏目是应该填写的，但是员工的薪酬一般都是沿用之前的，所以也就没有进行处理。此时，审计人员可以延伸检查一下续约员工的薪酬是否发生了变化，变化是否合规。

【案例：9-12】
审计人员询问人事人员，员工的续约是如何处理的，发生了以下对话。
审计人员：请问一下，你们在与员工续约时是如何操作的？
人事人员：我们会在到期前和员工进行沟通，询问是否需要续签，如果员工同意，我们就直接签合同。
审计人员：有书面的征询资料吗？
人事人员：没有，都是口头的。
审计人员：除了员工本人外，你们是否需要与其主管领导进行沟通确认？
人事人员：如果部门领导觉得有问题会和我们说的，通常情况下我们直接和员工确认，然后走一个合同审批的流程即可。</td></tr>
<tr><td>◆ 需要的资料</td><td>结合上面的说明，审计时通常需要以下资料：
（1）相关制度、流程文件；
（2）在职员工花名册或人员清单（必须包括合同期间的信息）；
（3）审计期间新入职人员清单、合同及相关支持性资料；
（4）续约人员清单、合同及相关支持性资料。</td></tr>
<tr><td>◆ 常见的问题</td><td>审计中普遍存在的问题如下：
（1）合同签订不及时；
（2）续签信息不完善，例如，没有对续约期间薪酬、续签期限进行说明；
（3）续签缺乏必要的审核。</td></tr>
</table>

Q2. 员工档案管理是否符合规定？

<table>
<tr><td>◆ 为什么要看</td><td>员工档案管理混乱不利于对员工的信息进行维护，可能导致员工的信息发生泄露，或是造成员工档案丢失。</td></tr>
<tr><td rowspan="3">◆ 如何去做</td><td>第一步：制度、流程文件的熟悉与梳理
1. 先找规定、标准
关注点包括需要对哪些资料进行归档、档案保存时间等。
2. 需要哪些制度、流程文件
人事管理制度。</td></tr>
<tr><td>第二步：访谈
询问人事管理人员，关注以下方面：
（1）员工档案是如何保管的；
（2）借阅员工档案需要办理什么手续；
（3）员工档案的存放地点有谁可以进去，现场观察一下安全性，如果任何人都可以进入，安全性可能存在一定的问题。</td></tr>
<tr><td>第三步：测试
获取在职员工花名册，随机抽样，关注以下方面：
（1）档案是否妥善保管，是否存在丢失或档案资料不完整的情况；
（2）检查人员档案的借阅记录，查看借阅手续是否合规，是否存在长期未还的情况；
（3）观察保存档案的环境是否安全。
注：一般在公司搬家或者人事相关人员离职时，容易出现员工档案丢失或管理混乱的情况。</td></tr>
<tr><td>◆ 需要的资料</td><td>结合上面的说明，审计时通常需要以下资料：
（1）相关制度、流程文件；
（2）在职员工花名册；
（3）人员档案；
（4）档案借阅记录。</td></tr>
<tr><td>◆ 常见的问题</td><td>审计中普遍存在的问题如下：
（1）员工档案未能妥善保管，存在丢失的情况；
（2）档案的借阅无记录，或未按规定办理手续，或是归还不及时；
（3）档案保管环境存在安全隐患。</td></tr>
</table>

第三节　本章总结及思路分析

一、本章总结

因人事业务的特点，审计人员更多地要从合规的角度出发进行审计。本章主要以员工的进、出、管理为线索，从最初的规划、招聘、入职、调动、离职，引出相关的合同、档案、薪酬福利、培训等业务模块进行说明。虽然介绍了很多模块，但不表示这些模块适用于所有的公司，例如，本文关于人力规划、人员培训的部分并没有得到所有管理者的认可。因此，审计人员在审计时除了需要对人事部门业务的充分了解外，还应对企业文化有一定的认识，根据实际情况选择需要检查的范围。

最后强调一下，因人事管理与员工的利益切实相关，审计人员在审计时要注意对信息进行保密。在开展该项审计时，遇到阻力是正常的。根据经验，如果是上级对下级进行审计或是审计部门在企业中具有很强的权威性，开展起来会相对容易。对于同级审计，且审计部门的权威性又不大的情况，不建议对该模块进行审计，或是只能从合规的角度进行审计。

二、人事管理审计的总体思路

表 9-5 整理了人事管理审计的总体思路。

表 9-5　人事管理审计总体总路

关注模板	思路分析
人力规划	规划的制定与执行
人员变动	主要涉及人员招聘、调岗、晋升、降级、离职
薪酬福利	薪酬福利体系建立及执行的合规、员工培训管理、员工宿舍管理
合同与档案管理	合同的签订、续约，档案的管理

第十章　行政管理审计

第一节　进场前的准备

一、整体框架

本章主要围绕行政部门经常涉及的业务进行介绍，包括办公室安全管理、行政采购管理、资产管理、印章管理、食堂管理、车辆及油卡管理、招待用品管理和行政仓库管理等。

二、资料收集

因每家公司行政部负责的业务不同，审计人员在进场前最好先了解其负责的事项，然后确定需要检查的范围，并要求对方准备资料清单，表 10-1 所示的清单是根据本章涉及的业务准备的，实际工作中可能会有偏差。

表 10-1　资料清单示例

类别	资料清单
进场前需要对方提供的资料	1. 行政部门相关制度、流程 2. 组织架构 3. 行政部门采购合同、供应商评估资料（这里的前提是行政类的采购是由行政部门来执行的）
以下资料建议现场要	1. 油卡台账及充值记录 2. 资产台账、资产盘点表 3. 招待用品出入库台账 4. 车辆台账 5. 用印记录 6. 印鉴记录或台账（用来记录公司有哪些印鉴、保管人是谁） 7. 印鉴盘点表

第二节 具体审计实施

一、办公室安全管理

Q. 是否有明确的安全管理制度，并遵照执行？

◆ 为什么要看	如对办公室缺乏有效的安全管理措施，一旦发生安全问题，如偷盗、火灾等，会直接给企业和员工造成损失。
◆ 如何去做	**第一步：制度、流程文件的熟悉与梳理** 1. 先找规定、标准 关注点包括安全管理涉及哪些方面，各个方面有什么要求等。通常涉及的方面包括门禁、监控、消防、应急处理预案等。 2. 需要哪些制度、流程文件 行政管理制度。
	第二步：访谈 询问行政部门相关人员，主要关注以下事项： （1）目前公司有哪些安全方面的制度、流程，实际工作中是否遵照执行； （2）访客需要办理什么手续才能进入公司办公区域； （3）员工如何办理门禁卡，需要履行哪些手续，谁有权限办理门禁卡等； （4）下班后，是否有专人对办公室的门、窗进行检查； （5）下班后，是否有专人对办公室的电子设备进行检查，如电灯、计算机等； （6）人员入职时，是否需要接受安全相关的培训； （7）在消防管理方面采取了哪些措施，例如，定期进行消防演习、定期检查消防设施等； （8）是否在重点部位设置了安全监控，如办公室大门等； （9）是否建立了应急处理机制，并获取相应的证明。 对于上述问题，也可以随机询问员工进行验证。
	第三步：测试 这里的审计除了常规的检查资料或实物外，还需要对具体的安全措施和行为进行观察，如门、窗的关闭情况，访客的管理等。下面对常用的方法进行介绍。 1. 门禁管理 （1）检查相关手续的办理程序，关注门禁卡办理的手续是否合规，门禁卡的权限是否有明确的规定，开通申请上是否有明确的说明。 （2）获取相关人员的名单，检查离职人员的门禁卡是否收回、系统中相关人员的权限是否及时关闭。 （3）获取人员岗位变动清单，检查系统中对相关人员不需要的权限是否进行变更，也可以直接用相关人员的门禁卡进行测试。 （4）观察门禁卡的制作是否由专人负责。 （5）观察门禁卡的保管，关注其是否安全。

（续）

◆ 如何去做	（6）直接测试、观察或询问门禁系统是否失灵。 2. 访客管理 （1）观察访客进入办公区域是否需要进行相应的登记。 （2）检查访客登记是否包含必要信息，如姓名、身份证号、电话等，登记的信息是否清晰。 3. 消防管理 （1）检查消防演习记录，查看消防演习是否按规定执行。 （2）获取消防设施检查记录，关注是否按规定进行定期检查，例如，烟感检查、警报系统是否正常。 （3）检查消防器材是否处于正常工作状态，例如，消防箱里无灭火器、灭火器处于非正常工作区域。 （4）观察消防器材的标识是否醒目，是否标明使用方法。 （5）观察防火门是否处于正常工作状态。 （6）观察办公区域是否张贴紧急逃生示意图。 4. 安全监控（根据具体情况选用，并不适用所有公司） （1）观察安全监控设备是否正常运行。 （2）是否由专人进行监控。 （3）监控记录保留多长时间，是否进行定期备份或异地保存。 （4）获取新进员工名单，追查至相关的安全培训记录。
◆ 需要的资料	结合上面的说明，审计时通常需要以下资料： （1）相关制度、流程文件； （2）安全措施执行的相关记录、文件； （3）现场观察时拍摄的照片； （4）系统测试截图。
◆ 常见的问题	审计中普遍存在的问题如下： （1）未建立安全应急制度； （2）消防器材存在隐患； （3）用于制作门禁卡的卡片未能得到有效保管； （4）监控设施未能有效运行。

二、行政采购与验收管理

参考采购相关部分，原理相同。在这里强调一下，审计人员应注意企业是否有行政采购制度、流程，相关规定是否清晰、明确。

三、资产管理

审计人员在审计之前应先弄清楚，哪些资产归行政部门管理，资产是否有存放在异地的情况等，以免在审计时发生遗漏。一般来说，账外资产、报废资产、异地存放资产在管理上出现问题的概率较大。

（一）资产的实物与数据管理

Q1. 资产的采购与验收是否合规？

参考采购模块。

Q2. 资产发生变动时，是否按规定履行相关手续？

◆ 为什么要看	资产发生变动时如缺乏相应的规定或未按规定执行，容易造成公司资产的丢失。
◆ 如何去做	**第一步：制度、流程文件的熟悉与梳理** 1. 先找规定、标准 关注点包括资产变动（验收、出库、调拨、报废等）的流程、审批等。 2. 需要哪些制度、流程文件 行政管理制度。
	第二步：访谈 询问行政相关人员，关注以下方面： （1）资产发生变动（验收、出库、调拨、报废等）时具体是如何执行的，需要哪些表单、如何审批等，与公司的规定是否存在差异； （2）审计期间资产是否发生了变动，获取相关的变动样本。
	第三步：测试 可以采取穿行测试与抽样测试相结合的方式，这里重点介绍抽样测试。 1. 如何选样 获取资产台账，筛选发生变动的样本，如果样本不多，建议全查。另外，对于调拨、报废资产的情况建议优先看。 2. 如何检查（主要是合规性检查） （1）验收 a. 资产的验收与购买是否为同一人，如果是，则存在不相容职责未分离的问题。 b. 是否办理验收，验收手续是否齐全。 c. 验收情况与采购订单或合同中规定的数量、规格型号是否一致。 （2）调拨 调拨手续是否齐全，审批是否合规。调拨单上一般需要调入、接收部门共同确认，如只有一方，可能会因缺少牵制，无法保证调拨确实发生。同时，检查相应的资产台账是否及时更新，尤其注意项目人员发生流动时，相应的资产是否及时办理相关的手续。 （3）资产的处置 a. 处置的手续是否符合规定，包括处置与否的判断和决策，价值的评估，购买方的选择等。 b. 需处置的资产是否进行标记、单独存放，在未处理前是否有人负责保管。

（续）

◆ 如何去做	（4）资产出库 是否按规定办理相关手续，如申请领用单是否按规定填写、审批，领用人是否在领用时签字确认。
◆ 需要的资料	结合上面的说明，审计时通常需要以下资料： （1）相关制度、流程文件； （2）变动记录及相应的支持性资料。
◆ 常见的问题	审计中普遍存在的问题如下： （1）资产调拨缺乏相应的控制； （2）资产处置流程不符合规定，例如，未按规定报批，缺乏相关的认定控制，购买者的选择不合规、不合理等。

Q3. 资产数据的维护是否及时、准确，信息是否完整？

◆ 为什么要看	如果资产数据不及时维护、缺少必要信息，就很难保证实物的安全与准确，容易造成资产的丢失。下面主要以资产台账的维护、库位卡的管理为例进行说明。
◆ 如何去做	**第一步：制度、流程文件的熟悉与梳理** 1. 先找规定、标准 关注点包括台账、库位的建立和维护、负责人员、更新周期等。 2. 需要哪些制度、流程文件 行政管理制度。
	第二步：访谈 询问行政相关人员，关注以下问题： （1）是否由专人对台账进行维护，实际台账的维护人是否也同时负责资产的调拨、出入库（注意职责不相容的问题）； （2）在台账的维护中是否存在更新不及时的情况； （3）是否有账外资产，如有，账外资产是否有台账维护； （4）是否要求对库位卡进行及时更新。
	第三步：测试 （1）获取资产台账、资产调拨单、新购入的资产清单、报废的资产清单、盘点记录，关注以下项目： a. 资产发生调拨时，台账是否及时更新； b. 新购入的资产是否在台账中记录； c. 报废的资产是否在台账中进行标记； d. 台账的信息是否包含了必要信息，如资产编码、数量、规格型号、存放地点、责任人等信息； e. 审计人员在进行实地抽盘时，可根据盘点结果反查台账； f. 获取离职人员离职交接清单，关注离职人员名下的资产在台账中是否进行了更新。

（续）

◆ 如何去做	【案例：10-1】 审计人员在进行资产抽盘时，看见有家具单独存放在一个小屋子里，发生了以下对话。 审计人员：这些家具放在这里是不用的吗，台账上有相关记录吗？ 对方人员：这些家具是在公司“分家”时留下的，账上是没有记录的。 审计人员：那现在如何管理这些家具？ 对方人员：目前没有人管理，如果遇到里面的家具正好能用的，就直接拿出去用。 （2）现场检查库位卡上的数据与对应的实物是否一致。
◆ 需要的资料	结合上面的说明，审计时通常需要以下资料： （1）资产台账； （2）资产变动记录及资料； （3）盘点记录（对方盘点的和审计人员盘点的）； （4）异常库位卡拍照。
◆ 常见的问题	审计中普遍存在的问题如下： （1）资产数据（台账、库位卡等）维护不及时、不准确、不完整； （2）不相容职责未分离（台账记录人与实物管理人为同一人）。

Q4. 对资产盘点的控制是否有效实施？

◆ 为什么要看	资产盘点流于形式不利于实物资产的管理，对实物资产发生丢失、损坏等情况无法及时发现并处理。
◆ 如何去做	**第一步：制度、流程文件的熟悉与梳理** 1. 先找规定、标准 关注点包括盘点的周期、盘点人员要求、盘点报告、差异处理等。 2. 需要哪些制度、流程文件 行政管理制度。
	第二步：访谈 询问行政相关人员，关注以下问题： （1）多久进行一次资产盘点，由谁组织、哪些人参与； （2）盘点范围是什么； （3）是否存在异地的资产，异地资产如何盘点； （4）对资产盘点中存在的差异是如何处理的； （5）审计期间是否进行了资产盘点、是否产生过差异，产生的差异是如何处理的。
	第三步：测试 1. 获取资产盘点记录，关注以下项目： （1）是否按规定定期进行盘点；

（续）

◆ 如何去做	（2）盘点记录是否有参与人签字，除行政人员外是否有其他人员参与（目的是保证盘点的独立性、客观性）； （3）盘点范围是否符合规定； （4）盘点记录是否缺失； （5）对于异地存放的资产，需检查是否有异地部门的书面确认函，包括盖章、签字、照片等； （6）如果存在差异，关注差异是如何处理的，处理是否合规。 2. 抽盘，关注以下项目： （1）对于异地存放的资产，要求相关人员提供书面确认函或照片，可以进行视频确认； （2）根据盘点的实物反查盘点表，根据盘点表检查实物，对于发生实物盈亏的，需查找原因； （3）将盘点表与资产台账进行比对，检查是否存在不一致的情况，如有，进行盘点确认； （4）如有账外资产，也需要予以关注。 **注**：要注意结合访谈、观察的结果对盘点样本进行判断性抽样。
◆ 需要的资料	结合上面的说明，审计时通常需要以下资料： （1）相关制度、流程文件； （2）盘点记录； （3）抽盘记录； （4）盘点差异处理报告。
◆ 常见的问题	审计中普遍存在的问题如下： （1）资产盘点流于形式； （2）存在账实不符的情况； （3）账外资产未进行盘点管理； （4）盘点差异未及时处理。

（二）小结

下面将上述资产管理审计时需关注的点汇总于表 10-2。

表 10-2　审计关注点汇总

关注类别	具体关注点
资产管理	Q1. 资产的采购与验收是否合规
	Q2. 资产发生变动时，是否按规定履行相关手续
	Q3. 资产数据的维护是否及时、准确，信息是否完整
	Q4. 对资产盘点的控制是否有效实施

四、印章管理

（一）印章的保管与使用

Q1. 印章的保管与盘点是否进行有效管理？

◆ 为什么要看	印章因其自身特点和用途，如果保管不当，容易给企业造成损失。
◆ 如何去做	**第一步：制度、流程文件的熟悉与梳理** 1. 先找规定、标准 关注点包括印章的保管方式、盘点周期、盘点报告等。 2. 需要哪些制度、流程文件 印章管理制度。
	第二步：访谈 询问行政相关人员，关注以下问题： （1）公司有哪些印章，都是如何保管的，是集中由行政部保管，还是根据用途或授权由相关的部门保管； （2）各部门是否有印章； （3）印章是否需要在集团行政部门进行集中备案； （4）印章备案（台账）是否由专人管理，备案表（台账）会记录哪些信息； （5）是否定期对印章进行盘点，多久盘点一次，是否有盘点记录。
	第三步：测试 获取印章备案记录（台账），检查以下信息。 （1）印章备案（台账）记录的信息是否完整，印章留样、保管人信息是否齐全。 （2）印章信息是否及时更新。 a. 关注保管地点与台账中的记录不一致的情况。例如，审计人员在 2015 年 10 月对印章台账进行检查，其中显示印章的保管时间是 2007 年 5 月，保管地点为公司外部的办事点，这就需要予以重点关注。 b. 关注印章保管人已变更但台账未更新的情况。审计人员可以询问台账管理人，核实台账中所记录的印章保管人的信息；另外，也可以通过离职人员信息进行核对。笔者觉得，后一种方法的工作量较大，建议注重询问。如何询问呢？例如，这个人还在公司吗，在哪个部门？通过设置开放性的问题，同时获取两个信息，一是人是否离职，二是人虽然在公司，但所属部门可能发生变化。印章的保管很多是与部门相关的，如果部门发生了变化，就意味着可能这个印章的保管人也发生了变更。 c. 关注印章在使用中发生损坏是否会进行重刻，重刻后的印章是否在台账上留印。 d. 如果被审计单位的组织架构发生了变化，注意这些变化可能对印章的保管产生的影响，追查至台账是否进行了及时的变更。 e. 对印章实物进行盘点。盘点时，一般进行全盘。建议先查实物，再与台账核对，对于实物盘点结果与台账不一致的要询问原因，注意实物是否发生丢失，记录是否准确。

（续）

◆ 如何去做	f. 审计时，在检查业务资料的过程中要留心其中的印章信息，有的时候会有意外收获。 **【案例：10-2】** 审计人员在检查公司的档案资料时，将档案上出现的印章与企业提供的备案记录（台账）进行比对，发现该印章没有记录在案。据对方解释，该印章是公司成立前为了前期外联工作方便刻制的，后来就取消了，当时负责的人员也早已离职，所以未记录在案。
◆ 需要的资料	结合上面的说明，审计时通常需要以下资料： （1）相关制度； （2）印章台账； （3）盘点表（对方的盘点记录、审计人员检查时的盘点记录）。
◆ 常见的问题	审计中普遍存在的问题如下： （1）印章台账未及时更新； （2）未定期进行印章盘点； （3）印章未及时进行备案。

Q2. 印章的刻制、销毁是否进行有效管理？

◆ 为什么要看	印章如管理不当会导致公司面对不必要的法律纠纷，甚至会给公司造成损失。
◆ 如何去做	**第一步：制度、流程文件的熟悉与梳理** 1. 先找规定、标准 关注点包括印章刻制的条件、申请、审批，印章更换的流程，印章作废与销毁相关控制规定等。 2. 需要哪些制度、流程文件 印章管理制度。
	第二步：访谈 询问行政相关人员，关注以下问题： （1）印章的刻制是如何执行的，是否需要申请、审批，谁负责实际执行，不同的印章执行的流程是否不一样，例如，部门章、公章是否有区别； （2）印章的更换与作废是如何操作的，是否需要申请、审批，不需要的印章是否会被收回等； （3）印章的销毁是如何执行的，是否需要申请、审批，谁负责销毁，是否有记录； （4）目前，是否发生过印章的刻制、更换、作废和销毁等情形； （5）实际执行与公司的制度、流程是否有区别。

（续）

◆ 如何去做	**第三步：测试** 获取审计期间印章刻制、作废、销毁的记录及相关支持性资料，主要进行合规性审计，关注以下项目。 （1）印章的刻制流程是否符合规定，例如，刻制前的申请、审批，刻制后的备案等。 （2）印章的更换流程是否符合规定，例如，更换的申请、审批，更换后的备案以及旧印章的收回和处理等。 **【案例：10-3】** 审计人员在对印章进行盘点的过程中发现有两个公章，经询问，对方表示，一个章使用时间较长发生了磨损，但去刻制新印章的时候，刻制点并未收回；另一个章是新刻的。 **简析**：这里存在几个问题，一是，如果去刻章的人未将原有的印章交回公司，而是私自留作他用，怎么办；二是，公司忽略了对原有公章进行作废处理或销毁，且未进行管理，甚至都忘记了还有一个旧的公章存在；三是，废弃的印章在管理上存在风险；四是，是否存在旧印章被乱用的情况。 （3）对于不再使用的印章应及时收回，审计人员在审计时，对于一个部门有多个印章且用途不明晰的情况应予以关注，建议被审计单位进行回收处理。 （4）印章的作废处理是否符合规定，关注点包括印章作废的申请、审批，后续的处理。 （5）印章的销毁是如何处理的，处理是否符合相关规定。 **【案例：10-4】** 审计人员在对财务部门的保险柜进行盘点时发现一包印章，经询问，其都是作废的章，因不知道如何处理，就全部放在了财务部门的保险柜里。 **【案例：10-5】** 审计人员在对工程部门进行审计时发现资料上盖有“××公司工程部”的印章，然后询问了相关人员，对话如下。 审计人员：你们这个印章是什么时候刻的，谁去办的？ 工程人员：是开工后不久为了发文方便刻制的，是让我们的内勤人员去刻的。 审计人员：这个章公司知道吗？有没有提过申请？ 工程人员：公司肯定知道，我们提过申请。 审计人员：那麻烦给我看一下当时的申请资料？ 工程人员：我们先找一下。 随后，审计人员询问了行政人员，对方表示不知情，且在行政部门的印章备案表里未发现该印章。后续再次与工程部人员核实，对方承认是私自刻制的，因为对公司的相关制度流程不熟悉，问了好多人都不知道该如何操作，所以就自己刻了。

（续）

◆ 需要的资料	结合上面的说明，审计时通常需要以下资料： （1）相关制度、流程文件； （2）审计期间新增、作废、销毁的印章记录及支持性资料。
◆ 常见的问题	审计中普遍存在的问题如下： （1）无相关制度，或有制度但制度规定不完善； （2）印章刻制、销毁未按规定执行； （3）作废的印章未按规定进行处理。

Q3. 用印管理是否符合规定？

◆ 为什么要看	印不能乱用，章不能乱盖，如使用不当会给公司造成不必要的法律纠纷，甚至产生损失。
◆ 如何去做	**第一步：制度、流程文件的熟悉与梳理** 1. 先找规定、标准 关注点包括用印申请、审批、记录等。 2. 需要哪些制度、流程文件 印章管理制度。
	第二步：访谈 询问行政相关人员，关注以下问题： （1）是否有明确的用印管理规定； （2）是否有用印记录及相关的审批手续； （3）如果发生印章外借的情况，应如何处理，与常规的用印有何区别。
	第三步：测试 获取审计期间用印记录及相关的资料，随机选样，优先关注外借的印章，检查时关注以下项目： （1）用印记录登记信息是否完整，是否包含印章名称、用途、份数、时间和用印人等； （2）用印的相关支持性资料是否齐全，如用印审批流程； （3）发生外借的印章是否在规定时间内归还。 除了测试样本外，建议留心观察实际被审计单位在用印时是如何执行的。
◆ 需要的资料	结合上面的说明，审计时通常需要以下资料： （1）相关制度、流程文件； （2）审计期间用印记录及相关的支持性资料。
◆ 常见的问题	审计中普遍存在的问题如下： （1）无相关制度，或有制度但制度规定不完善； （2）用印未按规定执行相应的申请审批；

（续）

◆ 常见的问题	（3）用印申请单未妥善保管； （4）用印记录未及时更新； （5）外借印章未及时归还。

（二）小结

下面将上述印章管理审计时需关注的点汇总于表 10-3。

表 10-3　印章管理审计关注点汇总

关注类别	具体关注点
印章管理	Q1. 印章的保管与盘点是否进行有效管理
	Q2. 印章的刻制、销毁是否进行有效管理
	Q3. 用印管理是否符合规定

五、食堂管理

Q1. 供应商的选择与履约评估是否符合规定？

这部分审计的主要原则就是合规、合理，具体参考采购模块。这里需要注意供应商的资质是否符合规定，包括卫生资质、食品经营资质等。实际工作中，也有很多公司因为人员较少，仅雇人负责买菜、做饭。

Q2. 食堂的管理是否安全、卫生？

◆ 为什么要看	食堂的安全、卫生直接关系到员工的身体健康，如果发生食物中毒等事件，对公司、对员工都是很大的损失。下面主要围绕食堂安全、卫生审计进行说明。
◆ 如何去做	**第一步：制度、流程文件的熟悉与梳理** 1. 先找规定、标准 关注点包括食堂工作人员的健康检查、卫生要求，食品安全，食堂环境的卫生管理等。 2. 需要哪些制度、流程文件 食堂管理制度。
	第二步：访谈 （1）询问行政相关人员，关注以下问题： a. 目前对食堂是如何管理的； b. 是否有人定期对食堂的卫生、食品的安全、食堂人员的健康进行检查； c. 是否对食堂承包人员或食堂管理人员设置相应的监督考核规定； d. 是否出现过食物中毒事件，如有，原因是什么，是如何处理的。 （2）询问员工对食堂有什么评价，例如，卫生状况如何、是否出现过食物中毒观象、是否在饭菜中发现过异物等。 对于访谈结果不一致的情况，审计人员应进行再次求证。

（续）

<table>
<tr><td>◆ 如何去做</td><td>第三步：测试
在审计中，建议审计人员多跑现场，注意观察，可以对现场采取临时突击的方式，避免对方事先准备，隐瞒问题。
1. 观察
（1）食堂员工的头发是否盘在帽子里，是否戴手套、口罩。
（2）厨房的垃圾桶是否随时倾倒、盖子是否盖好。
（3）厨房是否出现下水管道堵塞的情况。
（4）是否定期清理灶台附近的杂物。
（5）食堂员工是否配备防滑鞋，尤其是在厨房工作的员工。
（6）是否配备消毒柜，消毒柜是否在用。
（7）检查冰箱是否有异味，生、熟食品是否分开。
（8）检查储物间是否存有过期的食材、过期的调料，通风状况是否良好等。
（9）用餐时，留意饭菜中是否有异物；多和员工交流，听听他们的评价。
2. 检查相关的证明资料
（1）是否对食堂进行定期检查，是否有检查记录，是否符合相关规定。
（2）整改追踪及处罚资料。
（3）人员的健康合格证是否齐全，是否处于有效期。
（4）食品合格证是否齐全，是否符合规定。
（5）食堂的经营资质（针对外包）是否合规，如是否有餐饮服务许可证、食品卫生许可证。
（6）是否获得消防许可，有的时候，企业内部食堂会忽略这一方面，如果没有办理消防验收手续，需进一步注意，是否配备了相应的消防设施。
（7）食材的合格证、调料的合格证是否齐全（注意有效期、是否是“三无”产品）。
（8）每天的饭菜是否按规定留样。</td></tr>
<tr><td>◆ 需要的资料</td><td>结合上面的说明，审计时通常需要以下资料：
（1）相关制度、流程文件；
（2）相关的检查记录、整改资料、处罚资料；
（3）资质证明资料；
（4）实地检查拍照；
（5）食物中毒事件处理记录（如有）。</td></tr>
<tr><td>◆ 常见的问题</td><td>审计中普遍存在的问题如下：
（1）食材、调料过期；
（2）厨房卫生状况不符合规定；
（3）储物间存在卫生隐患；
（4）缺乏相应的监督机制，整改处罚形同虚设；
（5）食堂人员健康证过期。</td></tr>
</table>

六、车辆及油卡管理

Q1. 车辆的使用是否符合规定？

◆ 为什么要看	对车辆的使用缺乏有效的控制会给公司造成损失。
◆ 如何去做	**第一步：制度、流程文件的熟悉与梳理** 1. 先找规定、标准 关注点包括车辆保管、用车规定、车辆违章处理、车辆维修等。 2. 需要哪些制度、流程文件 行政管理制度。
	第二步：访谈 1. 询问行政管理人员 （1）公司一共有几辆车，用途分别是什么，哪些是领导专车。 （2）用车需要走什么流程，是否有用车记录。 （3）车辆存放在哪里。 （4）是否允许司机开车回家，如果不允许，继续追问，有没有特殊和例外情况。 （5）如果车辆发生违章，罚款是由公司承担还是由司机承担，如何规定。 2. 询问司机 （1）是否可以把车辆开回家，如果发生当天无法回公司的情况将如何处理。 （2）是否有领导专车。 （3）发生违章谁负责。 （4）车辆维修、保养如何处理，需要什么手续，是否有定点机构，费用如何结算。 3. 询问员工 （1）平时需要用车时该如何办理相关手续，处理速度如何，有没有觉得用车流程有不妥的地方。 （2）前两点中的其他问题也可以视情况询问员工。
	第三步：测试 1. 获取车辆信息、相应的用车记录 （1）关注用车是否按规定进行相应的申请、审批； （2）关注用车单、用车记录信息是否完整，尤其是关键信息，例如，用车时间、用车人、地点、是否要求在结束后将用车里程记录在案（这主要是针对油耗进行分析，防止乱开车辆）。 2. 实物保管 （1）在下班后对未存放在指定位置的车辆进行核实。 （2）是否要求下班后交回车钥匙。 （3）是否定期进行盘点，检查盘点记录。 （4）进行抽盘，尤其是对于异地车辆。 3. 费用检查 （1）检查维修、保养费用是否按规定进行审批，支持性文件是否齐全。

（续）

<table>
<tr><td>◆ 如何去做</td><td>【案例：10-6】
审计人员在检查时发现有一笔5.8万元的车辆维修费，该车辆刚购进半年且未发生任何车辆事故，检查相关的支持性文件，没有相关的维修单，询问相关人员，对方一口咬定是车辆维修费用。后来，审计人员因需要出外勤，该公司派车前往，所派车辆正好是审计人员觉得有问题的车辆，行车过程中，审计人员与司机进行了交谈，对话如下。
审计人员：这车是刚买的吧，配置应该不错？
司机：嗯，是的，新车。
审计人员：你们这个音响效果不错啊。
司机：那当然了，这车是给领导用的，领导最注重音效了，所以专门去改装的。
审计人员：那这个得去专门的地方改吧，很贵吧？
司机：还行，也就5万多吧，是我找的熟人。

审计人员差不多就清楚那5.8万元车辆维修费很可能是汽车的音响改造费用，后经证实，该费用确实是音响改造费用，因集团规定不允许发生这样的费用，所以列进了维修费。
（2）在检查票据时注意时间和地点，例如，对于过路过桥费用要看看去的是哪里，是否有可能去，停车费发票上所列的地点是否有异常。
（3）洗车费。洗车的地点及频率是否异常。
（4）违章罚款费用是否超过司机允许报销的限额。</td></tr>
<tr><td>◆ 需要的资料</td><td>结合上面的说明，审计时通常需要以下资料：
（1）相关制度、流程文件；
（2）用车记录；
（3）汽车相关的费用明细及支持性资料。</td></tr>
<tr><td>◆ 常见的问题</td><td>审计中普遍存在的问题如下：
（1）公车私用；
（2）用车未按规定审批；
（3）用车超标。</td></tr>
</table>

Q2. 油卡的使用和管理是否符合规定？

<table>
<tr><td>◆ 为什么要看</td><td>对油卡缺乏有效的管理可能会导致公司的油卡被挪作私用，从而给公司造成损失。</td></tr>
<tr><td>◆ 如何去做</td><td>第一步：制度、流程文件的熟悉与梳理
1. 先找规定、标准
关注点包括油卡的保管、油卡的充值与分配等。
2. 需要哪些制度、流程文件
行政管理制度。</td></tr>
</table>

（续）

<table>
<tr><td rowspan="2">◆ 如何去做</td><td>第二步：访谈
1. 询问行政相关人员
（1）公司目前有几张油卡，保管在哪里，是否“一车一卡”。
（2）油卡的充值由谁负责办理，是否定期打印油卡充值记录，有的公司采取一张总卡加 N 张附卡，相关办事人员定期对总卡进行充值，然后在网上向附卡进行充值。
（3）是否定期获取油卡余额。
（4）是否允许司机自行加油后回公司报销，即不用油卡加油。是否发生过此类情况。
（5）是否定期进行油耗分析。
2. 询问司机
（1）油卡一般保管在哪里。
（2）油卡充值由谁办理。
（3）如果油卡额度不够如何处理。
（4）是否允许个人先垫付加油款后回公司报销。
（5）是否定期进行油耗分析。</td></tr>
<tr><td>第三步：测试
（1）油卡信息是否有隐瞒。建议采取以下方法：
a. 在进行车辆检查的时候，先获取车辆对应的油卡信息；
b. 对公司的油卡进行盘点，获取油卡的数量、卡号、用途等信息；
c. 检查财务凭证中油卡充值凭证上显示的油卡信息；
d. 将上述信息与行政人员提供的油卡充值信息进行比对，看是否有出入。

【案例：10-7】
审计人员在审计时，对行政部提供的油卡实物与加油站获取的记录进行核对，发现加油站显示的加油卡数量多于行政部提供的卡号。后经进一步确认，对方表示，这些卡是用于赠送的，所以未能体现。

（2）是否对油卡实物进行有效管理。如油卡的数量、保管人、用途是否清楚；建立台账的，台账是否及时更新；油卡账实是否相符；油卡保管在哪里，是否安全。对油卡进行盘点，检查账实是否一致，保管地点是否符合规定。
（3）获取油耗分析记录及油卡的定期额度，关注以下方面：
a. 是否定期进行油耗分析，分析的依据是否合理；
b. 对油耗异常的月份，需关注当月的用车情况，公司的业务情况等，并询问相关人员，以验证是否有合理的原因；
c. 对于使用超额度或接近限额的月度进行关注，并结合里程匹配结果分析是否存在异常，不过这里有一个前提，就是能对油耗进行一个较为合理的评估；一般情况下都会采取车辆里程数来评估，但前提是里程数记录是正确的，这又涉及行政人员是否会对每次的用车里程进行记录；
d. 如未做油耗分析，需检查油卡额度的确认依据是否合理，是否存在明显不合理的情况，建议获取油卡余额，对其中余额明显偏大的进行关注。</td></tr>
</table>

（续）

◆ 如何去做	【案例：10-8】 审计人员发现有两张油卡的余额分别为2万元和3万元，经询问充卡人员，对方表示，这两张卡每月的充值额度是3000元，所以，他每月定时往卡里充值3000元，这两张卡，一张是销售部门用的，一张是采购部门用的。审计人员又进一步与这两个部门的人员进行访谈，了解到，因公司的业务在收缩，且经济形势不好，外出的次数减少，近几个月都没怎么用车。
◆ 需要的资料	结合上面的说明，审计时通常需要以下资料： （1）相关制度、流程文件； （2）油耗记录； （3）油卡充值记录、余额。
◆ 常见的问题	审计中普遍存在的问题如下： （1）无相关制度，或有制度但制度规定不完善； （2）油卡账实不符； （3）未定期进行油耗分析； （4）未定期对油卡使用情况及余额进行监控，导致资金被占用。

七、行政仓库管理

Q. 是否对仓库进行有效管控？

◆ 为什么要看	对仓库缺乏有效管控可能会导致公司的利益受损。
◆ 如何去做	**第一步：制度、流程文件的熟悉与梳理** 1. 先找规定、标准 关注点包括物品入库、出库、盘点等。 2. 需要哪些制度、流程文件 行政管理制度。
	第二步：访谈 询问行政相关人员，关注以下问题： （1）是否有专门的仓库； （2）仓库是否由专人看管； （3）是否建立台账； （4）入库、领用、盘点如何进行等。
	第三步：测试 主要是合规性检查，建议关注如下方面： （1）入库、出库的手续是否合规，如申请、审批； （2）盘点是否按规定执行，例如，盘点的周期、盘点的记录、差异的处理、参与的人员是否能形成相互的监督等；

（续）

◆ 如何去做	（3）是否有账外资产，如果有，是否有台账记录； （4）台账维护是否及时、准确、完整，账实是否相符； （5）仓库是否只能专人才能进入。
◆ 需要的资料	结合上面的说明，审计时通常需要以下资料： （1）相关制度、流程文件； （2）入库、出库、盘点资料； （3）仓库台账。
◆ 常见的问题	审计中普遍存在的问题如下： （1）入库、出库管理不够规范； （2）台账维护不及时、不准确、不完整； （3）账实存在差异。

第三节　本章总结及思路分析

一、本章总结

虽然行政管理审计模块占的分量不重，但业务较为繁杂，本章主要围绕行政管理通用的业务进行了介绍，在实际审计中，审计人员需要在审计前厘清审计对象实际涉及的业务有哪些，不要出现漏项。在开展行政业务审计时需要注意的是，有些业务是比较敏感的，如礼品、仓库、油卡等，具体审计时是否需要覆盖，视具体情况而定。

二、行政管理审计的总体思路

表 10-4 整理了行政管理审计的总体思路。

表 10-4　行政管理审计总体思路

关注模板	思路分析
办公室安全管理	办公室的安全，包括资产安全、消防安全、人员安全
行政采购与验收	是否合规、合理
资产管理	采购及验收合规、资产发生变动符合规定、账实相符
印章管理	印章的刻制、销毁、使用符合规定，有迹可循；印章安全
食堂管理	供应商的选择公平、公正、合规；食堂卫生、安全

（续表）

关注模板	思路分析
车辆及油卡	车辆使用符合规定、费用不得乱支、油卡管理有序
招待用品管理	招待用品不能乱买、不能乱用、账实相符
行政仓库管理	进出有规范、账实相符